"十四五"职业教育国家规划教材

U0646097

统 计 学

龚江辉　编著

Statistics

北京师范大学出版集团
BEIJING NORMAL UNIVERSITY PUBLISHING GROUP
北京师范大学出版社

图书在版编目(CIP)数据

统计学/龚江辉编著. —北京:北京师范大学出版社,2022.1
(2024.12 重印)
("十四五"职业教育国家规划教材)
ISBN 978-7-303-23660-2

Ⅰ. ①统… Ⅱ. ①龚… Ⅲ. ①统计学－研究生－教材 Ⅳ. ①C8

中国版本图书馆 CIP 数据核字(2018)第 084174 号

图书意见反馈:zhijiao@bnupg.com
营销中心电话:010-58802755 58800035
编 辑 部 电话:010-58806750

TONGJIXUE
出版发行:北京师范大学出版社 www.bnupg.com
        北京市西城区新街口外大街 12-3 号
        邮政编码:100088
印   刷:北京溢漾印刷有限公司
经   销:全国新华书店
开   本:730 mm×980 mm 1/16
印   张:20
字   数:347 千字
版   次:2022 年 1 月第 1 版
印   次:2024 年 12 月第 4 次印刷
定   价:48.80 元

策划编辑:包 彤   责任编辑:包 彤
美术编辑:焦 丽   装帧设计:焦 丽
责任校对:陈 民   责任印制:赵 龙

前 言

　　本教材适合于普通高职院校经济管理类专业学生使用，也可用于其他文科类高职专业或相关专业的本科生统计学教学。

　　作为一本主要面向文科背景学生使用的教材，本书编写的指导思想包括两个方面：降低数学门槛，提高实用性。

　　与许多高职院校目前广泛使用的统计学教材相比，本教材极大地简化了有关概率论与数理统计的内容，改变了统计学教材中一半篇幅充斥数学公式的状况。这有助于降低文科背景学生对于统计学课程的畏惧心理，使其能够带着轻松的心态来学习这门课程。

　　在高职院校经济管理类专业的培养方案中，概率论与数理统计是作为统计学原理课程的先修课开设的，这就决定了"统计学"与"概率论与数理统计"这两门课程应当各有侧重。概率论与数理统计主要是为统计学提供数学基础，而统计学则主要是面向于经济管理类专业的工作和科研实践需要。因为学生在学习统计学课程之前已经修读过概率论与数理统计课程，统计学教材完全没有必要重复介绍有关概率论的内容，涉及推断统计的部分，也应当限于对方法的介绍，而不必纠缠于原理的证明。

　　本教材的内容和编排体系经历过20年课堂教学的实践检验，证明能够让学生较好地掌握包括推断统计在内的统计学内容，即使是没有修读过"概率论与数理统计"先修课的文科背景学生，按照本教材中的介绍也能够较为容易地理解参数估计与假设检验的意义和方法。

　　为了照顾学有余力的学生，本教材对于部分涉及数学原理的内容采取了穿插"知识点"的做法，将一些严谨的数学定义放在单独的知识点中，数学基础较好的学生可以参考这部分内容，数学基础不足的学生即使略过这些内容，也不会影响全书的学习。

在实用性方面，本教材在介绍各种统计方法时均强调其在实践中的应用方式，并提供了大量案例予以说明，其中一些比较详细的案例包括第 2 章中"在一个城市调查 1000 个样本的抽样设计"，第 3 章中"各省区城市设施水平综合评价""歌手大奖赛分值的转换"，第 6 章中"市场调查中确定样本量的方法"等。

统计更多的是一种认识世界的工具，在统计实践中，研究人员屡屡打破陈规，不拘泥于某种定式，创造性地应用统计方法。例如，从严格的意义上说，Likert 量表的测量结果属于顺序尺度数据，不能进行加减乘除的运算，但大多数研究人员都会使用 Likert 量表数据进行因子分析、回归分析等面向间隔尺度或比率尺度数据的统计计算。本教材的编写考虑到了这种情况，在介绍各种统计方法与概念时，对于实践中的变通手段也进行了讨论，以帮助学生更好地掌握实践技能。

本教材还有一个特点就是对抽样调查技术和方法给予了较大的篇幅，涉及有关各类抽样方式的介绍、非抽样误差等内容。介绍这些知识的原因在于抽样调查是实践中获得统计数据的主要手段，通过对抽样调查知识的学习，学生不仅能够掌握数据收集的方法，而且能够对数据的随机性及调查数据质量等有更为深刻的体会。

随着计算机的普及，传统的通过统计表查询统计分布函数值的方法已经很少运用。本教材根据惯例保留了少数统计表，同时在讨论各种分布时分别介绍了如何利用 Excel 软件和 R 语言计算统计函数值的方法。

为配合教育部关于开展课程思政教育的要求，本教材在每章中添加了思政训练模块，结合党的二十大报告内容，引导学生在学习统计学课程的过程中加深对国情，以及党的路线、方针、政策的理解。

本教材的各章节配置了微课视频，同时配置了各章课件及书中演算所需的各章的数据库，还有部分思考与练习题答案。通过扫描封面或书中二维码，可以获取相关学习资源。

本教材编写过程中参考了许多前辈和同行的相关教材和著作，从中汲取了大量宝贵的思想，恕不能一一致谢。由于作者才疏学浅，本教材难免会有错漏，敬请广大使用者给予批评。

龚江辉
于北京师范大学
2022.12

目 录

第1章 绪 论

学习目标

通过对统计学学科构成与学科简史的学习，形成对统计学学科的初步印象，并领悟统计学课程学习的基本要求。

关键术语

描述统计，推断统计。

本章要点

1. 统计学的学科构成。
2. 统计学科形成的过程。
3. 统计学的课程学习要求。

1.1 统计学简介

统计是一种具有悠久历史的社会实践活动。可以说，自从有了国家就有了统计工作。最初的统计活动是为统治者管理国家的需要而进行的收集资料的工作，涉及计算国家的人力、物力、财力等活动。今天，统计已经发展成为各行各业开展活动时必不可少的一项基础工作。所有收集信息和处理信息的活动，都可以归结为统计工作。

古往今来的统计学者对统计学给予了不同的定义。根据美国统计学家大卫·弗里德曼(David Freedman)等著的《统计学》中的定义：统计学是对令人困惑的问题作出数字设想的艺术。

把统计学称为艺术显然有些夸张，但这一定义的目的在于提示统计工作者，应当创造性地提出和解决统计问题，不应囿于某些条条框框去理解统计这门科学。

案例 1-1

如何统计一个水库里的鱼

在一个水库中养着许多鱼，管理人员希望了解鱼的大致数量，这就是一个实践中的统计学问题。

由于鱼是不听从指挥，会在各处自由游动的，因此，在进行统计时，必须创造性地提出解决方案。

一种解决方法是先从水库的不同位置捕捞 1000 条鱼，在每条鱼的尾部做上一个标记，应当保证标记不会影响鱼的自由游动。然后，将鱼全部放回水库。几天后，从水库中再捕上来 2000 条鱼，检查其中尾巴上有标记的鱼的数量。假定在第二次捕上来的 2000 条鱼中，有 20 条尾巴上做了标记，则可以推断，水库中鱼的总数大致为：

$$1000 \div \frac{20}{2000} = 10(万条)$$

上述这个案例在实践中是经常见到的，对于一个统计工作者来说，作出一个 10 万条鱼的估计是不够的，他还应当对这一估计的精度作出判断，因为捕鱼的过程中存在着许多随机性的因素，而这些因素会导致按照简单的数学公式计算出来的结果存在着一定的误差。在假定捕鱼过程满足随机性要求的情况下，可以计算出在一定的可靠性条件下，水库中鱼的总数大致在哪个区间之内。而如果随机性要求受到破坏，例如因为做标记的原因，尾巴上有标记的鱼比没有标记的鱼更容易被捕捞到，这时候就需要评估这样的原因造成的误差。

上述所举的例子，可以被视为统计艺术性的一种表现。在这个推断过程中，所使用到的数学方法并不难，难的是提出这样一个解决方案。在实践工作中，统计的应用方面是十分复杂的，只有将统计理解为一种艺术，创造性地提出新的方法去解决新的问题，才是真正地掌握了统计的精髓。

实践中涉及数据收集和数据处理的工作，大多数都可以归入统计学研究的范畴，例如，以下一些问题都属于统计学问题。

(1)出于经济管理的目的，地方政府需要了解辖区范围内有多少家企业，规模如何，分别从事哪些行业的活动。

（2）期末统计之后，老师需要了解各班学生考试成绩的基本情况，包括各班的平均分、学生成绩的差异。

（3）物价部门调查了市场上若干种商品的价格，希望用一个综合的指标来反映价格变化的情况。

（4）一个旅游景区记录了过去 60 个月的旅游接待情况，管理者希望通过对这些数据的分析，了解本景区旅游接待人数的变化趋势以及在不同季节的波动情况。

（5）某公司营销部对 100 名消费者进行了消费意向调查，希望用这些数据来推测所有消费者的行为，并估计推测结果的可靠性。

（6）把 20 名学生随机分成两个班，分别用不同的教学方法进行教学，随后再通过考试检验教学效果。已知甲班的学生平均成绩比乙班高 5 分，成绩的方差为10，能否得出结论，认为甲班的教学方法更好。

（7）研究一个城市过去 10 年中商品房的销售价格，分析周边交通、周边环境、户型设计、建筑质量等因素中哪些因素对价格具有显著的影响，具体的影响模式如何。

统计学从学科分类上看，可以分为理论统计学和应用统计学两大部分。理论统计学（Theoretical Statistics）是指统计学的基本原理，主要研究统计学的一般理论问题，尤其是各种统计方法的数学理论问题。应用统计学（Applied Statistics）是研究如何应用统计方法去解决实际问题的，应用统计学一般都与特定的领域相联系。例如，统计学在教育领域的应用，称为教育统计学；在经济领域的应用，称为经济统计学；等等。

本门课程主要讲授理论统计学的一些基本概念和方法，又称为统计学原理课程。

1.2 统计学的学科构成

1.2.1 学术角度的学科构成

统计学是一个复杂的体系，包含了许多不同方面的内容。根据中华人民共和国国家标准《学科分类与代码》（GB/T 13745—2009）的划分，统计学分为统计学史、数理统计学、应用统计数学、经济统计学、科学技术统计学、社会统计学、人口统计学、环境与生态统计学、生物与医学统计学和统计学其他学科等类别。
详细构成如图 1.1 所示。

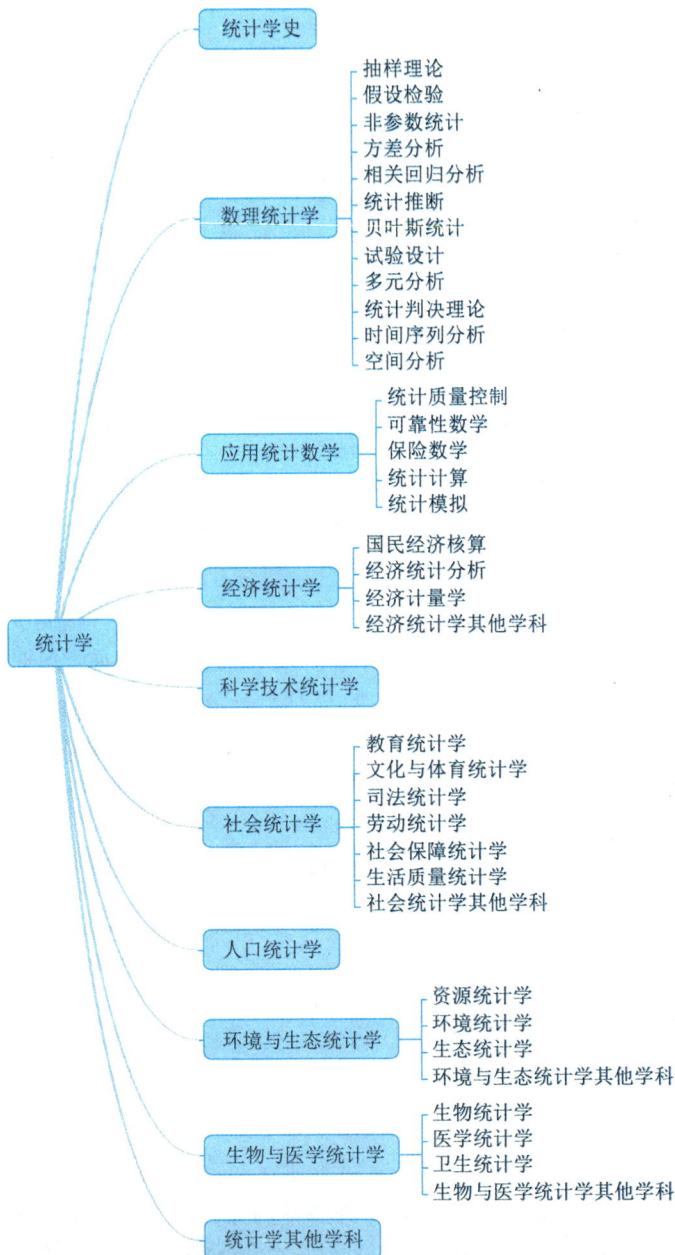

图 1.1　统计学学科体系

1.2.2 统计学习角度的学科构成

对于普通高校非统计学专业的学生而言，统计学学习的内容大致分为四个部分，即调查与实验、描述统计、推断统计和多元统计分析，在课程中所接触到的知识，均可以归到这四个方面。

1. 调查与实验

调查与实验涉及统计中获得原始数据的各种方法。统计工作中所使用的数据都来自调查或者实验，有些统计工作者是自己通过调查与实验来获得一手数据，另外一些人则从他人那里获得二手数据来进行研究。

调查是在社会经济统计中获得原始数据的主要手段，其内容是通过问卷调查、观察、自填式回答等方式，收集受访者的信息。随着市场经济的发展，调查在经济活动中所起的作用越来越大，企业的经营，政府的决策，都离不开来自调查的第一手数据。

在科学研究过程中，获得统计数据的手段还包括实验方法。实验是在对研究对象进行一定控制的情况下获得数据的方法。例如，在广告研究中，可以给被试者播放一段广告视频，然后询问其对广告所呈现产品的认知情况。在教育学研究中，有时候会把被试者分为几个班级，采用不同的教学方法，持续一段时间后，考核几个班级学生的成绩，以对比几种教学方法的效果。

调查与实验的差异在于是否对研究对象施加影响，但二者并非泾渭分明，而是互相渗透的，有些研究很难确切地说是调查还是实验。从原理上说，二者也有许多共同之处，如采样的随机性要求、研究设计的规范性要求等。

2. 描述统计

描述统计包括整理、显示和分析数据的一系列方法。调查或者实验中所获得的有关事物整体的原始资料，往往是零乱和不系统的，需要经过一系列的统计处理，才能转化为人们可以直接阅读和理解的信息。这种针对事物整体数据的统计处理工作，被称为描述统计。

描述统计的例子包括：计算一个班级的考试成绩平均分、方差等，以显示班级的学习情况；用统计直方图进行几家企业的年销售额对比；计算价格指数；计算年度增长率、季节波动情况等。

描述统计是用数字的方式来反映客观现实，这种反映是带有一定主观成分的。例如，学校评价一名学生要涉及德、智、体、美、劳等各个方面，这些方面如何计分，在合并成总分时各占多大比重，都带有很强的主观性。描述统计提供了一些行之有效或者约定俗成的数据处理方法以及评价规则，以帮助实践人员更好地反映现实。

3. 推断统计

在有些情况下，人们获得的统计资料并非事物整体的状况，而是来自事物的一个局部。例如，一家工厂生产的产品可能多达数百万件，要对所有的产品都进行质量检验是难以做到的。这时候，质检人员就需要从中抽选出一部分，如 100 件产品，对这部分产品进行检验，并用检验结果来推测所有产品的平均质量，推测其中的次品率。

如何利用局部的数据去推断整体的情况，以及这种推断的有效性和可靠性如何，就是推断统计所要研究的内容。

推断统计与描述统计的区别在于是否掌握了整体的所有信息。拥有整体的所有信息，在此基础上进行的分析，属于描述统计；不拥有整体的所有信息，而是利用样本信息对整体进行推测，属于推断统计。

可以看出，描述统计与推断统计的研究方法完全不同，前者多是从实践出发，提供更符合人们主观认识的研究结果，后者则是借助于概率论与数理统计的理论，提供客观的分析结果。

4. 多元统计分析

在统计课程设计中，多元统计分析是一个独立的部分，主要涉及对多变量情况的研究。例如，描述一个人的能力，需要从科研能力、动手能力、组织能力等多个方面进行综合判断，如何对涉及多个变量的统计问题进行研究，即为多元统计的内容。多元统计根据掌握信息的不同，也可分为多元描述统计和多元推断统计，但基本方法大多需要涉及矩阵等工具，属于统计学原理中要求较高的部分。

多元统计分析的内容包括四个方面：一是简化数据结构，也称降维分析，包括主成分分析、因子分析等；二是多元分类或分组，包括聚类分析、判别分析等；三是多元变量间的相依性分析，包括多元回归分析、典型相关分析等；四是多元统计量的分布理论和推断方法，包括多元变量的参数估计、假设检验等。

1.3　统计学科简史

1.3.1　统计学的起源

最古老的统计可以追溯到远古时代人们对于土地和粮食产量的测量，但这一时期的统计方法往往是粗陋的，没有形成完整的科学体系。

现代统计学发端于 17 世纪，一般认为包括了三个源头，示意图如图 1.2 所示。

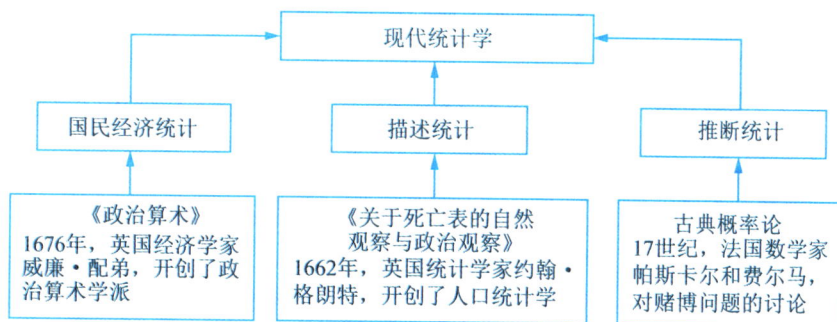

图 1.2　现代统计学的三个起源

第一个源头来自 1676 年英国经济学家威廉·配第（William Patty）发表的《政治算术》一书。在这本书中，配第用大量的数字分析了英国、法国、荷兰 3 个国家在经济、军事、政治等方面的实力，开创了利用统计数字进行经济学分析的先河。这一统计学分支被称为政治算术学派，与发端于德国的"国势学派"共同构成了今天国民经济统计学的起源。

第二个源头来自 1662 年英国学者约翰·格朗特（John Graunt）发表的《关于死亡表的自然观察与政治观察》一书。在这本书中，格朗特通过分析英国伦敦发布的死亡率公报，对伦敦的人口出生率、死亡率、性别比例和人口发展趋势等进行了讨论。格朗特的研究为后来的描述统计学提供了范本，同时也开创了人口统计学的先河。目前，人口统计学是统计学中最有活力的分支之一。

第三个源头来自 17 世纪法国数学家帕斯卡尔（Pascal）和费尔马（Fermat）创立的古典概率论。在这一时期，他们以通信的方式，讨论了赌博中各种具体情况的概率计算问题，开创了古典概率论，成为现代推断统计理论的基础。

1.3.2 现代统计学的形成

18—19 世纪，概率论在政治、法律、经济等社会问题的研究中得到了广泛运用，如法国启蒙思想家伏尔泰（Voltaire）曾于 1772 年出版了《概率论用于法律问题》一书。法国数学家拉普拉斯（Laplace）在 1812 年出版了著作《概率论分析》，阐述了有关几何概率论、伯努利定理、最小二乘法等内容。此后，比利时统计学家凯特勒（Quetelet）在《论人类》（1835 年）、《关于应用于道德科学、政治科学的概率论的书简》（1846 年）、《社会制度及其支配规律》（1848 年）、《社会物理学》（1869 年）等书籍中，对统计学理论及其数学基础等进行了充分的讨论。

到 19 世纪末，古典统计学的框架基本形成，其内容主要是今天描述统计学涉及的内容。

进入 20 世纪以来，随着大工业生产的发展，对工业产品进行质量检验的要求推动了数理统计的长足发展。1907 年，英国酒作坊雇员戈赛特（Gosset）以"Student"的笔名在《生物统计学》杂志上发表了论文《平均数的概差》，提出了基于小样本的 t 统计量理论，这一统计量直至今日仍然是重要的统计量之一。

20 世纪早期，统计学家费雪（Fisher）提出了 F 统计量、极大似然估计、方差分析等方法，尼曼（Neyman）、皮尔逊（Pearson）探讨了置信区间估计和假设检验等问题，瓦尔德（Wald）对序贯抽样和统计决策函数等理论进行了研究，这些统计学家的工作，构筑起了现代推断统计学的庞大体系。

20 世纪 50 年代以后，受计算机技术、信息论、混沌理论等现代科学技术的影响，统计学的研究领域和研究方法得到了广泛的扩展，包括多元统计分析、时间序列分析、贝叶斯统计、非参数统计等理论与方法不断涌现，使统计学成为现代科学研究和管理工作中不可或缺的一项重要工具。

1.4 统计学的课程学习方法

统计学是一门面向应用的学科。作为非统计学专业的学生，学习统计学的主要目的在于将统计学方法应用于自己的工作和科研活动中。要做到这一点，需要从三个方面着手。

1.4.1 形成运用统计思想进行分析的能力

统计首先是思想，其次才是数学方法。在实践工作中，要善于利用统计的思维方式进行思考，具体来说就是学会发现数据、分析数据、用数据说话。

所谓发现数据是指在遇到问题时，要有意识地寻找客观数据，把自己的研究工作建立在数据基础上。例如，有人声称某地的风景很美，极尽各种溢美之词进行描述，作为一名统计分析人员，则需要思考如何用数据来对这种风景进行评价，客观的评价指标可以是地貌的多样性、植被覆盖率、植被多样性、水体水质等，主观的评价指标则可以是游客的美誉度、回头率、旅游支付意愿等。

分析数据是指对于所获得的数据，要用符合统计规范的方法去进行分析处理，要思考数据的真实性、随机性、分布状况，使用比例、顺序、趋势等指标去分析数据中蕴含的规律，帮助自己更加清晰、全面地认识客观世界。

统计分析特别强调整体思维，要避免以偏概全。分析数据时，要综合多种统计方法，从不同的角度去进行研究。当各种方法所得出的结果存在一定差异的时候，要分析差异产生的原因，从中寻找更深层次的规律。

用数据说话是指在工作中有意识地用数据去描述事物的特征，而不仅仅局限于"非常好""非常出色"这样含糊的表述。人们常说"事实胜于雄辩"，这是因为事实是客观的，可以验证的，而雄辩则是主观的，可以随意地解读。

在进行统计学习时，首先要形成统计思维，在统计思维的指导下去掌握各种统计方法。统计中的方法很多，每种方法都有自己的内涵，有些方法只适用于某些场合，在其他场合并不适用，有些方法在描述客观事物时存在着局限性，不能仅仅从字面上去理解统计结果的含义。类似的问题，都是在学习中需要得到解决的。

1.4.2 掌握基本的统计方法

统计有自己的方法体系，如在评价平均水平时，存在算术平均数、调和平均数、几何平均数、众数、中位数等各种计算方法；在计算价格指数时，可以使用综合指数方法，也可以使用平均指数方法。有些统计方法非常简单，只需要使用一些四则运算；有些统计方法非常复杂，需要用到微积分、线性代数等数学工具。

　　统计学习中需要掌握基本的统计方法，这样在面临统计问题的时候，才能够拥有解决问题的手段。许多统计方法是在长期的统计工作过程中约定俗成的，所有的统计工作者都默认其定义和内涵，使用这样的方法进行分析，能够让其他人更容易理解分析结果，便于信息的沟通。

　　要明确方法是为分析服务的，大多数情况下，复杂的方法并不一定是适合的，简单方法反而更加有效，因此，在统计分析中不必追求方法的复杂与"高级"，而是要根据所面对的问题选择最适用的工具。

　　统计学习中并不要求对所有的公式死记硬背，有时候只需要知道这些公式的作用即可，在实际运用时再通过查阅参考书来确定公式的具体形式。随着计算机的普及，大多数的统计分析都可能通过统计软件来完成，研究者可以把更多的精力用于理解各种方法的用途及计算结果的含义，而将复杂的计算过程交由计算机去实现。

1.4.3　培养进行统计计算的能力

　　统计分析离不开计算。在统计学习过程中，要培养自己动手计算的习惯，尤其是要掌握一种或者几种统计软件，形成能够利用计算机进行统计计算的能力。

　　统计分析中常用的统计软件简介如下。

1. R 语言

　　R 语言是一种用于统计分析、绘图的语言和操作环境，最早由新西兰奥克兰大学的 Ross Ihaka 和 Robert Gentleman 合作开发，目前则由"R 开发核心团队"负责开发与维护。

　　R 语言是一种开源软件，多数计算过程和代码都是公开的，并可以由用户进行改写。因为这个原因，R 语言的更新速度极快，许多最新的方法都可以找到专门的统计软件包。R 语言能够完成几乎所有的统计分析，使用 R 语言制作的统计图非常精美，深受统计分析人员的青睐(图 1.3)。

　　R 语言的操作是用命令行的方式完成的，即通过输入一些语句来实现一项分析工作，对于习惯菜单操作的初学者来说有些困难。但如果掌握了一些基本命令，则可以发现 R 的使用非常简便。有些命令非常简单，但可以实现很强大的功能。例如，以下两个语句：

R＜－rnorm(1000)

hist(R)

第一个语句表示生成 1000 个服从标准正态分布的随机数，并把这 1000 个随机数的值存储在变量 R 中；第二个语句表示生成 R 的直方图。

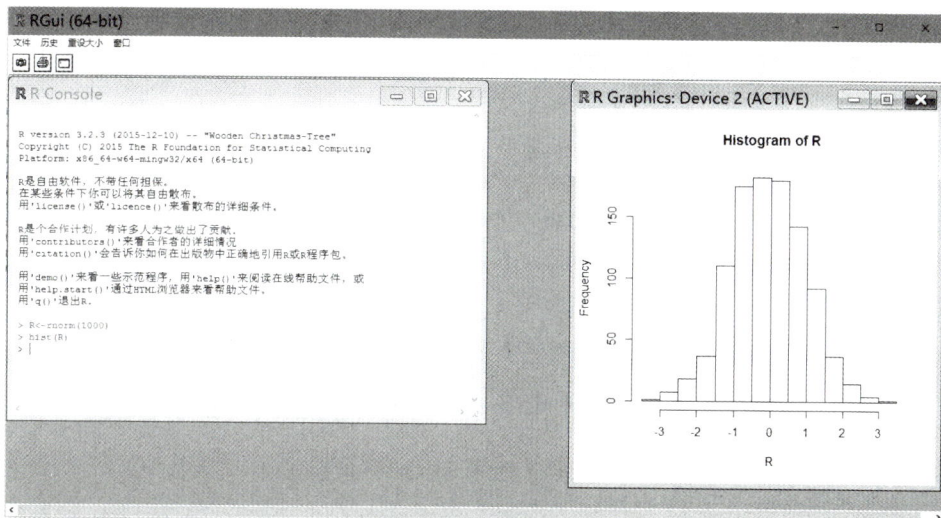

图 1.3 R 语言的界面

2. SPSS

SPSS 的英文全称是 Statistics Package for Social Science，最早由美国斯坦福大学的三名研究生于 1968 年开发出来。开发者于 1975 年成立了 SPSS 公司，1984 年推出全球第一个统计分析软件的微机版本 SPSS/PC＋。2009 年 SPSS 公司被 IBM 公司收购，该软件更名为 IBM SPSS。

SPSS 的特点在于操作简单，大多数的功能都可以通过菜单实现，界面较为直观，适合非专业人员使用(图 1.4)。利用 SPSS 软件可以进行数据的预处理、常规描述统计分析、回归分析、因子分析、聚类分析、判别分析、生存分析等，制作包括直方图、饼图、折线图、箱线图等各种统计图表，能够满足绝大多数统计数据分析工作的需要。

SPSS 也有自己的编程语言，可以通过编写代码来实现较为复杂的统计操作。

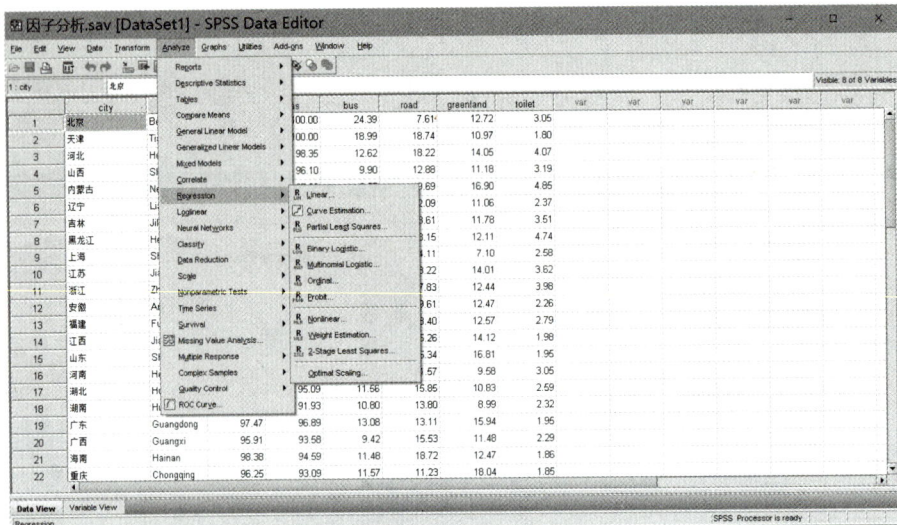

图 1.4　SPSS 的数据页面及调用分析方法的菜单显示

3. Excel

Excel 是微软办公软件 Office 的一个组成部分，用于表格处理。Excel 并不是专门的统计软件，但提供了大量的统计函数，能够满足一些日常统计分析的需要。通过在"加载宏"中加载"分析工具库"（图 1.5），Excel 可以进行方差分析、t 检验、F 检验、回归分析等常规统计分析，对于统计入门者来说也是一种非常好的工具。

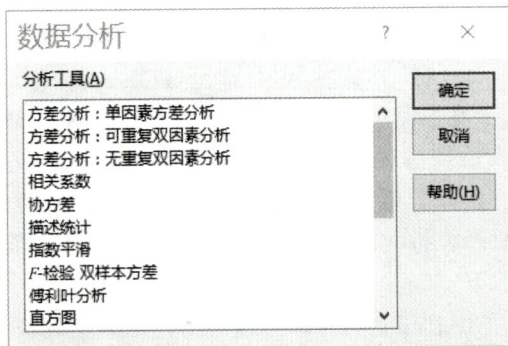

图 1.5　Excel 中的"分析工具库"对话框

4. SAS

SAS 的英文全称为 Statistics Analysis System，是由美国 North Carolina 州立大学于 1966 年开发的统计分析软件。

SAS 的特点在于功能强大，适合于处理规模较大的数据，被广泛运用于医药、金融等领域。SAS 的操作主要采用命令行方式，对于初学者来说有一定的困难。

除上述介绍的之外，还有 Stata、S-plus、MATLAB、Eviews、Amos、Lisrel 等软件，有些属于通用统计软件，有些属于工程计算软件，有些属于专用统计软件，在此不做详细介绍。一般来说，能够精通一两种统计软件的使用即可满足进行统计分析的需要，有些专用软件是针对特定统计问题开发的，在使用时再进行学习即可。

扫描二维码，获取本章微课视频。

微课视频	学习笔记
	_____ _____ _____ _____

思考与练习

1. 观察在日常工作和学习中有哪些统计学问题。

2. 分辨以下工作分别属于哪类统计问题。

(1) 学习委员记录全班同学的作业完成情况。

(2) 老师讲评班级考试情况。

(3) 环境监测人员根据监测到的二氧化硫、二氧化氮、可吸入颗粒物、臭氧、一氧化碳等指标综合分析大气污染情况。

(4) 质监人员在超市抽查奶制品，检验奶制品的合格率。

(5) 市场分析人员评估广告效果。

3. 自学统计软件的使用方法，尝试分别使用 R 语言、Excel 软件、SPSS 软件完成以下工作。

(1)生成一个包括以下数据的列表 X。

96，52，36，6，51，88，26，3，7，81，78，26，16，99，64

(2)生成一个新的列表 Y，使 Y 中的每个变量数值为 X 的 2 倍。

(3)作 X、Y 的散点图。

思政训练模块

　　进入中国国家统计局网站，了解"统计数据"栏目下的主要内容，包括月度数据、季度数据、年度数据、普查数据、国际数据和中国统计年鉴等模块，尝试掌握查询国民经济与社会发展相关数据的方法。

　　在党的二十大报告中，列举了一系列经济、民生等方面的数据，以反映十八大以来国家各领域建设的成就。例如，"我国经济实力实现历史性跃升。国内生产总值从五十四万亿元增长到一百一十四万亿元，我国经济总量占世界经济的比重达百分之十八点五，提高七点二个百分点，稳居世界第二位；人均国内生产总值从三万九千八百元增加到八万一千元。谷物总产量稳居世界首位，十四亿多人的粮食安全、能源安全得到有效保障。城镇化率提高十一点六个百分点，达到百分之六十四点七"。尝试通过中国国家统计局网站查询这些数据，并找出更多可以反映国家建设成就的数据。

第 2 章 统计调查

学习目标

通过学习，了解关于统计数据的基本概念以及数据来源，了解统计调查的分类，熟悉各种抽样调查方式，能够根据实际需要选择抽样方案，理解调查误差的来源。

关键术语

总体，个体，标志，指标，统计尺度，列名尺度，顺序尺度，间隔尺度，比率尺度，统计口径，普查，重点调查，典型调查，抽样调查，简单随机抽样，分层抽样，系统抽样，整群抽样，多阶段抽样，自加权，PPS 抽样，Kish 表，便利抽样，配额抽样，主观抽样，滚雪球抽样，抽样误差，非抽样误差，抽样框误差，无回答误差，计量误差，敏感性问题，Warner 方法，Simmons 方法。

本章要点

1. 统计尺度与统计口径。
2. 全面调查与非全面调查的区别，各自的优缺点。
3. 概率抽样各种形式的特点、适用范围。
4. 在一个城市中调查 1000 户样本的抽样设计。
5. 非概率抽样的各种方式。
6. 非抽样误差的概念。

2.1　统计指标

统计调查的数据必定是以统计指标的形式存在的，在学习统计调查之前，首先要了解有关统计指标的概念。

2.1.1　总体与个体

总体指由所关注的全部对象组成的集合。个体也称单位，指组成总体的不可再分的最小单元。例如，一个学校中所有的学生构成一个总体，每个学生则为该总体中的一个个体；海洋所有的鱼构成一个总体，每一条鱼则为一个个体。

统计调查总是从个体入手，逐渐汇总，最终获得对于总体的认识。

一个统计总体应当具有三个方面的特征。

1. 同质性

统计总体中的个体必须具有某方面的相同属性，这一相同属性使总体内的个体可以区别于非总体的个体。

总体的同质性来自总体的定义。在进行统计研究时，需要对所研究的总体进行准确的定义，以便界定总体的范围，明确哪些个体属于研究范畴，哪些个体不属于研究范畴。

案例 2-1

农民工总体的定义

农民工是一个经济生活中经常被提及的概念，有许多研究也是针对农民工群体进行的。但在对农民工进行调查时，需要首先明确该群体的定义，即明确其同质性，否则就无法确定农民工的范畴。

定义这个总体时需要考虑以下因素。

户籍属性：农村户籍。

地域属性：离开原居住地，进入城镇就业。

职业属性：从事非农产业。

从业时间属性：从事非农产业的时间超过 6 个月。

按照上述的定义，除了人们传统印象中的建筑工人、工厂流水线工人、保安、快递员等从业人员应当包含在农民工范畴内之外，那些依然属于农村户籍的办公室白领甚至企业高管也应当属于农民工的范畴。在对农民工群体进行调查时，如果忽略了后面这种类型，得到的结果也是有偏的。

2. 大量性

虽然从理论上说，一个总体中可以只包括一个个体，但统计工作中研究的总体往往是由大量的个体构成的，统计分析的目的也在于反映大量个体所表现出来的规律性。

3. 差异性

在具有相同属性的基础上，总体中的各个个体还应当是存在差异性的，必然存在某些方法，可以将总体中的个体进行识别。在统计研究中，不允许有两个个体以相同的形式存在。

总体和个体的划分也是相对的。例如，在一个学校中，全校学生构成一个总体，每个学生属于总体中的一个个体；而如果要对一个区域内的所有学校进行研究，则所有学校构成一个总体，每个学校属于总体中的一个个体。

2.1.2　标志与指标

标志是说明总体单位特征的名称。根据所说明的特征不同，标志可分为品质标志和数量标志两类。所谓品质标志是指这种标志只能以名称的方式表示，而不能进行数量化处理。例如一个人的性别标志，只能用男、女进行区分，而不能表示为100或者1000之类的数字。数量标志则相反，是指可以用数字进行表示的总体特征。例如一个人的身高，可以表示为170厘米或者172厘米等。

数量标志进一步细分，还可以分为连续型和离散型两种。连续型数量标志的特点是取值是连续的，取值空间是整个实数空间，或者某一段实数空间，例如身高可以取170.1厘米，或者170.11厘米；离散型数量标志的特点是取值是间断的，取值空间是一段整数空间，或者可以与一段整数空间相对应，例如在商店买啤酒，只能买整数瓶，某人的收入如果用元表示，将包括两位小数，如1528.25元，但如果转换成分，则只能表示为整数。

离散型变量与连续型变量并非截然分开的，有时候，当离散型变量的取值空间较大，取值点比较密集时，也可以视为连续型变量，例如收入就往往被当作一个连续型变量进行处理。

指标是描述总体特征的名称。例如一个班的学生构成一个总体，每一个学生的身高称为该名学生的身高标志，但所有学生的平均身高则称为该班学生的平均身高指标。

一些教科书上对于标志和指标并不加严格的区分，有时将个体的特征描述也称为指标，例如可以说一个学生的身高是一个指标。在不会引起误会的情况下，这样表述也是符合人们日常语言习惯的。

2.1.3　统计尺度

对于标志，除了使用品质标志和数量标志的划分方法之外，还可以用统计尺度的概念来进行划分，在统计学上，一般用四级统计尺度来衡量标志。

1. 列名尺度

列名尺度（Nominal Scale）也称为定类尺度，是指对事物仅做平行的分组或分类，而不提供更多的描述。例如将性别分为男和女，将籍贯分为北京、天津、河北等。

在列名尺度下，变量之间只能进行"＝"或"≠"的比较。

2. 顺序尺度

顺序尺度（Ordinal Scale）也称为定序尺度，是指除提供名称描述外，还可对事物进行排序的测量尺度。例如，将受访者对某个事物的评价分为非常讨厌、讨厌、中立、喜欢、非常喜欢五个级别，这五个级别之间是存在顺序关系的，因此属于顺序尺度。学历、职称、职务等都属于顺序尺度。

顺序尺度可以用文字来描述，也可以用数字来描述。例如，在市场调查中经常使用的李克特（Likert）量表，所测量出来的结果就属于顺序尺度，其表示方式为数字 1～5。

案例 2-2

李克特量表

请您阅读以下的一些描述，并您根据自己的意思，回答这些描述是否符合您的想法，其中 5 表示"非常符合"，4 表示"比较符合"，3 表示"不确定"，

2 表示"不太符合"，1 表示"非常不符合"。

题　号	题　项	态　度
1	我认为这则广告试图影响我的购买决策	5　4　3　2　1
2	我认为这则广告试图操纵我的行为，让我难以接受	5　4　3　2　1
3	在对不同商品进行比较时，这则广告对我造成了干扰	5　4　3　2　1
4	这则广告能够帮助我作出最优决策，我很喜欢	5　4　3　2　1
5	这则广告让我联想到强买强卖的行为	5　4　3　2　1

Likert 量表中尽管采用了 1～5 的数字来表示不同的程度，但这些数字之间并不是数值关系。例如，选择 4 并不意味着是选择 2 的两倍，4 与 3 之间的差距并不一定等于 3 与 2 之间的差距。

在顺序尺度下，变量之间可以进行"＞"或"＜"的比较。

3. 间隔尺度

间隔尺度(Ordinal Scale)又称定距尺度，是指能够提供两个测度之间数量间隔的测量尺度。例如气温的 20℃ 和 30℃ 之间，间隔 10℃，即是一种间隔尺度。在间隔尺度中，相同的间隔反映出相同的差异。

在间隔尺度下，可以进行"＋"或者"－"的运算。

4. 比率尺度

比率尺度(Ratio Scale)又称定比尺度，是指在两个测度之间，可以比较其比例关系。例如某甲的收入为 1000 元，某乙的收入为 2000 元，除可以计算二者的差距是 1000 元外，还可以认为某乙的收入是某甲的 2 倍。

在比率尺度下，可以进行"×"或"÷"的运算。

比率尺度与间隔尺度之间很容易发生混淆，大多数情况下，间隔尺度的数据同时也满足比率尺度的要求。但二者还是存在着一定区别的，其区别就在于是否存在作为测度起点的"0"。

在间隔尺度中，"0"只是一个普通的测度值，例如温度为 0℃，并不意味着没有温度。海拔高度中的 0 米，不能说是没有高度。由于 0 并不意味着起点，因此，温度中的 40℃ 就不能说是 20℃ 的 2 倍，海拔 40 米的山头，也并不意味着是海拔 20 米的 2 倍。

在比率尺度中，0 就代表"没有"，是测试的初始点。例如说某人的收入为 0，即意味着此人没有收入。如果一件物品的质量为 0，则表示该物体不存在。由于存在一个作为对比基准的零点，因此比率尺度下可以进行乘除法的运算。

案例 2-3

比率尺度与间隔尺度的对比

将一根 2 米长和一根 1.5 米长的柱子分别立于海底，假定海水深度为 1 米。

观察柱子露出海平面的部分，得 $O_1=1$，$O_2=0.5$，可以得出柱子 1 比柱子 2 高出 0.5 米，但不能认为柱子 1 的高度是柱子 2 的 2 倍。

从海底开始测量，得 $R_1=2$ 米，$R_2=1.5$ 米，可以得出柱子 1 比柱子 2 高 0.5 米，同时可以计算出柱子 1 的高度是柱子 2 的 1.33 倍。

以海平面作为测量基准，所得到的测量值为间隔尺度，并不能反映出两根柱子高度的比例关系。而如果以海底作为测量基准，则得到的测量值为比率尺度，在这个尺度上可以计算比例关系（图 2.1）。

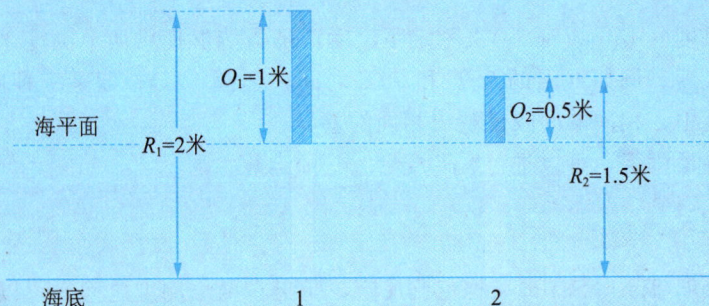

图 2.1　比率尺度与间隔尺度对比示意图

上述四种统计尺度的顺序是由低向高，高尺度涵盖了低尺度，可以转化为低尺度使用，但低尺度并不完全能够转化为高尺度使用。许多统计方法都是针对特定尺度设计的，对低尺度的数据采用只适合于高尺度的方法，可能会产生出错误的结果。

不过，在统计实践中，也经常有将低尺度作为高尺度处理的情况。最常见的，就是将顺序尺度的 Likert 量表数据当成比率尺度使用，将受访者选择的"非常适合"至"非常不适合"视为数值 5 至 1，然后采用因子分析、计量经济学分析等方法进行处理。这种处理事实上是在原来的测度基础上加入了一些假设，包括假定两个不同级别的测度是等距的，测度是以 0 为起点的。如果这样的假设并不违背现实情况，则这种处理也是允许的，所得到的结果也具有一定的参考价值。但如果实践中的情况并不符合假定的要求，则处理结果就不能说明什么问题了。

2.1.4 指标的六要素

在日常的经济研究工作中所使用的 GDP、财政收入、工业产值、居民可支配收入等数据，都被称为统计指标。一个完整的统计指标包括六个方面的构成要素，分别为指标名称、计量单位、指标数值、时间限制、空间限制、计算方法。

让我们观察有关 GDP 的一段描述：

2020 年，中国大陆国内生产总值为 100.88 万亿元

在上述描述中，即包括了国内生产总值这一指标的六个要素。

1. 指标名称

指标名称指描述指标的文字，上述描述中的"国内生产总值"就是指标名称，有时候也可缩写为 GDP(Gross Domestic Product)。

2. 计量单位

计量单位指指标的计量尺度，上述描述中的"元"就是计量单位。

3. 指标数值

指标数值指指标的最终计算结果，以数字形式表现，上述描述中的"100.88 万亿"就是指标数值。

4. 时间限制

时间限制指该统计指标所指示的时间范围。在上述描述中，2020 年就是时间限制，其代表 2020 年 1 月 1 日 0 时至 2020 年 12 月 31 日 24 时的整个时间段。

指标的时间限制包括时点和时期两类。

时点是某一瞬间的状况，多用于刻画连续变化的现象。例如计算人口数，即是使用时点限制，如人口普查中经常要使用一个特定的普查时点，我国第七次人口普查的普查时点是指 2020 年 11 月 1 日 0 时。

时期指标是指一段时间内的累积情况，多用于刻画断续发生的现象。例如一个人的经济收入是在不同的时间获得的，很难确切地说在某一个时刻获得了多少收入，所以在统计收入情况时，就要使用时期指标，计算一个月或者一年时间内的总收入。

5. 空间限制

空间限制指反映指标所涉及的空间范围，在上述的描述中，国内生产总值的统计范围是指中国大陆地区，即不包括港澳台在内的区域。

6. 计算方法

计算方法指在进行指标测量时所使用的方法，包括相应的计算公式和计算原则。在上述的描述中，计算方法是隐含的，按照惯例，中国政府发布的国内生产总值指标，是指用"生产法"进行核算的结果，有别于"收入法"和"使用法"等其他方法。

知识点

国内生产总值的计算方法

国内生产总值(GDP)有三种不同的计算方法，分别为生产法、收入法、使用法(也称支出法)。

生产法 GDP 核算：

$$GDP=总产出-中间消耗$$

收入法 GDP 核算：

$$GDP=劳动者报酬+营业盈余+生产税净额+折旧$$

使用法 GDP 核算：

$$GDP=总投资+总消费+净出口$$

上述三种不同的计算方法，在实践中对应于不同的数据来源。生产法的数据来自企业等生产部门的生产账户，是用生产部门的总产出，减去生产部门在生产过程中的中间消耗，得到增加值，再把所有的增加值进行累加，得到全国的 GDP。收入法是分别计算劳动者获得的工资收入、企业所有者获得的利润和银行利息、政府收缴的生产税、企业留存的折旧等，进行汇总后获得 GDP。使用法是按全社会的总投资、总消费和净出口三个数字进行汇总所得。

从经济理论上说，三种方法计算的 GDP 数值应当是相等的，这称为三方等价原则。但在实践中，由于数据来源不同，三个结果往往会有一些差异。因此，各国在发布 GDP 数据的时候，都要说明自己是依据哪种计算方法计算的，不同计算方法获得的 GDP 有时候缺乏可比性。

大多数指标都有计算方法上的说明，例如，国家统计局发布的"出生率"指标，其计算方法的说明如下。

出生率（又称粗出生率）指在一定时期内（通常为一年）一定地区的出生人数与同期内平均人数（或期中人数）之比，用千分率表示。统计年鉴中的出生率指年出生率，其计算公式为：

$$出生率 = \frac{年出生人数}{年平均人数} \times 1000‰$$

式中，年出生人数指活产婴儿，即胎儿脱离母体时（不计怀孕月数），有过呼吸或其他生命现象。年平均人数指年初、年底人口数的平均数，也可用年中人口数代替。

从上述表述可以看出，计算方法是统计指标中非常重要的一个要素，不同的计算方法可以产生出不同的结果。

时间限制、空间限制和计算方法，在统计中合称为指标的"口径"。在实际工作中，如果需要对指标进行比较，则一定要注意指标口径是否相同，口径不相同的指标是不能进行比较的。

扫描二维码，获取本节微课视频。

微课视频	学习笔记
	_____
	_____
	_____
	_____

2.2　统计调查的分类

统计调查是经济活动中获得一手数据的主要方法，在实践中产生出了许多不同的形式。统计调查可以按照不同的维度来进行分类，例如：根据选择样本的范围，可分为全面调查和非全面调查；根据研究目的，可分为探测性调查、实证性调查、预测性调查；根据调查内容分类，可分为产品调查、服务调查、广告调查、媒体调查；根据获取信息的方法，可分为观察法、采访法、报告法和问卷调查法等。

在本节中，主要介绍两种分类方法及相应内容。

2.2.1 按选择样本的范围分类

统计调查按选择样本的范围可分为全面调查和非全面调查。

1. 全面调查

全面调查是指对总体的全部单位均进行调查，也称为普查。全面调查由于是对全部单位进行的调查，因此不会出现以偏概全的误差。

（1）全面调查的作用。全面调查能够获得总体中所有单位的信息，为管理部门提供全面的信息，并可为其他调查提供基础资料。例如，通过人口普查，我们可以了解到全中国的人口总数及其分布状况，便于国家制定相关的政策。同时，通过人口普查能够形成人口基本情况数据库，在未来进行其他调查时，可以利用这些数据库帮助抽选样本。

（2）全面调查的缺陷。全面调查存在着一些自身的缺陷，主要包括以下几个方面。

第一，成本大、周期长。由于全面调查要涉及总体的所有单位，而总体单位数有时多达数万人甚至数亿人，进行普查的工作量是非常大的。我国每十年进行一次人口普查，每次均需动用数十万调查员，耗用大量的资金，从前期准备到最终数据结果形成，往往要花费两年左右的时间。

某些调查如果要采用全面调查的方式，在经济上不具有可行性。例如，要对全国建筑工程使用的建筑材料进行普查，理论上说是能够做到的，但这样做就意味着要将所有的建筑物都进行拆解，而这显然是不具有现实可操作性的。

在计划经济年代，我国的农产品产量调查采用的是全面调查的方式，即由各个村一级生产单位自行统计，填写报表后逐级上报至乡镇、县、市、省，最后再在国家层面上汇总。由于每一级单位都需要消耗一些时间，国家获得农产品最终统计数据往往要比收获时间滞后一两个月，这样就不利于国家针对农作物生产情况调整种植结构，影响了决策的及时性。

第二，具有破坏性的调查，不能进行普查。有一些调查活动本身对于调查对象是有破坏性的，这样的调查就不能进行全面调查。例如，在购买橘子时，如果对要购买的橘子每一个都剥开尝一尝，这些橘子就无法销售了。

在产品质量检验中，有一些检验是会对产品造成损伤的，这种情况下就不可能进行全面调查，而只能采用抽样调查的方法。事实上，抽样调查本身就是随着工业化大生产的出现而发展起来的，在工业生产中扮演着非常重要的角色。

第三，质量控制困难。由于全面调查涉及的单位数较多、调查人员多、时间长，质量控制的难度很大。如果不能保证在调查过程中各种要求得到严格执行，调查结果就会出现比较大的误差。

2. 非全面调查

非全面调查是指仅对总体中的一部分单位进行调查，由这一部分单位的情况来反映总体的情况。非全面调查主要包括三种方式。

(1)重点调查。对总体中影响全局的主要单位进行调查，而对不影响全局的单位不进行调查。例如为了解全国的钢铁产量，对最大的十家钢铁厂进行调查。

重点调查一般用于快速地掌握全局的情况，以便进行某方面的决策。重点调查关注的是宏观现象，对于微观主体的状况不进行深入研究。

(2)典型调查。对总体中具有代表性的单位进行调查。例如，为了解居民对某一事件的看法，在街头选择工人、干部、学生等代表进行访问。

典型调查的主要着眼点在于对各类具体单位的微观分析，而不在于整体的宏观情况。

(3)抽样调查。按随机原则从总体中抽选一部分单位进行访问。抽样调查的结果既可以对整体的宏观状况进行推断，也能够反映出微观主体的行为，从而成为研究社会经济现象的主要手段。

重点调查和典型调查都具有主观选择的特征，均是由调查人员根据自己的判断去选择样本，在选择过程中，调查人员主观认识上的差异，可能会导致调查结果出现偏差。由于不同的研究人员可能采用不同的选择标准，因此调查结果的可移植性比较差，其他人很难直接使用这些调查结果。

抽样调查则是采取客观抽样的方式，所有的选择过程都是有科学依据的。只要抽样人员在工作中没有出现大的失误，抽样结果就可以是客观真实的。由于抽样调查的抽样依据是公认的，所以不同研究者所进行的调查活动，相互之间可以理解并引用。

抽样调查与重点调查和典型调查相比，操作的过程更为严格，同时要求达到一定的样本量，从而增加了调查难度，提高了调查成本，不如重点调查和典型调查那样简单易行。

2.2.2　按获取信息的方法分类

统计调查按获取信息的方法可分为观察法、采访法、报告法和问卷调查法。

1. 观察法

观察法指通过观看、跟踪和记录调查对象的言行来汇集信息资料的调查方法。

观察法一般用于对受访者客观状况进行调查，例如通过观察普通消费者在超市中选购商品的过程，可以分析出消费者对商品各方面属性的偏好情况。

在使用观察法时，要求访问员具有较强的观察能力和心理分析能力，能够敏锐地发现受访者的各种无意识活动。

目前较为常用的观察法调查为神秘顾客调查，指观察员扮成顾客，到商店或其他服务性场所，记录有关服务过程细节情况，作为服务评价依据的参与性人员观察法。

2. 采访法

采访法是指调查人员根据访问提纲，与受访者进行交谈，由此获得对受访者情况的了解。

在使用采访法时，访问员需要及时掌握受访者的谈话内容，对于有价值的信息进行深入追问。

采访法能够发现受访者的许多深层次的主观意见，因而常用于深度分析。但采访法的效果受访问员个人能力的影响很大，而且受访者的谈话漫无边际，很难进行定量分析。

常见的采访法调查包括深度访谈和焦点小组访谈。

(1)深度访谈。访问员和受访者围绕相关问题进行深入的讨论，是一种一对一的面对面调查。

(2)焦点小组访谈。焦点小组访谈也称座谈会调查，指选择一组具有代表性的受访者，在主持人的组织下，就某个专题进行讨论，是一种一对多的调查方法。

3. 报告法

报告法是指由受访者填写有关报告表格，向调查人员报告自身情况。

报告法是我国政府统计的传统方法，尤其是在计划经济时代，政府统计信息主要来自各行各业提供的统计报表。

在组织良好的情况下，报告法能够在较低的成本下，快速地获得有关统计结果。但报告法受被调查机构的主观配合情况影响较大，在政府逐渐减少对企业直

第 2 章　统计调查

27

接干预的情况下，报告法的应用受到了很大的限制。

4. 问卷调查法

问卷调查法是指调查人员利用格式化的调查问卷，向受访者进行询问。

问卷调查法是目前最常用的调查方法，其优点在于利用问卷限定了访问员的询问方式和受访者的回答方式，从而有助于获得符合分析要求的定量数据。问卷调查法不需要访问员进行自由联想和发挥，从而降低了对访问员自身素质的要求，更适宜于大规模的民意和商业调查活动。

常见的问卷调查方法包括以下几种。

(1)入户调查。访问员按照抽样方案中的要求，到抽中的家庭或单位，按事先规定的方法选取适当的受访者，再依据问卷或调查提纲进行面对面直接的访问。

(2)拦截调查。也称街头访问，指在公共场所，随机拦住受访者当场或在访谈室中进行面对面的访问。

(3)电话调查。访问员通过拨打电话的方式对受访者进行调查。

(4)邮寄调查。通过邮寄问卷给受访者，由受访者自己回答问题并寄回问卷的调查方式。

(5)留置问卷调查。由访问员将问卷交给受访者，在受访者回答完成后，再由访问员登门取回的调查方式。

(6)媒体问卷调查。将问卷刊登在报纸、杂志等媒体上，由受访者自己填写后寄回调查单位的方法。

(7)互联网调查。借助互联网进行的调查，其中包括在互联网网页上刊登问卷进行调查，或通过电子邮件向受访者邮寄问卷进行调查，或通过社交网络工具与受访者直接交流进行调查。

扫描二维码，获取本节微课视频。

微课视频	学习笔记
	_____

2.3 抽样调查

根据对样本抽选概率的控制严格程度，抽样调查可以分为概率抽样与非概率抽样两种形式。

概率抽样（Probability Sampling）指按照一定概率从构成总体的所有抽样单元中随机选择部分单元进入样本的抽样方法。例如，用抽签的方法从 100 名学生中抽出 10 人构成样本，则每名学生被抽中的概率都是 10%，这是一个可以精确控制的概率。在概率抽样中，由于每个单位被抽中的概率是确定的，因此可以用数学方法精确地计算一次概率抽样中的抽样误差。

非概率抽样（Non-probability Sampling）指样本不是按照一定的概率抽出，而是由抽样者主观抽出或任由受访者自愿进入样本的抽样方法。例如，访问员在街头随机拦截行人进行调查，由于无法确定每名居民出行的概率，因此每个单位被抽中的概率都是未知的。非概率抽样一般是作为概率抽样的一种简易形式，可以用近似的方法计算抽样误差。

2.3.1 概率抽样

1. 简单随机抽样

简单随机抽样（Simple Random Sampling）也称纯随机抽样，指从总体的全部单元中以等概率、不放回的方式抽取部分单元[①]。简单随机抽样的关键在于总体中的所有单元是相互独立的，没有进行排列、分组等处理，在进行抽选时，任何一个单元被抽中与否，与其他单元没有相关关系。

进行简单随机抽样的最原始做法是进行抽签，在操作足够精细的情况下，抽签方式能够产生出一个近似的简单随机样本。

在总体单位数比较多的情况下，采用原始的抽签方法就不可能了，此时需要

---

① 本章中有关各种抽样调查方式的定义均来自中华人民共和国国家标准《市场、民意和社会调查 术语》（GB/T 26315—2010）。其中，本处对简单随机抽样的特点概括不够完整。简单随机抽样属于等概率抽样，但并非所有的等概率抽样都是简单随机抽样。简单随机抽样的特点在于构成总体的各个单位相互之间没有关联，样本是在总体单位相互独立的前提下等概率抽选的。

对总体单位进行编号，然后抽选对应的号码。

大多数的计算机语言都提供了产生纯随机数的函数，例如在数据库语言Foxpro 中，通过设置 rand()函数中的参数，可以获得一个指定特征的随机数序列；在办公软件 Excel 中，可以使用随机函数 rand()产生所需要的随机数；在统计软件 R 中，可以用 sample()函数进行抽样，还可以用其他函数生成服从其他分布的随机数序列。

知识点

用计算机产生随机数

(1)Excel 中产生随机数。

在 Excel 中，可以使用随机数函数 rand()返回一个大于等于 0 小于 1 的均匀分布随机数，每次计算工作表时都将返回一个新的数值。

如果要生成 a，b 之间的随机实数，可以在单元格中输入函数式：

$$=rand() * (b-a)+a$$

例如，如果要生成大于等于 0，小于 100 的随机数，可输入：

$$=rand() * 100$$

如果要生成指定范围的随机整数，可以使用 int()函数。int()函数称为取整函数，是指截取一个数据的整数部分。例如，一个班级学生的学号为 1至 45，如果要随机产生一个学号，可以在单元格中输入以下内容：

$$=int(rand() * 45+1)$$

(2)在 R 中模拟抽样。

R 中的抽样函数为 sample，使用格式为：

$$sample(x, size, replace=FALSE)$$

其中，x 为记录抽样名单的向量，size 为需抽取的单位数，replace=FALSE 表示抽样不可重复，如果取值改为 TURE，则表示可重复抽样。

以下为一个抽样的过程：

$$x=c("张三","李四","王五","赵六")$$
$$sample(x, 2, replace=FALSE)$$

执行这两条命令，将能够从四人中随机抽出 2 人作为样本。

(3)在 R 中产生指定分布的随机数。

在 R 中产生(0，1)区间均匀分布的随机数采用以下命令：

$$runif(n)$$

其中，n 表示所需要产生的随机数的数量。

如果要修改随机数的区间，可以加上最小值和最大值的限制，变成下列形式：

$$runif(n, min=m1, max=m2)$$

其中，m1 和 m2 分别代表最小值和最大值。

R 中除了可以产生均匀分布的随机数之外，还可以产生服从其他分布的随机数，这在进行统计模拟时能够提供许多方便。例如：

rnorm(n, mean=m1, sd=m2)：产生均值为 m1，方差为 m2 的正态分布随机数。

rt(n, df=m1)：产生自由度为 m1 的 t 分布随机数。

使用计算机产生随机数是目前应用最为普遍的方法，但其也有一定的局限性。例如，在野外进行调查时，可能不具备利用计算机抽样的条件。此外，计算机抽样具有不可回溯的特点，即调查员在现场实际产生了哪些随机数，在事后无法重现，这就使管理人员无法判断调查员是否严格执行了抽样要求。

解决上述两个问题的一种简单方法是使用随机数表。随机数表是一张由随机数字构成的表格，可以从任何行任何列开始进行取值，取值时可以取连续的若干位，以获得一个任意大的随机数。

在表 2.1 中，可以随意地选择某个位置作为起始位置，抽取指定数量、指定长度的随机数。例如，从第三行第二列开始，从上往下可以依次抽取 5 个四位数：0272，3666，7891，4928，3139，这些数字即为抽选出来的随机数。

表 2.1 随机数表

0	5	6	3	1	1	9	8	1	3	2	5	0	5	8	3	1	9	3	8	3			
1	3	4	4	0	1	0	5	4	4	4	6	1	6	4	0	7	0	0	4	1	4	3	9
9	0	2	7	2	3	3	6	6	7	0	0	6	1	6	9	2	0	5	4	0	5	0	7
8	3	6	6	6	2	6	0	5	0	7	1	8	1	2	6	3	3	7	5	7	2		
9	7	8	9	1	8	9	6	3	1	2	0	9	2	2	4	4	4	0	1	2	9		
8	4	9	2	8	8	0	5	0	5	0	9	1	9	1	7	3	9	7					
3	3	1	3	9	3	1	4	7	3	9	9	4	8	2	5	2	0	5	0	1	0	5	7
4	4	4	0	0	4	9	0	5	4	6	0	0	2	6	5	1	1	8	5	1			
8	2	1	8	9	2	2	4	2	8	8	9	0	7	0	7	1	6	1	8	8	9	9	5

续表

4	3	6	4	9	4	8	0	0	1	4	5	0	8	9	7	7	9	6	6	9	6	0	0
7	5	3	6	6	1	7	8	5	9	7	6	9	5	8	8	3	3	1	7	4	1	0	2
2	5	3	6	8	4	9	9	1	2	7	6	4	6	0	4	2	3	4	4	2	0	2	4

知 识 点

取余算法

随机数表中取出的数字，有可能会大于所需要的范围。例如，如果现场只有 1200 个抽样单位，上述取出的 5 个四位数只有第 1 个数 0272 符合要求，其余的数都大于 1200，因此不符合要求。

当抽出的数字不符合要求时，可以继续往下抽选，直到抽够符合要求的数字为止。但这种方式会导致工作量加大，利用表 2.1 进行抽选时，无法抽出指定数量的随机数，必须扩大随机数表，这会给工作带来一定的麻烦。针对这种情况，在实践中可以采用取余算法，使超出范围的数字得到利用。所谓取余，就是用抽出的数字除以抽样范围，取其余数作为抽中的随机数。

例如，现场的抽样范围是 1 至 1200，抽出的随机数为 3666，则可以将 3666 除以 1200，得到余数为 66，此时可以将编号为 66 的单位作为被抽中的样本。

为了保证每个数字以等概率的方式被抽中，采用取余算法时，对于最大倍数以上的抽样结果要予以放弃。例如，在抽选四位数时，1200 的最大倍数为 9600，如果抽样得到的数字大于或等于 9600，则应当放弃重抽，而不能做取余处理。

2. 分层抽样

分层抽样（Stratified Sampling）指样本抽自总体不同的层，且每个层至少有一个抽样单元入样的抽样方法。例如，在对一个班的学生进行抽样调查时，先将学生分为男生和女生，然后分别在男生和女生中各抽取一部分样本，这种方法即为分层抽样方法。

分层抽样能够有效地提高抽样效率，在相同样本的情况下，分层抽样的抽样误差一般会小于简单随机抽样的误差。

案例 2-4

对比分层抽样与简单随机抽样

假定某学校有10000名学生，其中男生和女生各占50%。又知男生每人平均每月用于购买护肤品的支出为10元，女生每人每月平均为100元。现欲从全校学生中抽选10人，计算全校学生平均每人每月用于购买护肤品的支出。

假定采用简单随机抽样的方法，在抽出的10名学生中男生和女生的人数可能存在不同的情况。

(1)样本的10名学生全部为男生的概率约为$\left(\dfrac{1}{2}\right)^{10}=0.10\%$，在这种情况下，根据样本计算出来的均值为10元。

(2)样本中包括9名男生和1名女生的概率约为$C_{10}^1 \cdot \left(\dfrac{1}{2}\right)^{10}=0.98\%$，计算结果为19元。

(3)样本中包括8名男生和2名女生的概率约为4.39%，计算结果为28元。

(4)样本中包括7名男生和3名女生的概率约为11.71%，计算结果为37元。

(5)样本中包括6名男生和4名女生的概率约为20.51%，计算结果为46元。

(6)样本中包括5名男生和5名女生的概率约为24.61%，计算结果为55元。

……

从已知条件分析，预期的结果应当是每人每月55元，其他的结果都属于过大的误差。显然，简单随机抽样的方法由于有可能抽选出不符合真实总体结构比例的样本，从而会有很大的概率出现比较大的误差。

而如果采用分层抽样方法，则可以在一开始就规定抽选5名男生和5名女生，这样得出的结果只包含男生内部和女生内部个体消费水平不同而带来的误差，而没有由于样本结构不合理带来的误差，因此抽样误差会明显小于简单随机抽样的情形。

　　分层抽样根据样本分配的不同，可以分为等比例抽选和不等比例抽选。

　　所谓等比例抽选，是指在每一个层中抽选的样本数与层的单位数的比例是固定的，例如要在一个班的 60 名学生中抽选 12 个样本，当男生人数为 40 人时，抽选的男生数为 8 人，这种方式就是等比例抽选。

　　等比例抽样能够使每个单位被抽中的概率都相同，但这种相同的概率是在对总体进行了分层的基础上实现的，所以与简单随机抽样仍有明显的区别。

　　不等比例抽选是指在不同的层中，抽选的样本数与层的单位数不呈现相同的比例。例如某班有 40 名男生、20 名女生，在抽选时，选择 6 名男生和 4 名女生作为样本，则男生的抽选比例为 6/40，女生的抽选比例为 4/20。

　　在采用不等比例抽选的情况下，每一层的平均数等指标需要单独进行计算，然后再将各层的结果汇总起来，计算总体的指标。

　　采用不等比例抽样的原因在于各层的单位离散程度不同，或者调查成本不同，一般来说，离散程度越高，或者调查成本越低的层，抽选的比例应当越高，这样能够在相同费用的情况下，获得最好的抽样效果。

知识点

不等比例分层与自加权设计

　　在采用不等比例分层的情况下，由于事先已知样本结构与总体结构不符，在计算样本平均数时，不能采用简单平均的方法，而是要采用加权平均的方法。

　　例如，在前述的例子中，如果 10 个样本中包含 7 名女生和 3 名男生，则男生和女生样本各自的代表性存在着差异，每名男生样本代表 $\frac{5000}{3}$ 名男生，每名女生代表 $\frac{5000}{7}$ 名女生，这样在计算样本平均数时，应当采用下面的计算方法：

$$\bar{x} = \frac{\sum x_{\text{男生}} \cdot \frac{5000}{3} + \sum x_{\text{女生}} \cdot \frac{5000}{7}}{10000} = \sum x_{\text{男生}} \cdot \frac{0.5}{3} + \sum x_{\text{女生}} \cdot \frac{0.5}{7}$$

　　上述公式中的 $\frac{0.5}{3}$ 和 $\frac{0.5}{7}$ 即为不同样本的权重。通过这种加权平均的方法，就可以在样本代表性不同的情况下，计算出没有偏差的样本平均数。

从这个计算过程可以看出，如果采用等比例分层的方式，男生样本和女生样本的代表性相同，则在计算时就不再需要考虑加权问题了。调查数据的处理不仅仅是计算样本平均数这样比较简单的方式，经常还会包括做假设检验、列联表分析、回归分析、多元分析等复杂统计处理。如果样本的代表性不同，则在任何统计计算中都要考虑权重因素，这将导致统计计算的难度加大，进而提高数据处理的成本。

在调查设计中保证样本代表性相同，称为"自加权设计"，也就是说样本本身已经带上了权重，在后续的统计处理中不再需要考虑加权的问题。自加权设计能够有效地降低后期数据处理阶段的成本，因此是一种比较好的设计习惯。

3. 系统抽样

系统抽样（Systematic Sampling）又称机械抽样，指将总体单元按一定顺序排列，先随机抽取一个或一组单元编号，然后按某种确定的规则抽取其他单元的编号，直到抽满样本为止。

系统抽样中最常见的方式为等距抽样，指将总体按某一标志进行排列后，按相同的间隔进行抽选。例如，在班级中按学号进行抽样，可以分别抽取 5 号、15 号、25 号、35 号……这种抽样方式便属于等距抽样。

根据排序标志的不同，等距抽样可分为相关标志排列和无关标志排列两种。

相关标志排列的等距抽样近似于分层抽样，例如按家庭的贫富程度进行排序后，等距抽选受访者调查其年收入情况。这种抽选相当于将全体受访者按收入情况由高到低分为 N 组，然后在每组中抽选 1 名受访者（图 2.2）。

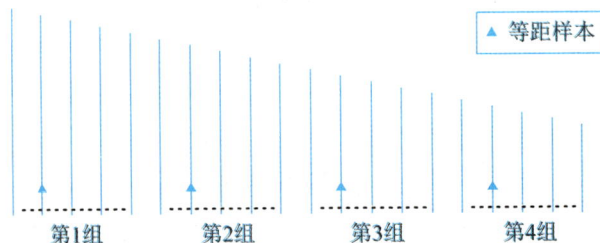

▲ 等距样本

第1组　第2组　第3组　第4组

图 2.2　按相关标志排序的等距抽样近似于分层抽样

无关标志排列的等距抽样近似于简单随机抽样，因为在无关标志排列的情况下，受访者处于哪个位置实际上是随机的，因此被选中进入样本的概率也是与调查内容无关的。

等距抽样要注意两种情况。

第一种：当序列具有单调倾向时，单纯的等距抽样会造成比较大的抽样误差。

前面说过，当序列按相关标志排列时，等距抽样可以视为在几个平均水平不同的组中进行抽样。观察图 2.3，如果序列具有单调倾向，当第 1 组抽中本组的最高值时，第 2 组的样本也为本组的最高值，依此类推，最终得到的样本将高于真实的平均水平。

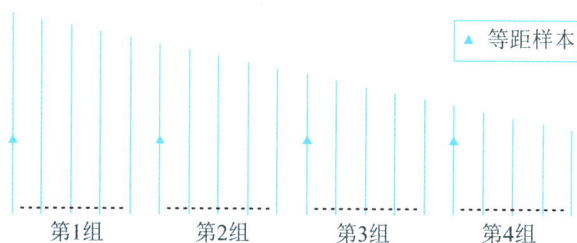

图 2.3　具有单调倾向的序列

为了避免出现这种情况，可以将等距抽样改为对称等距抽样。对称等距抽样的特点是将相邻的两个样本作为一"对"，采取对称方式抽选，如图 2.4 所示。

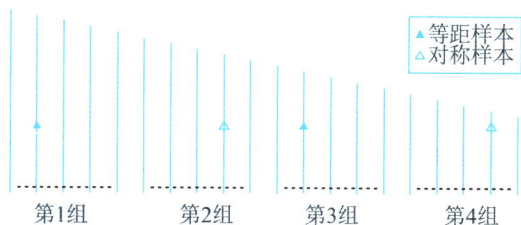

图 2.4　对称等距抽样

第二种：当序列具有周期性时，如果等距抽样的抽样周期与序列本身的周期重合，则会出现很大的抽样误差。

如图 2.5 所示，序列以 5 为周期，依次出现高度为 8、4、6、7、7 的周期性变化。此时如果等距抽样的周期也为 5，则在第 1 组中抽中第几个样本，在随后各组也会抽中相同位置的样本，从而导致样本具有相似性。图中第 1 组恰好抽到最低的一个单位，则所有 4 个样本均为最低点，根据此样本计算出来的均值将明显低于真实的均值。

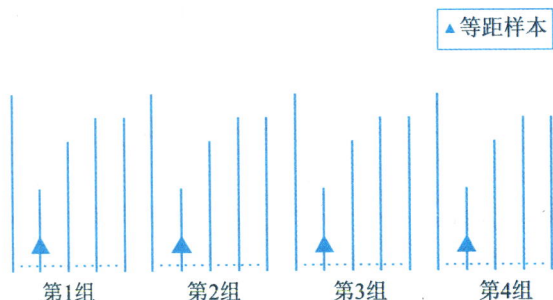

图 2.5　具有周期性的序列

在实践工作中，具有周期性的序列并不少见。例如，按日期进行抽样时，存在着每月 30 天和每周 7 天的周期；一个班组的工人在上班时，可以有固定的轮休制度，如果调查周期与轮休制度重合，则会出现每次都调查到同一名工人的情况。

解决这一问题的方法，只能是改变等距周期，尽量避免抽样周期与序列内在周期具有较大公约数的情况。

4. 整群抽样

整群抽样（Cluster Sampling）指先将总体分为不同的群，然后随机抽取群，样本由被抽中群中的所有抽样单元组成。例如，在学校中抽选学生，可以先抽取一部分班级，然后将被抽中的班级中所有的学生组成一个样本。

整群抽样的主要优点在于充分利用了单位自身的组织，从而有效地减少了单位样本的调查成本。

整群抽样的主要缺点在于同一群的单位一般具有一定的相似性，因此整群抽样在样本量相同的情况下，抽样误差一般会大于简单随机抽样的结果。

由于整群抽样的单位样本成本较低，在相同的成本情况下，能够比简单随机抽样获得更多的样本，从而从总体上减小了抽样误差。

整群抽样的适用性取决于群间差异与群内差异的比较，大致有以下三种情况。

（1）群间差异大，群内差异小。例如，在学校里抽选一部分班级做整群抽样，以了解学生的学习压力。在高校中，不同专业的学生学习压力存在较大差异，这表现为群与群之间有很大的不同；而在同一个班内部，不同学生的学习压力是比较相似的，因为他们要上相同的课程，完成相同的作业，这表现为群内的各个个体差异较小。

在群间差异大、群内差异小的情况下，整群抽样便是一种错误的设计。整群抽样是对所抽中的班级进行全面调查，由于班级内部的个体差异并不明显，进行全面调查并没有太大的意义，只需要抽选少数学生即可代表全班情况。而在差异较大的班级之间，整群抽样又无法保证抽选足够多的群，因此在班级间的代表性不足，从而出现较大的抽样误差。

（2）群间差异与群内差异基本一致。同样以在学校中抽选少数班级进行整群抽样为例，如果调查内容是学生的家庭经济状况，该变量与学生所学的专业没有显著的相关性，在这种情况下，不同班级之间的差异不大，而同一个班级内部的同学也存在一定的差异。从代表性的角度来说，抽选同一个班级的样本与抽选不同班级的样本并没有明显的区别，而整群抽样却可以节约单位样本的成本，所以这是一种有效率的设计。

（3）群内差异大，群间差异小。这种情况是指一个总体由若干个结构相似的群组成，每个群内部的个体之间存在较大的差异。由于群的结构相似，因此抽选少数的群即可对所有的群具有代表性，而在群内部采取全面调查的方式，能够涵盖存在差异的不同个体，避免代表性误差。在群内差异大、群间差异小的情况下，采用整群抽样是最理想的抽样设计，即使在样本量相同的情况下，整群抽样的精度也高于其他抽样方式。

案例 2-5

群内差异大、群间差异小的抽样情境

假设一个城市中存在 200 个菜市场，每个菜市场里有 100 名从事蔬菜副食销售的商贩。根据常识可以知道，每个菜市场的构成是大致相似的，都包括若干蔬菜摊位、若干肉类摊位、若干水产摊位等，而每个摊位的商贩所经销的商品则差异较大。

如果要对一个城市中从事蔬菜副食销售的商贩进行抽样调查，调查者可以从城市中抽选少数菜市场，再对这些菜市场中所有的商贩都进行调查，这种方式便属于整群抽样方式。可以看出，采用整群抽样方式能够使样本涵盖从事不同商品经销的商贩，各类商贩在样本中的比例基本接近真实情况，而如果采用简单随机抽样或者其他抽样方式，都很难达到这样的代表性。

出现上述情况的前提是群具有内部分工的特征，类似的情况包括学校中各个班级的班干部分工、各家企业内部的管理层级分工等。

5. 多阶段抽样

假设总体由若干个初级单元组成，每个初级单元又由若干个二级（次级）单元组成，在总体中按照一定的方法抽取部分初级单元，从每个抽中的初级单元中再抽取若干个二级单元进行调查，这种方式称为二阶段抽样。依此类推，通过逐级抽样获得最终样本的方法称为多阶段抽样（Multi-Stages Sampling）。

在大多数情况下，抽样调查都是针对一个极大的总体进行的，例如在一个城市范围进行的抽样调查，所面对的总体是数百万人。在这种情况下，直接进行简单随机抽样是不现实的，构造数百万人的名单就将是一个非常浩大的工程。多阶段抽样是将抽样过程分解为几个阶段，例如在城市进行抽样时，可以先抽选社区，然后在每个社区范围内抽选受访者。这样，每个阶段所面对的抽样单元都只限于几百或者几千个单位，便于抽选。

2.3.2　概率抽样案例

本小节讨论一个典型的概率抽样案例，是在一个城市中用入户抽样的方式，调查 1000 个居民样本。通过对这个案例的剖析，可以更为清晰地理解概率抽样的思想。

在一个城市中调查 1000 个样本，是比较常见的一种调查要求。对于许多市场研究项目而言，1000 个样本是较为合适的样本量，这样的样本量既能够满足研究所需要的精度①，又可以使调查成本控制在可承受的范围之内。当然，实际的市场调查中也有可能采用其他的样本量设计，例如 800 个样本，或者 1500 个样本等，抽样设计的方法可以类推。

在一个城市中调查 1000 个样本的抽样设计，大致需要考虑以下这样几点问题。

1. 总体设计

一个城市的人口数可能多达数百万乃至上千万，因此难以采用一步到位的方法进行样本的抽选，只能采取多阶段抽样设计。

根据城市居民居所的分区，城市中的抽样调查一般分为两个阶段，第一阶段

---

① 有关一次调查中需要多少样本，涉及总体的离散程度、所期望的精度、所采用的抽样方法等问题。样本量的计算方法在本书的第 6 章介绍，此处仅从一般市场调查的规律出发，提出 1000 个样本能够满足多数市场研究所需要的精度。

是在城市中抽取一部分社区，第二阶段是在所抽中的社区中抽选居民或者居民户。

我国的城市居民均有社区居民委员会这样一级群众自治组织，每个居委会管辖的范围即为一个社区，可以作为第一阶段的抽样单元。在没有居委会组织，或者难以获得居委会管辖范围资料的情况下，也可以按照城市街道的自然布局，将城市划分为若干个街区，以每个街区作为一个抽样单元进行第一阶段的抽样。

在社区中抽选居民的方法一般是以居民户为单位进行抽选。有些市场调查项目的研究对象本身就是居民户，例如对住房、家庭消费、家庭关系等问题的研究。另外一些市场调查项目的研究对象为居民个人，例如对个人消费偏好的研究，这类研究从原理上说应当以个人为单位进行抽样，但在实践中往往是采用居民户抽样方式，即抽选一部分居民户，然后再在样本户中抽选一名家庭成员作为调查对象。

2. 社区的抽选

先要确定所需抽选的社区数量。由于城市中不同社区的情况存在着较大的差异，为了保证样本的代表性，样本社区的数量不能太少，太少则容易使某些类型的社区无法进入样本，从而使结果产生偏差。同时，社区的数量又不宜过多，因为过多的社区导致样本过于分散，会增加调查人员的交通成本和时间耗费。

根据调查要求的不同，1000 个样本的调查一般可选择 25、50 或 100 个社区的设计，常见的设计为 50 个社区。

在确定了样本社区的数量之后，即可以进行社区的抽选。社区的抽选可采用简单随机、分层、等距等方式。简单随机抽样的方法是在全市的社区名单中用随机数进行抽选；分层抽样方法是将所有社区按区、街道进行划分，再按比例在每个区或者街道中抽选；等距抽样的方法是将社区按照区、街道的顺序排列，或者按地图上的空间顺序进行排列，然后以相同间距进行抽选。

3. 社区中样本户的数量分配

抽选出社区之后，在每个社区中分配多少样本户，有两种不同的设计方法。

(1)等比例分配。所谓等比例分配，是按社区中居民户的数量等比例进行抽选，居民户较多的社区则样本户也较多，反之则反是。例如 A 社区有 10000 户居民，按比例可抽选 100 户；B 社区有 1000 户居民，则抽选 10 户。

等比例分配的目的在于实现自加权设计。如果社区是以简单随机抽样的方法抽选的，则每个社区被抽中的概率相等，假定为 P_c，此时，如果每个样本社区

中按相同比例 P_0 抽取样本户，则全市每户居民被抽中的概率 P_H 均为 $P_C \cdot P_0$，为一个常数，从而最终的样本为自加权样本。

（2）等额分配。等额分配是指每个样本社区抽选的样本户相等。例如，在抽选 50 个样本社区的情况下，每个社区抽选 20 户居民，构成 1000 户样本，这就是等额分配的方式。

等额分配有许多优点。

首先，等额分配能够简化设计，全市抽选 50 个社区，每社区 20 户样本，这是一种比较简洁的阐述方式，不易引起混淆，对现场执行人员的要求较低。由于每个社区的样本量相同，派往各社区的调查员工作负担没有差异，也便于现场管理。

其次，等额分配能够较好地控制总样本量，无论抽选到哪些社区，都能够保证最终的样本量是固定的。而如果采用等比例分配方式，总样本量会受到所抽选社区规模的影响，如果样本中包含了较多的大社区，则总样本量会超出设计要求，反之，如果样本中包含了较多的小社区，则总样本量会不足。虽然后一种方式也可以采取动态调整样本量的方法，即在完成了社区抽选之后，再根据样本社区的居民户总数来确定抽样比例，但这样会使设计变得复杂，不利于与客户和现场执行人员的沟通。

最后，从控制调查误差的角度来看，每个社区采用固定的样本量也是更有效率的。如果认为同一个社区的居民具有较强的相关性，那么在等比例分配的方式中，大社区的样本量过多，对于抽样精度的贡献有限，而小社区的样本量过少，容易产生较大的抽样误差。等额分配的方式是使各个社区具有相同的样本量，从而使各个社区的抽样精度都保持在一定的水平上，能够有效降低整个样本的抽样误差。

等额分配具有上述的优点，因此在实践中使用较为普遍。等额分配的最大缺陷在于当第一阶段的社区抽选采用简单随机抽样方式时，整个抽样设计不满足自加权设计的要求，对后期的数据处理会带来一定的不便。解决这一问题的办法，是改变第一阶段的抽样设计，采用 PPS 抽样的方法。

知识点

PPS 抽样

在两阶段的抽样设计中，如果第一阶段采用简单随机抽样方法，第二阶段的样本分配采用等额方式，则每个居民户被抽中的概率为：

$$P_H = P_C \cdot \frac{n_0}{N_C}$$

式中，P_H 为城市中每个居民户被抽中的概率；P_C 为居民户所在社区被抽中的概率，在简单随机抽样的条件下，P_C 是常数；n_0 为每个社区的样本数，按前面的叙述，$n_0 = 20$，是常数；N_C 为每个社区的居民户总数，是一个变量。

从式子中可以看出，P_H 是一个与 N_C 成反比的变量，大社区的居民被抽中的概率较低，小社区的居民被抽中的概率较高，因此最终的样本不符合自加权的要求。

为了实现自加权的要求，在维持第二阶段抽样方法不变的情况下，可以将第一阶段的社区抽选方式由等概率的简单随机抽样方法，改为不等概率的方法。如果将第一阶段的社区抽选概率 P_C 改成与社区规模 N_C 成正比例的方式，即 $P_C = K \cdot N_C$，则最终的居民户入选概率为：

$$P_H = P_C \cdot \frac{n_0}{N_C} = K \cdot N_C \cdot \frac{n_0}{N_C} = K \cdot n_0$$

可以看出，这一概率为常数，即样本满足自加权的要求。

使一个初级单位被抽中的概率与其所包含的二级单位规模成正比的抽样方式，称为依规模成比例抽样(Probability Proportional to Size)，简称 PPS 抽样。

假定有 A、B、C、D、E 五个社区，居民户数分别为 500 户、800 户、700 户、1050 户、1350 户，在这五个社区中用 PPS 抽样抽出一个社区，操作方法如下：

首先编制一个表格，对各社区的居民户数进行累积处理，如表 2.2 所示。

表 2.2 PPS 抽样实例

序 号	社区名称	居民户数	累积下限	累积上限
1	A 社区	500	1	500
2	B 社区	800	501	1300
3	C 社区	700	1301	2000
4	D 社区	1050	2001	3050
5	E 社区	1350	3051	4400
合 计		4400		

根据五个社区的总户数，产生一个 1 至 4400 之间的随机整数，假定该数为 2534。观察到 2534 位于 D 社区的累积下限与上限之间，因此确定 D 社区为样本社区。

从上述的操作中可以看到，每个社区都有一个属于自己的数据区间，该区间的大小与社区的规模成正比。随机数落在某个区间中的概率是受区间的大小决定的，因此这种抽样方法能够保证社区被抽中的概率与规模成正比，即满足 PPS 抽样的要求。

综合前面的内容，可以将两阶段抽样归纳为四种情形，如表 2.3 所示。

表 2.3　两阶段抽样的四种情形

		第二阶段：居民户样本量分配	
		等比例分配	等额分配
第一阶段 社区抽样方法	简单随机抽样（SRS）	自加权设计	需事后加权
	依规模成比例（PPS）	过度加权	自加权设计

第一阶段采用 SRS，第二阶段采用等比例分配，以及第一阶段采用 PPS，第二阶段采用等额分配，是两种自加权设计的方法，所获得的样本为自加权样本，进行数据分析时无须另外加权。

第一阶段采用 PPS，第二阶段采用等比例分配，相当于把加权的操作重复做了两遍，这样得到的样本并不是自加权样本，而且增加了抽样设计的难度，属于一种错误的设计方法。

第一阶段采用 SRS，第二阶段采用等额分配的方法，所获得的样本不满足自加权要求，需要在数据处理时根据样本所在社区的规模进行加权。在实践中，这种方式是操作难度最低的，它不需要事先了解各个社区的规模，采用等额分配样本的方式又能够方便现场管理，因此是市场调查中使用得最多的一种设计方式。

如果没有证据显示调查内容与社区规模具有相关性，则上述方式获得的样本在进行数据处理时也可以不做加权处理，一般不会影响到估计量的无偏性。

4. 居民户的抽选

在确定了每个社区的样本户数量之后，即可采用简单随机抽样或者等距抽样的方法进行抽选。无论是哪种方法，都需要拥有居民户的名单。

如果能够从社区或者其他管理部门获得居民户的完整名单，则依据名单进行抽样是比较方便的。但在实践中，由于存在"人户分离"的现象，即一部分居民因为各种原因并不居住在自己的户籍所在地，因此无论是社区居委会，还是政府管理部门，都很难拥有准确的居民户名单。

在人口普查中，统计部门在普查开始之前要花很大的精力对各个社区的居民户进行重新登记，以便获得最新的居民户名单。但一般的市场调查不可能这样做，因此许多市场调查往往采用以住房代替居民户作为抽样单元的方法，即构造"地址抽样框"来进行抽样。

图 2.6 为地址抽样框的实例，图中标出的 1♯、2♯ 等为社区中的住宅楼编号，抽样人员需画出行走路线，并注明每幢住宅楼的单元数、楼层数、每层户数等，从而形成一个完整的门牌号清单。抽样时，可按该清单进行简单随机抽选，或者等距抽选。

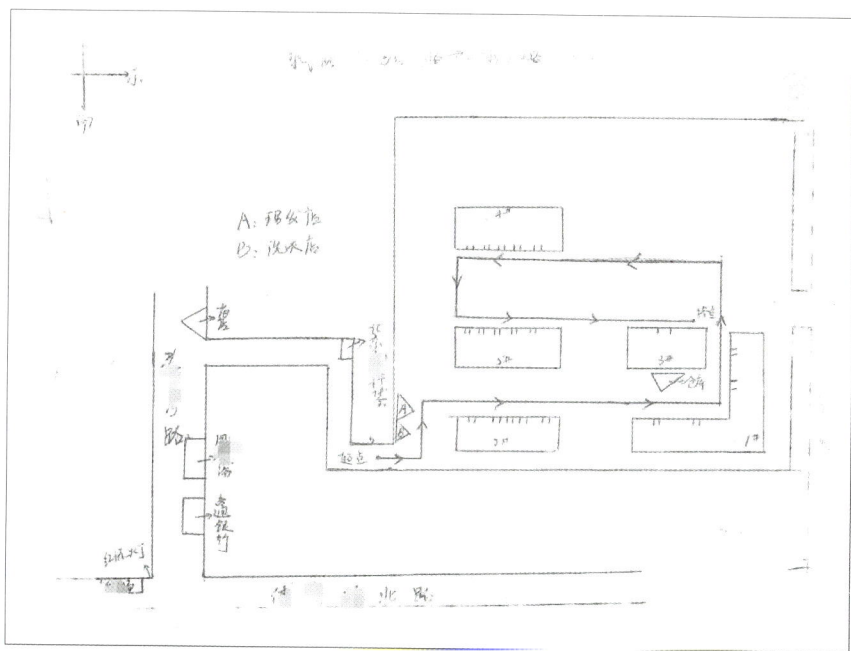

图 2.6　地址手绘抽样框实例

为了方便调查员确定调查地点，抽样人员在绘制地址抽样框时，还需要标注社区所在地附近的道路、主要标志物、交通乘车路线等。

5. 入户抽选受访者

在确定了样本户之后，最后一个抽样环节便是入户抽选受访者。居民户是一个抽样单位，但接受调查的只能是居民户中的成员。在样本户中抽选受访者的方法要根据调查要求确定。

当调查内容为家庭情况时，如调查住房、家庭收入、家庭消费等情况，受访者应当为家庭中对所调查内容最了解的成员，一般为户主或者家庭主妇。例如，要了解家庭中使用的冰箱情况，则需要选择日常使用冰箱最多的成员进行访问；要了解家庭的财产状况，则需要选择家庭中负责管理财务的成员进行访问。

当调查内容为个人情况时，如调查个人的消费偏好、对某部电视剧的看法、最喜欢的娱乐方式等，则需要从样本户所有符合调查要求的家庭成员中抽选一人作为调查对象，这时又存在几种不同的抽选方法。

(1)由调查员主观指定。这种方法最便于操作，但容易因为调查员的个人偏好而导致样本结构出现偏差。例如，如果调查员认为女性比男性更容易调查，则往往会倾向于选择家庭中的女性成员作为调查对象，从而使样本中的女性比例偏高，影响调查的代表性。

(2)根据现场的某些客观标志进行抽选。例如，可以确定选择开门者作为受访者，也可以在入户后选择距离冰箱或者电视机最近的家庭成员作为受访者。这种方式能够避免主观选择带来的选择性偏差，但其存在不便复核的缺陷。一旦访问员作弊，未按照选样要求进行抽选，管理者难以通过有效的方式发现这种行为。

(3)使用随机数表等工具进行抽选。这其中最为著名的是 Kish 表，即由美国抽样理论学家 Kish 发明的随机数表。后人根据 Kish 的思路，对 Kish 表进行了一些修改和简化，简化后的表格也往往称为 Kish 表。

如图 2.7 所示，表格按家庭人口数分为 6 行，按受访户编号的尾号分为 10 列。在入户后，调查员首先询问样本户中符合调查条件的家庭成员人数，如为 3 人；再根据受访户的编号尾号找到对应的列，如尾号为 5，则为第 5 列。观察第 3 行第 5 列的随机数为 2，则调查员须选择受访户中年龄排行在第 2 位的家庭成员作为选定的受访者。

人数	受访户编号									
	1	2	3	4	5	6	7	8	9	0
1	1	1	1	1	1	1	1	1	1	1
2	1	2	1	2	1	2	1	2	1	2
3	1	2	3	1	2	3	1	2	3	2
4	1	2	3	4	1	2	3	4	1	3
5	1	2	3	4	5	1	2	3	4	3
6	1	2	3	4	5	6	2	3	5	6

图 2.7 简化的 Kish 表

使用 Kish 表抽样能够避免调查员主观选样产生的偏差，同时具有抽样过程可复核的优点，在入户抽样中使用较为普遍，同时也可以应用于其他类似的抽样场合。

上述所介绍的在城市中调查 1000 个样本的设计，体现出了在抽样调查中对于样本代表性、随机性以及抽样的可操作性等方面的考虑，通过对这一设计的学习，可以对统计调查以及数据质量问题有更为深刻的理解。

2.3.3 非概率抽样

概率抽样的优点在于能够较为精确地控制样本结构，从而保证统计推断的科学性，但其也存在着对基础资料要求较高、现场操作较为复杂的缺陷，在实践中，严格的概率抽样往往是难以实现的，受成本、时间等因素的影响，研究者们经常会采用非概率抽样的方法来代替概率抽样，以得到一个不太精确但代价较低的样本。

常见的非概率抽样方法包括便利抽样、配额抽样、主观抽样和滚雪球抽样等。

1. 便利抽样

便利抽样（Convenience Sampling）是指根据调查者的方便与否来抽取样本的一种非概率抽样方法。

例如，在街头拦截式访问中，访问员直接对经过的行人进行访问，就是一种便利抽样的方法。相对于较为精确的抽样设计，便利抽样的操作难度较小，从而能够有效降低成本、提高效率。如果设计较好，选择的抽样地点合理，其调查效果与概率抽样的差异是比较小的。

进行便利抽样时，要特别注意抽样的时间、地点、手段等是否会导致样本出现偏差。例如，如果选择在工作日的上班时间在社区进行便利抽样，则样本将主要偏于无工作的退休人员、家庭妇女等；如果选择在地铁站口进行调查，则样本将难以涵盖拥有私人汽车的人群。

便利抽样一般被认为是简单随机抽样的一种简捷形式。

2. 配额抽样

配额抽样（Quota Sampling）是将总体按一定标准划分为若干个类别，在每个类别中按照事先规定的比例或数量抽选受访者。

配额抽样是便利抽样的一种改进，在便利抽样中，访问员有可能会出于个人偏好，较多地选择某些特定类型的受访者，如女性受访者、年轻人等，从而造成样本的偏差。为了限制访问员的选择，可以在访问前限定各类受访者的比例，如确定各个年龄段的受访者所应当占的比重，这样就能够在一定程度上控制样本的偏差。

即使采用配额抽样的方式，仍然需要考虑到时间、地点等因素对于样本结构的影响。配额抽样中的配额标志一般会选择一些显性标志，如性别、年龄等，而难以使用隐性标志，如职业、收入等。这样一来，样本就可能会在隐性标志上表现出偏差，需要进行动态的跟踪和调整。

配额抽样可以视为分层抽样的一种简洁形式。

3. 主观抽样

主观抽样(Judgement Samping)也称为判断抽样，是凭研究人员的主观意愿、经验和知识，从总体中选择具有典型代表性的样本点构成样本作为调查客体的抽样方法。

判断抽样一般用于选择特殊类型的受访者，如有些调查要求受访者必须是计算机专业人员，则在进行调查时，访问员需要从受访者的衣着、形象上判断其是否有可能是计算机专业人员，通过预先作出判断，可以有效地降低甄别受访者的成本。

4. 滚雪球抽样

滚雪球抽样(Snowball Sampling)是指选定一个或多个受访者，然后根据受访者提供的信息寻找其他受访者的抽样方法。

滚雪球抽样是一种针对稀疏总体进行的抽样方法。所谓稀疏总体，是指符合条件的受访者在人群中所占的比例较小，通过寻常的筛选方法很难找到足够数量的受访者。为了达到样本要求，可以利用同类受访者相互有更多联系这一特点，通过最初找到的一些受访者进行推荐，找到更多的受访者。

案例 2-6

滚雪球式抽样案例

某项调查需要获得 100 名集邮爱好者的信息，但调查人员无法获得集邮爱好者的名单，也无法找到集邮爱好者比较集中的区域。在这种情况下，调查人员先设法找到其中一位集邮爱好者甲，对其进行调查后，请其介绍几位平时曾有过联系的其他集邮爱好者的姓名、联系方法等。利用甲所提供的信息，调查人员访问了另外几位集邮爱好者乙、丙和丁，调查结束后，再请他们介绍更多的集邮爱好者的姓名和联系方法。

通过这种不断滚动的方法，最终调查人员找到所需的 100 个样本。

扫描二维码，获取本节微课视频。

微课视频	学习笔记

2.4 调查误差

调查误差指调查结果与真实值之间的差距。任何调查都会产生调查误差，调查误差的大小决定了调查的质量优劣。调查设计和调查管理的目的就是为了有效地控制调查误差。

根据调查误差的成因，可以将其分为两类：抽样误差与非抽样误差。

2.4.1 抽样误差

抽样误差是指由于用样本数据对总体特征进行估计所引起的代表性误差。例如，在 10 万人抽选 100 人，根据 100 人的情况来推断 10 万人的平均情况，由于选中的 100 人并不能完全代表 10 万人的情况，这种推断便出现了某种程度的误差。

抽样误差受样本量的影响，理论上说，样本量越大，抽样误差越小。如果对总体进行的是全面调查，则抽样误差为 0。

抽样误差的计算需要用到概率论与数理统计的知识，在本书的第 6 章将会介绍抽样误差的估计方法。

2.4.2 非抽样误差

非抽样误差指除抽样误差之外，由其他原因引起的样本统计量与总体真值之间的差异。有学者认为，在一次普通的抽样调查中，由非抽样因素带来的调查误差最多可能达到抽样误差的 3 倍以上。

调查中可能产生非抽样误差的原因很多，非抽样误差的分类方式也有所不同。最常见的分类方式是将非抽样误差分为抽样框误差、无回答误差和计量误差三类。

1. 抽样框误差

记录受访者情况的名单，称为抽样框。进行概率抽样一定是在确定的抽样框基础上进行的，例如进行简单随机抽样的时候，需要对所有的总体单位进行编号，然后进行抽选。此时就需要有记录全部总体单位的名称，即抽样框。

抽样框误差主要是指抽样框与实际的抽样总体存在差异而造成的误差。抽样框误差的表现形式包括以下几种。

（1）丢失总体单位。有一部分抽样总体中的单位没有在抽样框中反映出来。例如根据户口登记情况调查在北京的人口，则会将外地来京人员丢失掉。

（2）包括非总体单位。有一部分列在抽样框中的人群实际上并不属于抽样总体的对象。例如在农村进行常住人口调查时，一部分长期在外务工，实际已不属于常住人口的居民，其名字仍然保留在户口本上，会被抽中。

（3）复合联接。抽样框中的单位与抽样总体中的单位应当是一一对应的，但如果这种一一对应关系被破坏，则称为复合联接。例如在地址抽样框中，一个地址对应着两套房子，就是复合联接；反之，如果同一所房子在抽样框中有两个名称，也称为复合联接。

（4）不正确的辅助信息。有一些抽样需要借助于样本的辅助信息，例如分层抽样中，需要了解单位的性别、年龄等情况，如果在抽样框中这些信息有误，则分层抽样就可能出现错误。此外，由于抽样框中样本的地址信息错误，也有可能出现找不到受访者的情况，造成误差。

2. 无回答误差

所谓无回答误差是指未能从指定的样本处获得有效的回答。无回答包括单元无回答和项目无回答两类，单元无回答是指指定的受访者没有提供回答，项目无回答是指在受访者回答的内容中，个别项目为无效回答。

根据无回答产生的原因，可以将无回答分为以下类型。

(1)未征寻。所谓征寻，是指与指定的样本取得联系，并要求其参与调查。未征寻则是指访问员未能与指定的样本取得联系，其原因包括访问员未能找到受访者的住所、指定的地址并非住宅、受访者不在家、由于住宅小区拒绝进入而未能接触等。

(2)征寻失败。访问员与指定的样本进行了接触，但未能说服样本户接受调查。征寻失败的主要表现就是拒访。

(3)不合格。访问员说服了指定的样本接受调查，但该样本户不符合调查条件，因此未能进行访问。

(4)受访者没有参与的条件。在样本户符合调查条件，并愿意接受调查的情况下，由于各种客观原因访问员未能进行访问，例如受访者当时正在生病，无法接受调查；或者访问员与受访者之间存在语言障碍，访问员无法理解受访者的方言，从而无法进行调查；等等。

(5)其他情况。有时候访问员在成功完成访问，因为失误而丢失了问卷，也会造成受访者的数据无法被分析者获得，这样的情况也会造成无回答误差。

无回答误差还可以根据无回答的成因与调查目的之间的关联性，分为随机性无回答和系统性无回答。

随机性的无回答是指无回答的形成并没有确定的原因，因此无回答的人群并没有某种一致性的特征。例如在进行家用电器的调查时，如果受访者因为生病而无法接受调查，那么这种无回答应当是随机性的，因为无法认为生病的人群在使用家用电器方面是否存在特殊性。

系统性的无回答则是指无回答的原因具有某种一致性，某个人群更容易产生无回答。例如在关于税收问题的调查中，有逃税行为的人群可能会更多地选择拒绝接受调查，从而无回答就具有了某种特殊性。

对于随机性的无回答，在进行数据分析时可以简单地作为减少了样本量处理。而对于系统性的无回答，则需要结合无回答的原因，进行区别处理。

3. 计量误差

计量误差是指在对个体进行调查时，调查结果与个体的真实情况出现的差异。例如在询问某位受访者的年龄时，其给出了错误的回答，则属于计量误差。

计量误差被定义为个体测量值与真值之间的差异，这就涉及对于"真值"的认识问题。在调查理论中，对于"真值"的界定一般要遵循以下三个要求。

(1)真值必须是唯一确定的。也就是说，不管调查变量在实践中有多少种解释，在一次具体的调查中，它必须有明确的定义并且具有唯一的值。

例如，一个成年人的子女可以包括亲生子女、继子女、养子女等，因此在询问其拥有几个子女时，就可能存在不同的回答。在调查中，必须明确所询问是哪个口径的子女数，而不能同时接受几种不同的计算方法。

再如，籍贯这个概念在不同的场合会有不同的定义，可以界定为祖父的长期居住地、父亲的出生地，或者母亲的出生地等，因为不同的人对于籍贯会有不同的理解，因此在调查中必须明确定义方法，从而确定一个唯一的真值。

(2)真值必须根据调查目的来定义。因为同一个概念在现实中可以有多种解释，在调查中必须明确唯一的解释。在若干种解释中进行选择的依据是调查目的。

仍以上述子女数的例子来说，如果调查目的是研究生育对于女性身体健康的影响，则此时调查的子女数必须定义为亲生子女；如果调查目的是研究家庭经济关系，则所有与受访者共同生活的子女，无论其属于亲生子女、继子女或者养子女，都需要包括在内。

(3)在尽可能与前两个原则相一致的条件下，真值的定义应当满足实际操作的需要。有时候，调查的科学性要求与实际操作中的可行性要求会存在着一定的差异。例如，一户家庭住宅的实际使用面积往往是难以获得的，但其建筑面积则可以从房产证上获得。如果想了解家庭住宅的使用面积，一般可以用建筑面积乘换算系数的方法来计算，这样计算的结果与真实情况会有一些差异，但会比实际测量具有更高的可行性。

知识点

绝对的真值是不存在的

根据调查专家 Zarkovich 的观点，在调查中，绝对的真值是不存在的，真值是相对于所采用的工作系统而确定的。

例如，向消费者调查某种面包的口味如何，调查结果受到消费者当时的状态决定。如果消费者处于饥饿状态，则其会对面包的口味作出较高的评价；反之，如果消费者刚刚吃过饭，其对面包的口味可能会作出较低的评价。

由此可见，面包的口味如何，并不存在一个绝对的真值，而是取决于调查的时机。

> Zarkvich 提出了"所采用的工作系统"这一概念，将其定义为调查中使用的概念与定义、收集数据的方法、提供回答的单位、填表程序、调查程序、问卷中的措辞等。
>
> Zarkvich 认为，所谓真值，是指所采用的工作系统得到正确的执行时，在一次特定调查中所获得的结果。

计量误差的出现有多种原因，一般分为以下三种。

第一种是工具误差。由于调查时使用的工具不够完善而出现的调查误差。调查中最主要的调查工具即调查问卷，由于调查问卷设计得不合理而造成的工具误差十分普遍。

案例 2-7

Rugg 进行的关于问卷措辞的对比实验

1941 年，美国调查专家 Rugg 进行了一次关于问卷措辞的对比实验。他向随机分配的两组受访者调查对下列两个问题的态度。

A. 您是否认为美国应该禁止反对民主的公开言论

B. 您是否认为美国应该允许反对民主的公开言论

结果显示，对问题 A 的调查中有 54% 的受访者回答"是"，而在问题 B 的调查中有 75% 回答"否"。事实上，问题 B 仅仅是问题 A 的反问题，所以对 A 回答"是"的比例，应当与对 B 回答"否"的比例相当。Rugg 对此差异的解释是：在问题 A 中使用的"禁止"一词过于严厉，使一部分人感觉不悦，从而降低了回答"是"的比例。

这一实验表明，问卷中的措施有可能会改变受访者的回答倾向，从而产生出计量误差。

第二种是访问员误差。由于访问员主观或者客观的原因而造成的误差。访问员主观性误差是指由于访问员主观上的动机而导致的误差，例如访问员作弊导致的数据错误；访问员客观性误差指由于访问员能力方面的欠缺而导致的误差，例如访问员缺乏与人沟通的能力，导致调查无法进行，或者访问员粗心大意，导致记录出现错误。

第三种是受访者误差。由于受访者的主观或者客观原因而造成的误差。受访者主观性误差主要是出于恶意或者忧虑而有意隐瞒真实情况，例如在了解受访者的家庭经济状况时，受访者出于"藏富"的心理，故意回答一个偏低的数值；受访者客观性误差是指由于受访者对调查的理解不足、知识存在欠缺、存在语言障碍、存在文化差异等原因而导致的误差，例如受访者不能理解什么叫白色家电，那么在回答有关白色家电的问题时，就有可能会出现错误。

2.4.3 敏感性问题调查

敏感性问题是指容易使受访者感觉到威胁或者不适的问题，受访者出于自我保护等方面的意识，往往不愿意回答敏感性问题，或者对敏感性问题作出错误的回答。

常见的敏感性问题包括三种类型：一是涉及个人或者单位隐私的信息，例如金钱、家庭生活、个人习惯、政治或宗教信仰等；二是与个人尊严相关的问题，例如有些人不希望透露自己有某方面的疾病，或者不愿意让别人知道自己的家庭出身较为贫寒；三是涉及法律和道德行为规范的问题，例如是否有过偷漏税收的行为等。

采用普通的调查方法，一般很难获得敏感性问题的正确答案，从而会出现无回答误差，或者计量误差，为了提高敏感性问题的回答率及真实率，研究人员设计了许多方法，其中较为著名的是 Warner 方法和 Simmons 方法。

我们以一个投票倾向的例子来加以说明，该例子假定在某个国家的某届总统选举中，民意调查机构希望了解选民对于候选人盖伦的投票意向。由于投票意向问题涉及选民的政治倾向，属于敏感性问题，直接进行调查容易遭到拒绝或者得到错误的回答，为此，民意调查机构需要选择其他的方法。

1. Warner 方法

Warner 方法是将所调查的问题分为正问题和反问题，分别如下。

A：你会投盖伦的票，对吗？

B：你不会投盖伦的票，对吗？

在问题卡上分别印上问题 A 或者问题 B，再以一定比例进行混合，然后请受访者从一堆包括 A 和 B 的卡片中抽选一张作出回答。受访者抽选到卡片之后，不需要向调查人员出示该卡片，而仅是回答"对"或者"不对"，然后再将卡片放回。

由于卡片中包含着正反两种情况，调查员在不能观看卡片的情况下，无法判断受访者回答的"对"或者"不对"意味着什么样的投票意向，因此受访者在调查过程中不存在暴露政治倾向的风险，从而无须作出错误的回答。

对于研究者来说，只需要获得样本中回答"对"的比例，再结合两种卡片的混合比例，就能够推断总体中的投票倾向。

假定所有卡片中问题 A 的比例为 p，总体中实际会投盖伦票的比例为 π。那么，在以下两种情况下，受访者会作出"对"的回答。

(1)愿意投盖伦的票，并抽到了卡片 A，出现这种情况的概率为 $p \times \pi$。

(2)不愿意投盖伦的票，并投到了卡片 B，出现这种情况的概率为 $(1-p) \times (1-\pi)$。

各种回答情况的构成如表 2.4 所示。

表 2.4 Warner 方法

	实际投票倾向	
	会投盖伦的票	不会投盖伦的票
问题 A：会投盖伦的票	$p \times \pi$	
问题 B：不会投盖伦的票		$(1-p) \times (1-\pi)$

如果在调查中获得"对"的比例为 φ，则有：

$$\varphi = p\pi + (1-p)(1-\pi)$$

可以解出：

$$\pi = \frac{\varphi - (1-p)}{2p-1}$$

由此可见，Warner 方法能够在充分保护受访者的隐私权的情况下，得到总体中选择某种倾向的比例，因此可用于敏感性问题的调查。

Warner 方法的缺陷主要在于两种卡片的比例设计存在困难。从保护受访者隐私的角度来说，两种卡片的比例越接近，也就是 p 越接近 50%，受访者的真实意向就越难以被调查人员猜中，从而越安全。但当 p 接近 50% 时，上述公式的分母部分会接近 0，从而使 π 的估计值容易出现较大幅度的波动，用统计概念来说，就是估计误差会比较大。

一般情况下，将 p 设置在 70%~80% 是比较合适的。

2. Simmons 方法

Simmons 方法是在 Warner 方法的基础上进行的改进，它的做法是将 Warner 方法中的反问题改成一个与调查内容无关的其他问题。例如：

A：你会投盖伦的票，对吗？

B：你父亲的生日是在春天，对吗？

问题 B 的设置需要满足两个条件：第一，这个问题应当是调查员不知道答案的，这样才能对受访者形成保护；第二，这个问题的答案存在一个已知的概率，例如受访者父亲的生日在春天的概率是 25％。

假定所有卡片中问题 A 的比例为 p，总体中实际会投盖伦票的比例为 π，受访者中父亲生日为春天的比例为 π^*，则回答"对"的受访者属于以下两类，如表 2.5 所示。

表 2.5　Simmons 方法

	实际情况	
	会投盖伦的票	父亲的生日是在春天
问题 A：会投盖伦的票	$p \times \pi$	
问题 B：父亲的生日是在春天		$(1-p) \times \pi^*$

不难推出：

$$\pi = \frac{\varphi - (1-p)\pi^*}{p}$$

这样，在调查中就可以把 p 设定在 50％，避免了 Warner 方法中设置比例的困难。

扫描二维码，获取本节微课视频。

微课视频	学习笔记
	_____
	_____
	_____
	_____

思考与练习

1. 提出以下总体的定义，思考在定义该总体时需要考虑到哪些限制条件。

(1)你所在学校的在校学生。

(2)北京居民。

(3)进口商品。

(4)社会弱势群体。

2. 分析以下变量分别为哪种统计尺度。

(1)手机型号。

(2)体育竞赛的名次。

(3)某座建筑物的海拔高度。

(4)蓄水池的容积。

(5)基尼系数。

3. 以下统计指标来自世界银行网站，试分析各个指标的六要素，并通过查询资料，理解这些指标的确切统计口径。

(1)2020 年，芬兰失业率为 7.76%。

(2)2019 年，中国男性出生时预期寿命为 74.76 岁。

(3)2018 年，印度青年女性识字率为 90.17%。

(4)2020 年，布隆迪婴儿死亡率为每千例活产婴儿 38.6 人。

(5)2018 年，俄罗斯联邦基尼系数 37.5%。

4. 针对以下研究目的，试讨论如何设计抽样方案。

(1)在班级中调查对班委的满意度。

(2)在学校中调查对学生会的满意度。

(3)在宾馆调查顾客对宾馆服务的满意度。

(4)用手工统计的方法，估计某条道路全年通过的车辆数量。

(5)调查全国农村居民家庭对于子女教育的观念。

(6)在北京的常住居民中调查曾经在四川攀枝花市工作或生活过的人员。

(7)在淘宝网上抽选一部分商家调查经营情况。

5. 在班级中用 Warner 方法估计不喜欢统计老师的学生所占的比例。

思政训练模块

1. 浏览《中国统计年鉴》，阅读每一部分数据后面的"主要指标解释"，体会什么是统计指标的口径，重点了解下列指标。

(1)人口数，人口自然增长率，总抚养比，流动人口。

(2)国内生产总值，国民总收入，三次产业，劳动者报酬。

(3)劳动力，就业人员，城镇登记失业人员。

(4)居民消费价格指数，工业生产者购进价格指数。

(5)居民可支配收入，居民消费支出。

党的二十大报告提出："人均预期寿命增长到七十八点二岁。居民人均可支配收入从一万六千五百元增加到三万五千一百元。城镇新增就业年均一千三百万人以上。"请结合指标含义，分析这些变化的意义。

2. 在中国国家统计局网站"统计知识"栏目下的"常见问题解答"中，阅读"国民经济核算"条目，了解中国开展国民经济核算的基本规则。

3. 在中国国家统计局网站"统计知识"栏目下的"常见问题解答"中，阅读"住户调查"条目，了解住户调查的含义与方法，并解释哪些统计指标来自住户调查。

4. 查找并阅读《2020年第七次全国人口普查主要数据》，了解中国人口基本情况。

党的二十大报告指出："实施积极应对人口老龄化国家战略，发展养老事业和养老产业，优化孤寡老人服务，推动实现全体老年人享有基本养老服务。"请结合中国人口数据，理解中国的老龄化问题及党的健康中国战略。

第 3 章　描述统计

学习目标

　　本章所介绍的内容为常规的描述统计方法，包括数据预处理、相对指标测算、平均指标测算、离散程度指标测算、数据变换等。掌握这些方法，可以完成大多数常规的描述统计工作。

关键术语

　　缺失值，插值，组中值，钟形分布，结构相对指标，比例相对指标，强度相对指标，比较相对指标，动态相对指标，横向比较，纵向比较，基期，报告期，存量，流量，算术平均数，调和平均数，几何平均数，众数，中位数，分位数，截尾均值，极差，内距，方差，标准差，离散系数，异众比率，偏态系数，峰态系数，线性变换，非线性变换，中心化变换，极差变换，标准化变换，秩、深度、五数总括、展布、离群点。

本章要点

　　1. 缺失值的处理方法。

　　2. 数据分组方法与组中值的计算。

　　3. 数据分布特征。

　　4. 各种平均指标的含义及计算方法。

　　5. 各种离散程度指标的含义及计算方法。

　　6. 数据变换的意义，常用线性变换的方法。

　　7. 箱线图的应用。

3.1　数据预处理

数据预处理的目的是将从调查中或者从二手资料收集中获得的数据进行预先的加工，消除其中可能存在的缺陷，并将数据按分析需要进行组织，以方便后期数据处理的进行。

3.1.1　缺失值处理

缺失值是指在数据采集与整理过程中丢失的内容。

一般情况下，数据都是以关系型表的方式采集的，如表 3.1 是某次调查中一些受访者的基本情况。

表 3.1　存在缺失数据的调查表

姓名	年龄	性别	职业	收入（元）
张三	20	—	护士	1500
李四	30	女	医生	2000
王五	35	男	医生	3000
赵六	—	女	护士	1000

如果在表格中，某一个数据采集时无法获得，就会出现缺失值，如在表 3.1 中"张三"的性别和"赵六"的年龄就出现了缺失。存在缺失值的数据不能直接进行统计，需要对其进行预处理，消除掉缺失项，然后才能进行各种统计分析。

缺失值的处理一般有两种方式：

1. 删除缺失记录

删除缺失记录是指将存在缺失项的记录进行全部删除。例如，在上例中，张三的"性别"没有记录，出现缺失，为了消除缺失信息的影响，可以把张三的记录从数据库中删除。

删除缺失记录的方法相对比较简单，也易于被人们接受。但这种方式也存在着一些局限性，主要包括以下三方面。

(1)可能导致样本量减少，从而影响估计的精度。

(2)可能会使样本结构遭到破坏，尤其是当存在缺失的样本具有某种特征的时候，删除这部分存在缺失的数据将使样本中具有这种特征的单位所占比例下降，从而改变了原始的样本结构，在进行统计推断时会出现偏差。

（3）部分研究项目有确定的样本量，如在某个区域内一共有 100 家企业，如果统计中删除了某 5 家企业的信息，最终呈现出来的只有 95 家企业的情况，往往很难让人接受。

2. 插值处理

由于删除缺失记录的操作存在着一些局限性，在实践中有时候会采用插值的方法来解决数据缺失问题。

所谓插值，就是指人为地用一个数值去替代缺失的数值。

严格地说，插值是一种人为制造虚假数据的行为，它将破坏统计数据的真实性，使统计结果出现误差。但是，我们应当看到，统计本身就是建立在承认误差的基础上的，统计的特点是利用大样本使误差相互抵消，从而将误差控制在允许的范围之内。插值所产生的虚假数据只要控制在一定范围内，并不会对数据的分析结果产生严重的影响。

事实上，即便我们不对统计数据进行插值，也并不意味着我们看到的统计数据都是真实可靠的，因为调查员在调查中可能存在作弊，或者因为疏忽而填错了答案，受访者可能出于保护自己的目的而作出错误的回答，也可能由于记忆上的含糊而无法准确回答某些问题。统计分析人员在事后对缺失数据进行插值，不过是出现了另一个误差来源，如果在插值的时候能够采用正确的方法，则插值带来的误差与调查阶段的误差相比，是微不足道的。

从总体误差分析来看，对个别数据进行插值，可以挽救存在缺失的记录中其他可靠的数据，从而增加有效样本量，降低估计误差。两相权衡，插值对于控制误差的贡献可能会大于其自身带来的误差损失。

缺失数据的插值是统计中一个非常复杂的问题，涉及许多种不同的方法。在日常的数据处理中，可以采用以下一些相对比较简化的插值方法。

（1）随机插值。根据缺失项可能的取值区域，等概率地进行插值。例如，对于五级量表问题，缺失项可以取值的范围是 1、2、3、4、5 这五个值。在进行插值时，可以产生一个 0～1 之间的随机数，当该随机数小于 0.2 时，插值为 1，处于 0.2～0.4 之间时，插值为 2，依此类推。

在数据清理的实践中，可以采取一些简单的插值方法，仍以上述情况为例，如果数据库中存在 5 条缺失记录，则可以依次对其赋值为 1～5，而不需要针对每一条记录都进行随机插值。

（2）依概率插值。依概率插值是指根据缺失值的先验或后验概率来进行插值。

所谓先验概率，是指事先通过其他渠道掌握的概率。例如，已知在一所学校中，男生占60%，女生占40%，如果一个随机抽选的学生样本性别数据缺失，则可按60%的概率将其赋值为男生，按40%的概率将其赋值为女生。

所谓后验概率，是指通过调查而掌握的概率。例如，在用五级量表测量受访者的态度时，根据未缺失记录计算，分别有30%、50%、20%的受访者选择了"一般""较好""很好"的选项，没有人选择"很差"和"较差"这样的选项，那么，缺失记录也应当按这个概率进行插值，而不应采取均匀插值的方法。

（3）就近插值。就近插值是指根据缺失记录附近的其他记录的情况对缺失值进行插值，如在上例中，"张三"的性别出现缺失，此时可以用其邻近的"李四"的性别数据替代"张三"的性别数据，由于"李四"的性别为"女"，所以将"张三"的性别也赋为"女"。

就近插值是依概率插值的一种简化处理，设想在整个单位的职工中，女性占的比例是75%，则在一般情况下，与张三邻近的记录性别为"女"的概率也应当为75%，就近插值实际上就是依概率插值。

使用就近插值时，需要对抽样过程进行必要的了解，如果抽样时性别有交叉的情况，如经常是调查完一名男性后就调查一名女性，则使用就近插值就会出现较多的错误。

在使用就近插值之前，可以先对数据库进行随机排序，然后再采用就近插值方法，则能够最有效地避免调查过程带来的影响。

（4）分类插值。依概率插值是将记录置于总体的背景上进行插值，没有充分利用记录的其他信息。如果在记录的其他信息中有某些项目与缺失项目存在相关性，则可以根据这些辅助信息对总体进行分类，在每一类内部进行插值处理。

例如在上例中，"张三"的职业是"护士"，假定该单位中95%的"护士"性别为"女"，则在进行插值时，就不是使用全单位的女性比例75%，而是使用"护士"中的女性比例95%对"张三"的性别进行赋值。

（5）平均数插值。对于连续型变量，如年龄、收入等，可以采用其他样本的平均值来对缺失值进行插值。

平均数插值在使用时需要注意插值数量的多少，如果需要插值的样本量较多，每个缺失样本都用同一平均数进行插值的结果就会导致样本在平均值点附近出现过高的分布，从而破坏了数据本身的分布特征，影响统计分析的结果。

在需要插值的样本量较多的情况下，可以将平均数插值与依概率插值进行结合，按总体的分布状况产生出随机数来作为每个样本点的插值结果。

(6)中间值插值。对于序列数据，当出现缺失值时，可以根据前后数据的中间值来对缺失项进行插值。例如，某家上市公司 2015 年的某项数据缺失，但 2014 年和 2016 年的该项数据均存在，此时就可以用 2014 年和 2016 年两年数据的算术平均数来作为 2015 年的插值结果。

尽管插值是一种常用的方法，但在对缺失值进行插值处理时，还是需要注意一些问题。

首先，要分析数据缺失的原因，只有在数据缺失受随机因素影响的情况下，才能进行上述插值，如果数据缺失的背后存在着系统性的原因，则需要结合这一原因确定插值方案。例如，在调查学生是否存在考试作弊现象时，不存在作弊问题的学生均给出了回答，而曾经有过作弊问题的学生则对该问题予以回避。这时候，如果一味以后验概率对缺失值进行赋值，则结果就是完全错误的。

其次，缺失记录数占总样本量的比例不宜过高，从经验而言，当缺失记录数不超过总样本量的 5% 时，插值的影响是可以忽略不计的。但当缺失记录数占总样本量的比例高于这个数字时，插值就可能会破坏真正的分布，从而导致统计分析的结果有误。在此需要特别注意的是，当存在缺失的变量方差较小时，插值有可能会导致方差异常增大。例如，调查一个人群中患某种疾病的比例时，如果该种疾病的发病率很低，则任意一个被赋值为患病的样本的出现，都会引起发病率数据的异常升高。

最后，也是最重要的一点，就是在插值过程中要坚持随机性原则，这也是一切统计处理时都需要注意的原则。

3.1.2　数据分组

数据采集中的要求是尽可能完整地保留原始状况，但在进行数据处理时，可能需要对数据进行一定的归类，以便于分析。这种数据归类的过程，称为数据分组。

例如，在调查中，受访者的年龄是按实际年龄进行记录的，但在数据分析时，需要将其分为 20 岁以下、20～30 岁、30～40 岁、40～50 岁、50 岁以上等若干个组。有效的数据分组能够揭示出不同类型样本具有的特点，从而更全面地反映出数据中所包含的信息。

在数据分组中，需要考虑下面一些问题。

1. 分组标志

一批数据可以按不同的标志进行分组，选择分组标志要根据研究目的进行。

例如要研究受教育程度对收入的影响，则分组应当按学历和月收入两个标志进行，而没有必要使用身高、体重等标志进行分组。

2. 组数的确定

按同一标志，可以将数据分成不同数量的组，例如按年龄分组，可以分为儿童、成年人两组，也可以分为青少年、中年、老年三个组，也可以按 10 岁或者 5 岁为一段分为更多的组。

组数的确定受研究目的和样本量两个因素影响。

研究目的不同，对于分组的细化程度也会有所不同。例如在对人口按年龄进行分组时，如果研究目的是分析不同年龄段的就业状态，则分组应当按就业身份进行细分，最好是以 5 岁为一段将就业人口分为 6～7 组，因为在现实经济生活中，25 岁与 30 岁年龄人群的就业状态是存在差异的。如果研究目的是比较不同年龄段的消费观念，则可以将组分得粗一些，按青少年、中年、老年划分就可以了。

组数的确定还受到样本量的影响，样本量较大时，组数也可以更大一些，反之则组数应当小一些。例如，当拥有 10000 个样本时，将总体分为 10 个组也是可以的，但如果只有 30 个样本，分为 2～3 个组就已经足够了，再进一步细分后，每一组的样本量太小，就很难作出推断了。

初接触统计分析的工作人员往往倾向于将数据分组分得很细，以求保留更多的原始信息，例如在按学历进行分组时，希望将两年制大专和三年制大专分开。需要提醒的是，数据分组过细后，最终的统计结果会表现为一个较大的表格，有时反而不利于阅读和判断。

数据分组可以采用"试错"的方法，即"错了再试"，先按某种方式分组，然后进行分析，如果发现分析中存在问题，再调整分组方法。

3. 组距的确定

组距是指每个组的范围跨度。例如，按年龄 20～30 岁分为一组，则该组的组距为 10 岁。

各组的平均组距是受组数影响的，组数越多，组距越小，反之则越大。但具体落实到每一个组，则情况还有所不同。例如，按年龄将人口分为未成年、就业人口和退休人口三组时，三个组的范围分别是 16 岁以下、16～65 岁和 65 岁以上，三个组的组距显然是不同的。

组距的确定受自然和社会规律以及样本结构两个因素影响。

从自然和社会规律方面来说，组距的确定是客观的，如上例中人口的分组，是按就业身份进行划分的，这种划分方法不能被改变。

按样本结构确定组距是针对一些没有客观标准的标志进行分组时采用的方法，如按收入进行分组时，组距的确定并没有客观标准。此时，可以根据样本的结构划分组距，以使每一组的样本数大致接近。

4. 组限的确定

组限是指组与组之间的界限，组限与组距是一对相互影响的关系，组距调整了，组限也就发生了变化，反之，组限一旦确定下来，组距也就确定了，组距等于组的上限与下限之差。

组限的确定有时是客观的，需要根据实际研究的内容进行调整。如前面的例子中未成年人与成年人的分组界限是 16 岁，这是按国际标准的就业人口界限确定的。但如果分组的目的是研究样本的民事行为能力，则这一分组界限就需要调整为 18 岁。

有些时候，一个组可能会缺失上限或者缺失下限，如年龄中的"60 岁以上组"，就无法获得一个确定的上限，在人的身高项目中，"150cm 以下组"就是一个缺下限组。

对于连续型的变量来说，相邻组的上限和下限会是同一的，如在对收入进行分组时，"500～1000 元"和"1000～1500 元"就出现了重合，此时，统计惯例是将重合的值计入后一组。即上述两组的划分为"500～1000 元(不含)"和"1000～1500 元(不含)"。

5. 组中值的计算

组中值是一个组中处于中间位置的值，用以代表一个组的平均状况，组中值的计算公式如下：

$$组中值 = \frac{上限 + 下限}{2}$$

例如，在"500～1000 元"这个组中，组中值即为 750 元。

对于缺上限或者缺下限的组，组中值的计算有几种不同的情况。

(1)根据邻近组组距推算。

$$缺下限组组中值 = 上限 - \frac{1}{2}邻近组组距$$

$$缺上限组组中值 = 下限 + \frac{1}{2}邻近组组距$$

(2)对于缺下限组而言，当邻近组组距过大时，使用上限的一半计算。

例如，关于收入的两个组是"500 元以下""500～1500 元"，此时，计算第一组的组中值为 500 的一半，即 250 元。

(3)根据现实情况人为确定。有些情况下，一个组的上下限虽然不能确定，但可以进行模糊的判断，此时就可以利用这种模糊判断的结果，确定该组的组中值。例如在收入数据中，"5000 元以上组"的组中值可以根据城市中高收入人群的平均收入情况确定为"8000 元"，这种确定的依据是现实的社会经济经验数值。

案例 3-1

组中值的确定

在某次调查中，将受访者的月收入划分为四个组，依次为：500 元以下、500～1500 元、1500～4000 元、4000 元以上。

在计算组中值时，中间两组的组中值可以按普通公式计算，分别为 1000 元和 2750 元。

500 元以下组的组中值无法按缺下限组的第一种方式处理，但如果按第二种方式，即以上限的 50% 作为组中值，则该组的组中值为 250 元。从现实情况分析，受访者的月收入最低不可能为 0，而是会在 300 元以上，将组中值设定为 250 元，会低估该组的真实平均水平。基于此考虑，可以将组中值设定为 400 元。

4000 元以上组如果按缺上限组的第一种方式处理，应当为：

$$4000+\frac{4000-1500}{2}=5250$$

但考虑到高薪者的收入可能达到 10000 元以上，将 4000 元以上组的上限假定为 6500 显然是低估了该组的水平。鉴于此，可以将该组的组中值设定为 7000 元。

3.1.3 数据分布

对一组数据进行分组之后，计算每组的频数，并绘制直方图，则可以看到数据的分布形式。例如，以下就是一组数据的直方图，连接各个区块的顶点，可以得到了一条曲线，该曲线的形状反映了数据的分布特点。

在数理统计中可以知道，对于连续型数据，此处所说的曲线相当于数据的概率密度曲线(图 3.1)。

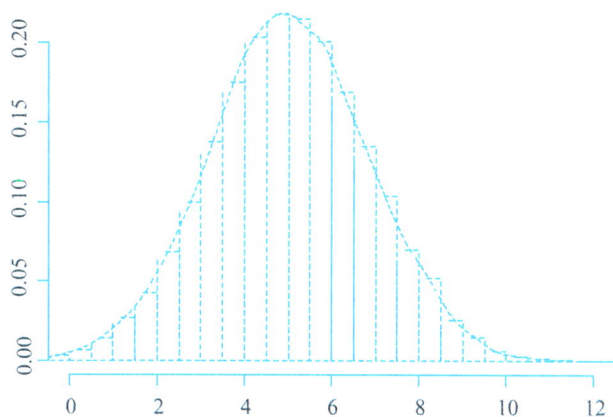

图 3.1　直方图与数据分布

根据曲线形状的不同，可以将数据的分布分为几种类型。

1. 钟形分布

所有中间隆起，两侧逐渐下降的分布，均为钟形分布①。

钟形分布的隆起部分称为"峰"，两侧下降的部分称为"尾"。对于非对称的钟形分布，也有人将较短一侧称为"头"，将较长一侧称为尾。

钟形分布是最常见的分布形式，数据呈现为钟形分布的原因在于影响数据的因素有多个，而这些因素同时导致数据倾向某一方向的概率较小，大多数情况下各个因素的效应会相互抵消，从而导致数据在峰值附近摆动。

案例 3-2

在一副扑克牌中抽取 10 张形成的分布

从一副扑克牌中抽取 10 张牌，计算平均点数。如果 10 张牌都是小牌，则平均点数会明显小于 7；如果 10 张牌都是大牌，则平均点数会明显大于 7。大多数情况下，这 10 张牌中总是有一部分大牌，也有一部分小牌，所以多数情况下平均点数为 7。将这个抽牌的游戏反复做若干次，统计获得不同

① 在有些场合下，钟形分布特指为正态分布，在此不用这样的指代，而是泛指所有具有单峰特征的数据。

平均数的情况并绘制成直方图，就会表现出一个钟形分布。

可以在 R 语言中用一组命令来模拟这个抽样过程：

```
x＝c(1：13)
y＝rep(x, 4)
z＝rep(0, 1000)
for(i in 1：1000)z[i]＝mean(sample(y, 10, replace＝FALSE))
hist(z)
```

运行这个程序的结果，显示出一个钟形分布（图 3.2）。可以看到，大多数的结果都出现在 6 至 8 之间，远离这个区间的结果数量非常少。

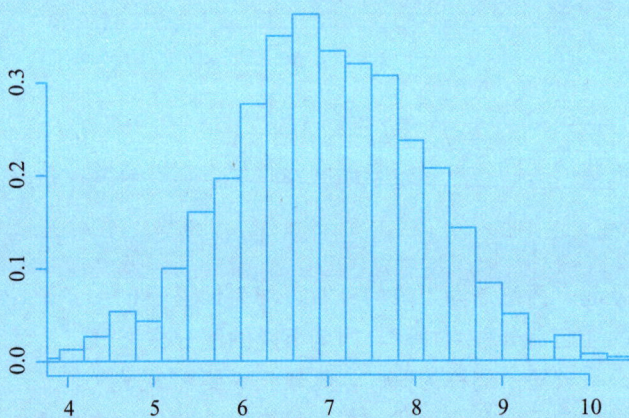

图 3.2　从一副扑克牌中抽取 10 张牌形成的分布

钟形分布根据双尾的对称性，可以分为对称的钟形和非对称的钟形。由于影响事物的各个因素并不总是对称地发挥作用，所以非对称的钟形是常态（图 3.3），严格对称的钟形在自然条件下并不常见。

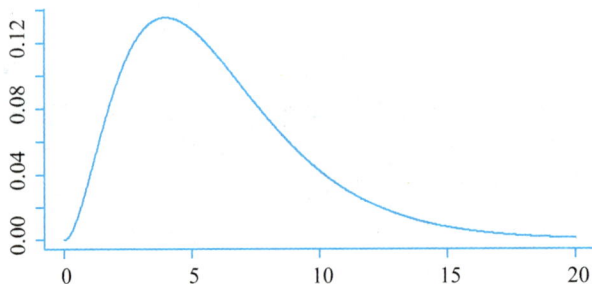

图 3.3　非对称的钟形分布

观察一个大学招生的例子，假定全国的考生成绩呈对称的钟形分布，而一所大学的招生往往是在某一个分数段范围，在这个范围内随机抽取的新生成绩将表现为一个非对称的钟形(图 3.4)。

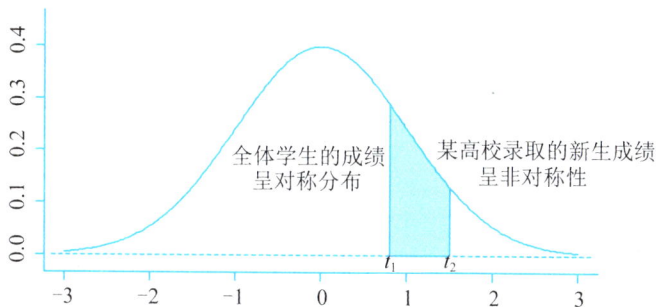

图 3.4　非对称性的形成

对于非对称的钟形分布，根据两侧尾部的形状不同，可以分为正偏和负偏钟形分布。正偏是指较长的尾位于分布的右侧，指向数轴的正方向，有时也称为右偏态；负偏则是指较长的尾位于分布的左侧，指向数轴的负方向，有时也称为左偏态。

对称的钟形分布中，最常用的形式为正态分布，除此之外，t 分布、Logistic 分布等也具有对称的特征。

知识点

正态分布

在对称的钟形分布中，正态分布是经常被人们提起的一种分布形式。正态分布是具有概率密度函数：

$$f(x) = \frac{1}{\sqrt{2\pi}\sigma} e^{-\frac{(x-\mu)^2}{2\sigma^2}}$$

的分布，其中 x 的取值区间从 $-\infty$ 到 ∞。

正态分布的形状和位置由两个变量决定，分别为公式中的 μ 和 σ，称为其期望值和标准差。其中 μ 决定了分布对称值所在的位置，σ 决定了分布的形状。σ 越大，分布越平缓，反之则越尖锐。

一组数据满足正态分布的特征，称为该数据服从于期望值为 μ、方差为 σ^2 的正态分布，写作 $x \sim N(\mu, \sigma^2)$。特别地，当一个正态分布的期望值为 0，方差为 1 时，称为标准正态分布，写作 $N(0, 1)$。

图 3.5 显示了一组期望值和标准差不同的正态分布，由图形的差异可以看出期望值和标准差对于正态分布的影响。

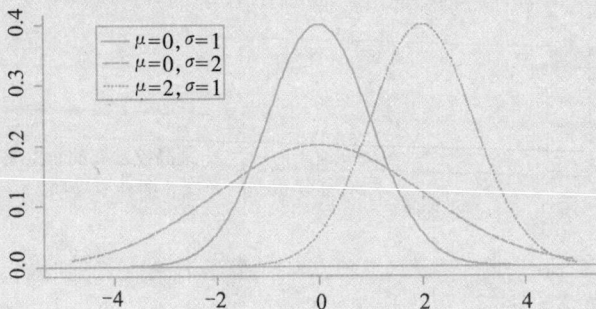

图 3.5　不同期望值与标准差的正态分布

　　早在 18 世纪初，棣莫弗(De Moivre)和拉普拉斯(Laplace)就从近似计算二项分布的概率出发，提出了二项分布以正态分布为极限分布的定理，称为棣莫弗—拉普拉斯中心极值定理。随后，其他数学家又先后提出了其他的中心极值定理以及中心极值定理成立的充分或必要条件。

　　其中，李亚普诺夫(Liapunov)中心极值定理是这样表述的：

　　设 x_1，x_2，…，x_n 为相互独立的随机变量，其期望值和方差分别表示为 $E(x_i)$ 和 σ_i^2，记 $\mu = \sum_{i=1}^{n} E(x_i)$，$\sigma^2 = \sum_{i=1}^{n} \sigma_i^2$。若满足：

$$\lim_{n \to \infty} \frac{\sum_{i=1}^{n} E\left[\left|x_i - E(x_i)\right|^3\right]}{\sigma^3} = 0$$

则对于任意实数 z，有：

$$\lim_{n \to \infty} P\left(\frac{\sum_{i=1}^{n} x_i - \mu}{\sigma} < z\right) = \frac{1}{\sqrt{2\pi}} \int_{-\infty}^{z} e^{-\frac{1}{2}t^2} dt$$

即当 n 充分大的时，$\dfrac{\sum_{i=1}^{n} x_i - \mu}{\sigma}$ 服从标准正态分布 $N(0, 1)$。

　　李亚普诺夫中心极值定理的数学形式比较复杂，我们可以不必去详细研究它的内容，而只需要理解其含义。该定理的含义是：如果每一个 x_i 的 σ_i^2

和 $E[\ x_i - E(x_i)\ ^3]$ 相对于总和 $\sum\limits_{i=1}^{n} \sigma_i^2$ 以及 $\sum\limits_{i=1}^{n} E[\ x_i - E(x_i)\ ^3]$ 所占的比例是非常小的，没有其中一个 x_i 的 σ_i^2 和 $E[\ x_i - E(x_i)\ ^3]$ 会明显地大于其他一个，那么其总和 $\sum\limits_{i=1}^{n} x_i$ 就会服从正态分布。

也就是说，如果有一个变量是受到若干个因素影响的，而其中任何一个因素的变化对于总体的变化都只具有微小的影响，则这个变量就会渐近地服从于正态分布。

现实中的许多现象都是受到众多因素影响的，比如一个人的身高，受到遗传因素、营养状况、疾病、体育锻炼等各种因素的影响，因此不同人的身高存在着差异。如果我们假定所有这些因素中间没有任何因素是起决定性作用的，每个因素的影响程度都差不多，则可以推测人的身高是服从于正态分布的。

然而，需要指出的是，假定所有因素的影响程度相似，在实践中并不一定成立。尤其是对于社会经济变量而言，受到人为因素的干扰，上述的假定往往是不成立的，这也就使得许多社会经济变量并不满足正态分布的特征。例如，前面所说的高校按照特定分数段进行录取，则新生的成绩就不会表现为正态分布；一群人的收入分布往往不会是对称的，而是表现为一种正偏态。

2. J 形分布

J 形分布是形状像英文字母"J"的分布，表现为由低到高的一种分布形态。由高到低的分布称为"反 J 形分布"，也可归为 J 形分布的一种。

J 形分布一般出现在具有累积效应的场合。例如，假定某地每年新成立 1000 家企业，同时会有一部分企业因为经营不善而倒闭。某一年份统计所有现存企业的经营年限，可以看到经营年限越长的企业数量越少，从而表现为一种反 J 形的分布形式（图 3.6）。

3. U 形分布

U 形分布是一种两端较高，中间较低的分布形式，像英文字母中的"U"，因而得名。U 形分布曲线有时也被称为"浴缸曲线"，同样是取其形状而得名。

U 形分布一般出现在与寿命、故障率等相关的场合。例如，某产品的维修点统计用户所送修的产品的使用年限，进行统计后可得到图 3.7 的 U 形曲线。

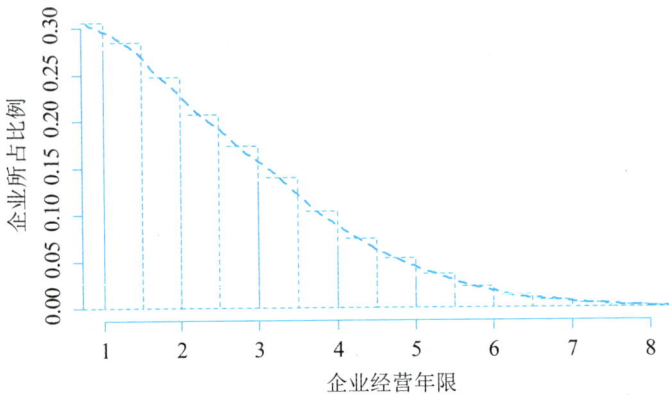

图 3.6　反 J 形分布

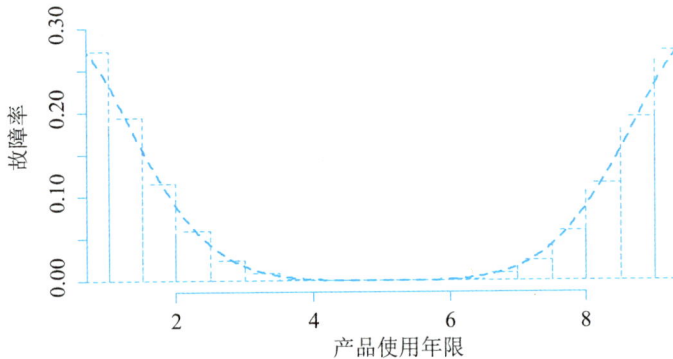

图 3.7　U 形分布（浴缸曲线）

从曲线中可以看出，送修的产品中以使用年限较短（如 2 年之内）以及使用年限较长（如 8 年以上）的产品比例最高，而使用年限在 4～6 年的产品则相对较少。

出现这种情况的原因，在于产品的故障来自两方面的原因，一是产品本身存在质量缺陷，这些缺陷会在用户使用该产品的初期得到反映；二是产品老化带来的影响，表现为使用年限较长的产品故障率上升。

U 形曲线经常被用于作为企业制订售后服务政策的依据，对于 U 形的前端，即图 3.7 中 2 年以前的部分，其出现故障的原因往往是产品的内在缺陷，企业应当给予用户免费更换的服务；U 形的底部，即图 3.7 中 2 年至 8 年的区间，产品出现故障一般是偶然因素导致，例如用户的错误操作等，此时企业应当给予用户免费或者收费的维修服务；U 形曲线的后端，即图 3.7 中 8 年以后的部分，产品故障源于产品的老化，此时应当建议用户淘汰旧产品，进行新的采购。

4. 多峰分布

多峰分布是指超过一个峰值的分布形式，多为若干个钟形分布的叠加(图 3.8)。

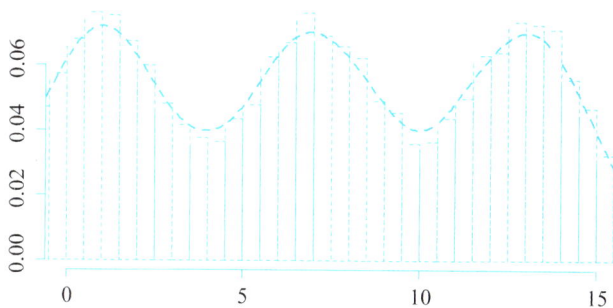

图 3.8　多峰分布

出现多峰分布的原因在于影响一个变量的各个因素中存在着一个重要的因素，而该因素有若干个不同水平，因而在每个水平上形成了一定的集聚。

案例 3-3

多峰分布

在某小学对全校学生进行识字情况的测验，很明显学生所在的年级对于学生成绩具有显著的关联，6 年级的学生平均成绩应明显地高于 5 年级，而 5 年级又明显高于 4 年级。因为影响学生成绩的因素是学生所在年级，而学生所在年级又分为 6 个水平，因此最终全校学生的成绩将表现为一个具有 6 个峰的多峰分布。

扫描二维码，获取本节微课视频。

微课视频	学习笔记
	_____ _____ _____ _____

3.2 相对指标

3.2.1 总量指标和相对指标

总量指标是反映社会经济现象总体规模或水平的指标，又称为绝对数。例如一个国家一定时期内的人口数、一个地区的土地面积等。

相对指标是两个有联系的总量指标对比计算的比率，又称为相对数。

根据相比较的总量指标之间的关系不同，相对指标可以划分为若干种类型：

1. 结构相对指标

结构相对指标按以下公式计算：

$$结构相对指标 = \frac{总体的某一部分}{总体的整体}$$

例如，一个班级中有学生 100 人，其中男生 60 人，用男生人数除以总人数为 60%，即为结构相对指标。

2. 比例相对指标

比例相对指标按以下公式计算：

$$比例相对指标 = \frac{总体的甲部分}{总体的乙部分}$$

例如，一个班级中有学生 100 人，其中男生 60 人，女生 40 人，用男生数与女生数进行比较，男生数为女生数的 150%，即为比例相对指标，比例相对指标也可以用比例式写成 1.5：1。

3. 强度相对指标

强度相对指标按以下公式计算：

$$强度相对指标 = \frac{总体的甲方面}{总体的乙方面}$$

例如，某地有人口 100 万人，土地面积 100 平方千米，人口数和土地面积分别是同一总体的两个不同方面，用人口数除以土地面积得人口密度为 1 万人/平方千米，即为强度相对指标。

4. 比较相对指标

比较相对指标按以下公式计算：

$$比较相对指标 = \frac{甲总体}{乙总体}$$

例如，甲地 2023 年 GDP 为 100 亿元，乙地 2023 年 GDP 为 120 亿元，甲地的 GDP 为乙地的 5/6，该数值即为比较相对指标。

与比例相对指标不同的是，比较相对指标涉及的两个主体并不属于同一个总体的两个部分，而是两个独立的总体。

5. 动态相对指标

动态相对指标按以下公式计算：

$$动态相对指标 = \frac{总体的甲时期指标}{总体的乙时期指标}$$

例如，甲地 2023 年的 GDP 为 100 亿元，2022 年的 GDP 为 80 亿元，2023 年为 2022 年的 125%，该指标即为动态相对指标。

3.2.2　描述总量指标和相对指标的一些常用术语

1. 静态比较与动态比较

将同一时期的统计指标放在一起进行比较，称为静态比较。如果是用不同单位的同一时期指标进行相互比较，则可称为横向比较。同一单位或者不同单位的同一时期数据，称为横断面数据，表示按某一时间进行拦腰截断后，所观察到的数据。

将不同时期的统计指标放在一起进行比较，称为动态比较。将同一单位的不同时期指标进行相互比较，又称为纵向比较。

2. 基期与报告期

在进行动态比较时，有时会用当前的数据与过去某一时间的数据进行对比。此时，将当前的数据称为报告期数据，将用于比较的过去的数据称为基期数据。

如果观察的是若干个时期的数据，每个时期的数据均与同一个基期数据进行对比，则这种比较方法，称为定基比较。例如，将一个国家 1990 年、2000 年、2010 年和 2020 年的 GDP 数值与 1949 年进行比较，所获得的 4 个比例，称为定基增长率。

如果在观察若干个时期的数据时，每一数据均与前一时期进行对比，则这种比较方法称为环比比较。例如，观察 2016 年至 2023 年的 GDP 增长情况，其中 2017 年与 2016 年进行比较，2018 年与 2017 年进行比较……2023 年与 2022 年进行比较，这样获得的一组增长率数据，称为环比增长率。

3. 存量与流量

存量指在一个特定时点上事物的积累结果，如人口数、资产总额等；流量指在一段时间内发生事件的总和，如国内生产总值、铁路运输量、居民收入等。

存量的变化是由流量引起的，可以用以下的公式来体现：

$$期末存量＝期初存量＋本期流量$$

观察一个数据的时候，需要分清它属于存量还是流量。如果是存量数据，需要明确它所指向的时点，尤其是涉及年度数据时，需要知道是年初数还是年末数。如果是流量数据，则需要知道其代表的时期范围，是本年度，还是半年度，或者是月度等。

扫描二维码，获取本节微课视频。

微课视频	学习笔记

3.3 平均指标

平均指标指同类社会经济现象在一定时间、地点条件下所达到的一般水平。平均指标是数据描述中最基本的指标之一。

常用的平均指标包括七类：算术平均数、调和平均数、几何平均数、众数、中位数、分位数和截尾均值。

3.3.1　算术平均数

1. 简单算术平均数

简单算术平均数（Arithmetic Mean）也称均值，是所有数的总和与数量之商。用公式表示如下：

$$\bar{x} = \frac{\sum x_i}{n}$$

式中，$\sum$ 表示"连加"的意思。一般的写法为 $\sum_{i=1}^{n} x_i$，表示 $x_1 + x_2 + \cdots + x_n$。在不会引起混淆的情况下，也可以简写为 $\sum x_i$，其含义是一致的。

案例 3-4

简单算术平均数的计算

有 5 箱水果的质量分别为 10 千克、12 千克、13 千克、15 千克、18 千克，则其平均重量为：

$$\bar{x} = \frac{10+12+13+15+18}{5} = 13.6 \text{（千克）}$$

2. 加权算术平均数

加权算术平均数是对分组数据或者存在其他权重因素的数据计算算术平均数的方法。计算公式为：

$$\bar{x} = \frac{\sum x_i f_i}{\sum f_i}$$

式中，x_i 表示每一类的平均数；f_i 表示权重。

案例 3-5

加权算术平均数的计算

某工厂有50名工人，按不同工种计算的平均工资情况如表3.2所示。

表3.2　某工厂工人的平均工资　　　　　　　　　单位：元

工种	平均工资(x_i)	人数(f_i)
车工	2500	14
铣工	3000	16
钳工	4000	20

计算该工厂工人的平均工资为：

$$\bar{x} = \frac{2500 \times 14 + 3000 \times 16 + 4000 \times 20}{14 + 16 + 20} = \frac{163000}{50} = 3260(元)$$

3. 对权重的理解

加权是统计计算中最常见的一种处理。从上述的例子中可以看到，权重的含义是一个数字所代表的单位数量，例如车工的平均工资为2500元，而车工人数为14人，因此在运用2500元这个数字进行计算时，需要将其权重设置为14。

权重除了代表一个指标对应的数量之外，也可以反映指标的重要性。在进行综合评价时，经常会涉及指标权重的问题。例如，对一名学生的评价，可以从品德、学习成绩、身体素质三个方面来评分，三个方面的重要性分别为30%、50%和20%。学生甲在这三个方面的得分分别为80分、90分和70分，则其平均分为：

$$\bar{x} = \frac{80 \times 30\% + 90 \times 50\% + 70 \times 20\%}{100\%} = 83(分)$$

在统计研究中，只要涉及多个主体汇总的情况，就一定存在权重的考量。只是在某些时候假定权重相等，因此不需要进行加权分析。

知识点

> **同等无知原则**
>
> 　　同等无知原则是统计中处理未知概率的一条常用原则。当我们需要确定总体的一个未知参数，但对该参数却不知道任何信息时，我们就需要假定该参数在其所有可能的取值区间内可以取任何值，并且取任何值的概率都不比取其他值的概率更高或者更低，这就是同等无知原则的含义。
>
> 　　例如，我们听说学校要新来一位老师，但对于这位老师的任何情况我们都不了解。如果我们要根据这位老师的性别来作一个预先的决策，则需要假定该老师性别为男性和为女性的概率相等，都是 50%。这样一个假定，就是基于同等无知原则。
>
> 　　在对一组数据进行平均处理时，我们总是需要拥有这组数据中每个值的权重，以便在平均时给予加权处理。当我们没有关于权重的任何信息时，就需要假定其权重是相等的，这种假定就是基于同等无知原则。
>
> 　　在 3.1 节中，我们曾讨论过正态分布的问题，并认为正态分布并非事物分布的常态。我们的理由是影响一个事物的因素是众多的，这些因素中间可能会有一部分因素所起的作用大于其他因素，因此便不符合中心极值定理的要求，从而使分布不符合正态分布的特征。
>
> 　　但是，如果我们对于影响该事物的所有因素都缺乏了解，没有关于它们的任何信息，那么基于同等无知原则，我们就应当假定各个因素所起的作用是相等的，也就是符合中心极值定理的要求，这样也就可以假定该事物的分布为正态分布了。

3.3.2　调和平均数

　　调和平均数（Harmonic Mean）是根据标志值的倒数计算出来的平均指标，其意义与算术平均数一致。调和平均数的计算公式为：

$$H = \frac{\sum M_i}{\sum \dfrac{M_i}{x_i}}$$

　　可以这样理解，调和平均数是在数据来源不同的情况下计算算术平均数的一种方法，调和平均数都可以通过数据转换，调整成算术平均数进行计算。

案例 3-6

调和平均数的计算

已知某人分三次购买了一些苹果，每次购买苹果的情况如表3.3所示。

表 3.3　某人购买苹果的情况

序号	苹果价格 (x_i)（元/千克）	购买金额 (M_i)（元）
1	4.0	10
2	4.5	14
3	3.5	18

使用调和平均数计算苹果的平均价格，方法如下：

$$H = \frac{\sum M_i}{\sum \dfrac{M_i}{x_i}} = \frac{10+14+18}{\dfrac{10}{4}+\dfrac{14}{4.5}+\dfrac{18}{3.5}} = \frac{42}{10.75} = 3.91 \text{（元/千克）}$$

此例也可转化为算术平均数进行计算，根据"购买数量＝购买金额/苹果价格"，可以计算出所购买苹果的总数量，如表3.4所示。

表 3.4　某人购买苹果的情况(按算术平均数方法计算)

序号	苹果价格 (x_i)	购买金额 (M_i)	购买数量 (M_i/x_i)
1	4.0	10	2.50
2	4.5	14	3.11
3	3.5	18	5.14

根据算术平均数的计算公式，也可计算苹果的平均价格，即3.91元/千克。根据本例也可以看出，调和平均数实际上只是将进行数据转换的步骤综合在计算公式中而已，实际上所计算的，仍然是算术平均数。

3.3.3　几何平均数

几何平均数（Geometric Mean）是在数列具有连乘积特征的情况下所计算的平均数。

算术平均数的特征是各个参与平均的变量之间是平行的关系，变量之间可以直接相加，获得总和。例如，三个人的收入分别为 1000 元、2000 元和 3000 元，则计算三个数的和，可得到三个人的总收入值为 6000 元。

几何平均数的特征是参与平均的变量之间是连续的关系，变量之间是通过相乘的方式来获得累积效果的。例如，某人在银行存款，本金为 1000 元，三年的存款利息率分别为 10%、15% 和 20%，则三年后此人的银行存款本息之和为：
$$1000 \times (1+10\%) \times (1+15\%) \times (1+20\%) = 1518(元)$$

这种具有连乘积特征的变量关系，在进行平均计算时，需采用几何平均数的方式。

几何平均数的计算公式为：
$$G = \sqrt[n]{\prod x_i}$$

式中，符号 $\prod$ 为希腊字母 π 的大写形式，表示连乘的意思。

以上述的某人存款的数据为例，此人存款三年的平均本息率(本金与利息之和)为：
$$G = \sqrt[n]{\prod x_i} = \sqrt[3]{1.10 \times 1.15 \times 1.20} = 1.1493$$

减本金 100%，可得三年的平均利息率为 14.93%。

几何平均数也有加权形式，加权几何平均数的计算公式为：
$$G = \sqrt[\sum f_i]{\prod x_i^{f_i}}$$

案例 3-7

几何平均数的计算

表 3.5 是 2011 年至 2021 年间我国的 CPI(居民消费价格指数)数据，单位为%。试计算这 11 年的平均 CPI。

表 3.5 我国 2011 年至 2021 年的 CPI 数据 单位：%

序号	年份	CPI	以 2010 年为 100 计算
1	2011	105.4	105.40
2	2012	102.6	108.14
3	2013	102.6	110.95
4	2014	102.0	113.17

续表

序号	年份	CPI	以 2010 年为 100 计算
5	2015	101.4	114.76
6	2016	102.0	117.05
7	2017	101.6	118.92
8	2018	102.1	121.42
9	2019	102.9	124.94
10	2020	102.5	128.07
11	2021	100.9	129.22

CPI 是指每年与前一年相比的物价变化程度，连续若干年的物价变化具有连乘的特征，因此需要按几何平均数计算其平均数。

计算 2011 年至 2021 年的 CPI 的连乘积为 129.22%，开 11 次方得 102.36%，计算式如下：

$$\bar{x} = \sqrt[11]{\prod CPI_i} = \sqrt[11]{129.22\%} = 102.36\%$$

可得在 2011 年至 2021 年间，平均每年的 CPI 为 102.36%。

在对数据进行平均处理的时候，人们总是习惯于使用算术平均数，而很少会使用调和平均数或者几何平均数。对于数据具有确定的物理含义或者经济含义的情况，使用哪种平均数是明确的，也是唯一的，如果使用了不正确的平均数，则会导致出无法解释的结果。例如，三个人的平均工资，显然应当用算术平均数来计算，而三个年度的平均 CPI，则需要用几何平均数来计算。

在统计实践中，还有另外一类问题是缺乏确定物理含义或者经济含义的，其数据本身并不具备进行平均计算的条件，采用平均计算仅仅为一种虚拟计算，目的是得到一个大致能够反映出一般水平的数值，该数值并不具有真实的含义。这种情况下，如果要对数据进行平均处理，则算术平均数、调和平均数、几何平均数都属于可选择的方法，没有哪种方法具有天然的优先权。

案例 3-8

算术平均数并不具有天然的优先权

某次评测中，获得三名被试人员四个方面的成绩如表 3.6 所示。

表 3.6 某次评测的得分情况

被试人员	专业技能	职业道德	团队精神	领导能力
张三	80	80	80	80
李四	100	70	70	80
王五	100	100	20	100

现在希望使用平均数方法计算每名被试者的平均分，应当如何计算？

对每名被试者的测量包括四个方面，尽管都是按照百分制进行评分，但这四个方面的分数从理论上说并不能进行汇总，也就是说，专业技能与职业道德之间并不存在可替代的关系，一个专业技能 100 分、职业道德 50 分的被试者，与另一名专业技能 50 分、职业道德 100 分的被试者是属于不同的情况。

这类问题就属于数据不具有确定物理或经济含义的问题，无论使用哪种方法进行计算，都只是一种虚拟计算，计算结果并不具有真实的意义，而只是对原始问题的一种映射而已。

在这种情况下，算术平均数、调和平均数和几何平均数都是可选择的方法，我们不妨用这三种方法分别进行计算，观察每名被试者的平均分(表 3.7)。

表 3.7 几种平均数的比较

被试人员	专业技能	职业道德	团队精神	领导能力	算术平均	调和平均	几何平均
张三	80	80	80	80	80.00	80.00	80.00
李四	100	70	70	80	80.00	78.32	79.13
王五	100	100	20	100	80.00	50.00	66.87

从计算结果来看，3 名应试者的算术平均分是相同的，均为 80 分。但调和平均分和几何平均分则存在着差异。其中，王五的调和平均分为 50 分，几何平均分为 66.87 分，均为 3 人中的最低分。究其原因，在于王五虽然在专业技能、职业道德、领导能力三项上得分较高，但团队精神一项的得分过低，四个方面不够平衡，从而影响了调和平均分和几何平均分。

如果在选拔人才的时候只关注应试者的总体水平，则可按算术平均分来评价，3 名应试者的水平是相同的。但如果要考虑各个方面的平衡，尤其是考虑到诸如木桶效应等因素，则调和平均数和几何平均数能够反映出来的信息更为全面。

由此可以看出，在实践中，采用哪种平均数需要根据评价标准来决定，算术平均数并不具有天然的优先权。

3.3.4　众数

众数（Mode）是一组数据中出现次数最多的变量值。

对于轻微偏态的单峰分布数据来说，众数反映的是数据的集中趋势位置，因此可以反映一组数据的平均状态。例如，人们在讨论市场上手机的平均价格时，一般不会考虑所有手机的价格，而是根据自己的印象，选择种类最多的价格区间作为平均价格的代表，这就是一种以众数作为平均值的表现。

相对于算术平均数，众数更注重大多数的特征，而不关注极端数据的特征，这样，众数就是一个较为稳健的统计量。

在分组式数列中，众数的计算公式如下：

$$Mo = L + \frac{\Delta_1}{\Delta_1 + \Delta_2} \times i$$

式中，Mo 表示众数；L 表示众数组的下限；Δ_1 表示众数组与前一组的次数之差；Δ_2 表示众数组与后一组的次数之差；i 表示众数组的组距。

案例 3-9

分组数据的众数

某班 37 名学生的年龄分组情况如表 3.8 所示，试计算该班年龄的众数。

表 3.8　某班学生的年龄分组

年龄组（岁）	人数	说明
18～19	4	
19～20	6	
20～21	12	众数组
21～22	8	
22～23	7	

根据公式进行计算：

$$Mo = L + \frac{\Delta_1}{\Delta_1 + \Delta_2} \times i = 20 + \frac{6}{6+4} \times 1 = 20.6（岁）$$

3.3.5　中位数

中位数（Median）是位于统计数列中间位置上的数。在数列中，有一半的数据大于中位数，一半的数据小于中位数，因此中位数可以反映数列的一般水平。

中位数的位置计算公式为 $\frac{N+1}{2}$。例如，一个数列共有 7 个数，则其中位数为顺序排行第 4 个的数。当数据个数为偶数时，中位数一般用排在中间的两个数据的平均数来代表。

中位数不容易受到极端值的影响，数列中有个别数值出现异常，一般不会影响到中位数的大小。因此，中位数是一个比较稳健的统计量。

观察以下的数据：2021 年，中国居民人均可支配收入为 35128 元，中位数为 29975 元，中位数是平均数的 85.3%。其中城镇居民人均可支配收入 47412 元，中位数为 43504 元，中位数是平均数的 91.8%；农村居民人均可支配收入 18931 元，中位数为 16902 元，中位数是平均数的 89.3%。

从数据中可以看到，城乡居民的人均可支配收入均高于中位数，其原因在于存在一部分高收入的居民，拉高了总体平均水平，从而使平均数与大多数居民的真实收入情况不相符合。而中位数并不受极端值的影响，能够反映出处于全体居民收入的中间水平。在全体居民中，有 50% 的居民收入位于中位数之上，50% 位于中位数之下，一个人只要对比自己的收入与中位数的关系，就可以知道自己与平均水平相比具有什么样的差距。

对于分组数列的情况，中位数的计算公式为：

$$Me = L + \frac{\frac{N}{2} - S_{m-1}}{f_m} \times i$$

式中，Me 表示中位数；L 表示中位数组的下限；N 表示总体单位数；S_{m-1} 表示中位数所在组之前的累积次数；f_m 表示中位数组的次数。

案例 3-10

分组数据的中位数

某班 37 名学生的年龄分组情况如表 3.9 所示，试计算该班年龄的中位数。

表 3.9　某班学生的年龄分组

年龄组（岁）	人数	说明
18～19	4	
19～20	6	
20～21	12	中位数组
21～22	8	
22～23	7	

根据公式进行计算：

$$Me = L + \frac{N/2 - S_{m-1}}{f_m} \times i = 20 + \frac{18.5 - 10}{12} \times 1 = 20.71（岁）$$

3.3.6　分位数

分位数是指将一列数据 K 等分的各种数。

最常见的分位数包括四分位数（Quartile）、十分位数（Decile）和百分位数（Percentile）。分位数能够反映出一组数列某些局部位置上的水平，因此也作为平均指标看待。例如，第一四分位数表示 25% 的样本的位置，如果一个人群的收入第一四分位数为 10000 元，则说明共有 25% 的人收入在 10000 元以下，75% 的人收入在 10000 元之上。

分位数的位置可以表示为：$\frac{N}{k} \times i + \frac{1}{2}$，其中 N 为数列的数量，k 为分位的数量，i 为第几分位数。

案例 3-11

分位数的计算

观察以下数列，求数列的各个四分位数：

$$1, 3, 7, 12, 13, 15, 18, 20, 22, 26$$

上述数列共有 10 个数，其第 1 四分位数的位置为 $\frac{10}{4} \times 1 + \frac{1}{2} = 3$，第 2

四分位数的位置为 $\frac{10}{4} \times 2 + \frac{1}{2} = 5.5$，第 3 四分位数的位置为 $\frac{10}{4} \times 3 + \frac{1}{2} = 8$。

分别取第 3、5.5、8 位置上的数为各个四分位数。

$$Q_1 = X_3 = 7$$

$$Q_2 = \frac{X_5 + X_6}{2} = 14$$

$$Q_3 = X_8 = 20$$

3.3.7　截尾均值

截尾均值也称切尾均值，是指在一个数列中，去掉两端的极端值后所计算的算术平均数。最常见的截尾均值的例子是在某些比赛中，计算选手的最终得分需要"去掉一个最高分，去掉一个最低分"，这种处理方法，即为计算截尾均值的方法。

截尾均值由于去掉了数列中影响数据稳定性的极端值，从而具有较好的稳健性，不易受到极端值的干扰。在数据序列本身存在少量错误的情况下，通过有效地判定极端值，并将极端值去掉来计算算术平均数，可以获得较为真实地反映数据情况的平均指标。

极端值的判定根据分析目的的不同，可以有下列几种不同的方法。

1. 确定两端或者一端固定数量的值为极端值

例如确定最大值和最小值为极端值，而不去观察这两个值本身是多少。例如去掉 1 个最高分、去掉 1 个最低分。

2. 确定一个固定范围外的数值为极端值

在数据处理时，人为地确定一个取值范围，超出这范围内的数值一律被当作极端值。例如在计算平均收入时，将 10000 元以上的收入值统一判定为极端值，不进行平均计算。

3. 根据数据的统计结果来确定极端值

这种方法的特点是不事先确定极端值的范围，而是根据数据的实际数值，来推算极端值的范围。例如在计算收入数据时，约定以中位数的 3 倍作为极端值的范围，这样，对于不同的工资水平的地区，极端值的范围也就有所不同了。

 **案例** 3-12

> #### 确定极端值的边界
>
> 有甲、乙两地，职工月工资的中位数分别为 2500 元、4000 元，如果在计算职工平均工资时希望去掉极端值的影响，两地选择极端值的边界分别是多少？
>
> 在这个例子中，如果设定极端值的边界为中位数的 3 倍，则甲地的极端值可设定为 7500 元，乙地的极端值可设定为 12000 元。可以看到，乙地的平均工资水平比甲地更高，因此将其工资的上限控制在 12000 元是更为合理的。

扫描二维码，获取本节微课视频。

微课视频	学习笔记

3.4 离散程度指标

离散程度指标用来反映一组数据偏离中心的程度，这也是描述一组数据特征的重要指标之一。

案 例 3-13

离散程度的对比

有两组学生，其成绩分别为：

甲组：76，78，80，82，84；

乙组：60，70，80，90，100。

可以看到，甲、乙两组学生的平均分均为 80 分，但两个组的学生成绩分布状况是明显不同的，乙组学生的成绩差异更大。为了反映出这种偏离中心程度的差异，就需要使用离散程度指标。

3.4.1　极差

极差（Range）也称全距，是数据的最大值与最小值之差，用公式表示如下：

$$R = \text{Max} - \text{Min}$$

极差反映出数据在空间上的分布范围，一般情况下，分布范围越大，表明数据整体越离散。

极差是一个不够稳健的统计量，个别极端值的存在，可能会对极差造成很大的影响。

例如，衡量一个人群收入的差异，如果最高收入为 10000 元，最低收入为 500 元，则其极差为 9500 元。但如果得知最高收入只有 1 个人，而收入排在第二位的只有 1000 元，则显然用 9500 元来作为这个人群收入差异的体现，是不够确切的。

3.4.2　内距

内距（Inter-Quartile Range）也称四分位距，是指第三四分位数与第一四分位数之差，用公式表示如下：

$$\text{IQR} = Q_3 - Q_1$$

内距由于使用的是第三四分位和第一四分位的差，受两端的极端值影响较小，因此更为稳定。内距反映的处于中间位置的一半数据的分布范围，该范围的大小，可以反映整个数列的离散程度。

内距的一半称为四分位差（Quartile Deviation），反映出相邻两个四分位数之间的差距，也是离散程度的一种度量。

3.4.3　平均绝对差

极差和内距都是根据数据所处的位置来进行计算的离散指标，未能充分利用所有数据的信息。平均绝对差（Mean Absolute Deviation）是指各个标志值对其算术平均数的平均离差。

$$A. D. = \frac{\sum |x - \bar{x}|}{n}$$

案例 3-14

> **平均绝对差的计算**
>
> 　　有 5 名受访者的工资分别为 1500 元、1800 元、2000 元、2200 元、2500 元，求平均绝对差。
>
> 　　计算 5 名受访者的平均工资为 2000 元，以每人的工资减平均数分别为 −500 元、−200 元、0 元、200 元、500 元，平均绝对差为 280 元。

3.4.4　方差和标准差

平均绝对差使用绝对值来消除离差的正负号，在数学处理中，具有一些不方便之处。方差（Variance）是使用求平方的方式来消除正负号，便于数学处理。

方差的计算公式为：

$$\sigma^2 = \frac{\sum (x_i - \bar{x})^2}{n}$$

案例 3-15

> **方差的计算**
>
> 　　有 5 名受访者的工资分别为 1500 元、1800 元、2000 元、2200 元、2500 元，求方差。

> 计算 5 名受访者的平均工资为 2000 元，可得：
>
> $$\sigma^2 = \frac{\sum (x_i - \bar{x})^2}{n} = \frac{(1500-2000)^2 + (1800-2000)^2 + \cdots + (2500-2000)^2}{5}$$
>
> $$= 116000(\text{元}^2)$$

从上述计算可以看到，方差所得结果的单位与原数据的单位存在平方关系，不够直观。例如，上例中的"元^2"便缺乏现实意义，难以解释。为了获得一个更易于解释的结果，可以将方差进行开方处理，所得结果称为标准差（Standard Deviation）。标准差的计算公式为：

$$\sigma = \sqrt{\frac{\sum (x_i - \bar{x})^2}{n}}$$

3.4.5　离散系数

当几组数据的平均水平不同时，标准差的含义也有所不同。为了对水平不同的数据进行离散程度的比较，需要计算标准差相对于平均数的大小，称为离散系数（Coefficient of Variation）。离散系数的计算公式为：

$$V_\sigma = \frac{\sigma}{\bar{x}}$$

案例 3-16

> **离散系数的计算**
>
> 观察二匹马和二只蚂蚁的重量数据如下：
>
> 马：190 kg, 200 kg, 210 kg;
>
> 蚂蚁：1 g, 2 g, 3 g。
>
> 计算马的标准差为：$\sigma_1 = \sqrt{\dfrac{(-10)^2 + 0^2 + 10^2}{3}} = 8.165(\text{kg})$
>
> 蚂蚁的标准差为：$\sigma_2 = \sqrt{\dfrac{(-1)^2 + 0^2 + 1^2}{3}} = 0.8165(\text{g})$

二者比较，可以看到马的标准差是蚂蚁标准差的 10000 倍，即三四马重量的离散程度远远高于三只蚂蚁重量的离散程度。

但在现实中，我们会发现这三匹马的重量区别并不明显，而三只蚂蚁却有较大差异。出现这种情况的原因在于马和蚂蚁的对照标准不同，因此不能简单地用各自的标准差来反映其离散程度。

采用离散系数进行计算，可以得马的离散系数为 0.04083，而蚂蚁的离散系数为 0.4083，蚂蚁的离散系数是马的 10 倍，与直观的感觉便较为吻合了。

3.4.6　异众比率

异众比率(Variation Ratio)指非众数组的频数占总频数的比例。异众比率的计算公式为：

$$V_r = 1 - \frac{f_m}{\sum f_i}$$

式中，V_r 表示异众比率；f_m 表示众数组的频数；f_i 表示每个组的频数。

案例 3-17

异众比率的计算

某校经济学院由 4 个专业的学生构成，在全部 1000 名学生中，属于金融学专业的学生人数最多，为众数组，其人数为 400 人。此时运用公式进行计算，可得该学院学生专业分布的异众比率为 0.6。

扫描二维码，获取本节微课视频。

微课视频	学习笔记

3.5　偏态和峰态

偏态(Skewness)和峰态(Kurtosis)也是描述数据分布的重要指标，由皮尔逊(K. Pearson)分别于 1895 年和 1905 年提出。测量偏态和峰态的指标分别称为偏态系数和峰态系数。

知识点

皮尔逊的"偏斜分布"体系[1]

皮尔逊认为可以用"偏斜分布"来描述科学研究中的任何一种分布，偏斜分布的形式由以下四个参数决定。

均值：观测值分布的中间值。

标准差：大多数观测值相对于均值的分散程度。

对称度：观测值偏向均值一边的程度。

峰度：罕见观测值相对于均值的分散程度。

3.5.1　偏态及偏态系数

偏态是指数据分布偏离对称的程度，用偏态系数(SK)来衡量。偏态系数的计算方法有很多种，可以利用算术平均数与众数或者中位数的离差计算，也可以用四分位数计算，常见的方法是利用数据的三阶中心矩计算。

所谓 t 阶中心矩，是指所有变量值与数值中心之差的 t 次方的平均数。偏态系数就是离差的 3 次方的平均数，计算公式如下：

$$SK = \frac{n \sum (x_i - \bar{x})^3}{(n-1)(n-2)s^3}$$

式中，s 为样本标准差。

关于偏态系数，需要了解的知识为：数据为对称分布时，偏态系数为 0；偏态系数的绝对值越大，表示偏态越明显；偏态系数为正时，数据为正偏，或称右偏；偏态系数为负时，数据为负偏，或称左偏(图 3.9)。

① David Salsburg. 女士品茶——统计学如何变革的科学和生活[M]. 刘清山，译. 南昌：江西人民出版社，2016：19.

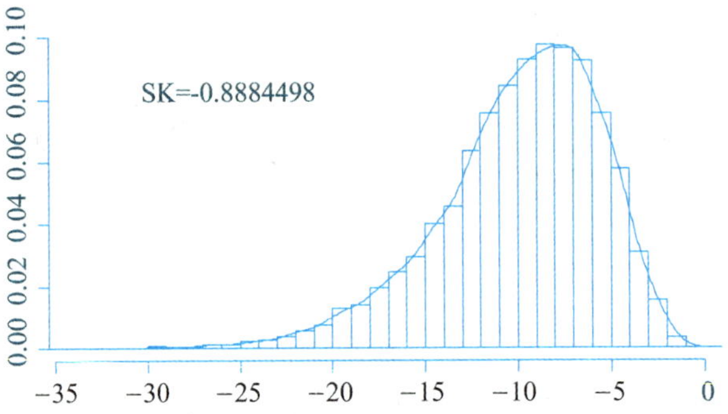

图 3.9　负偏态分布

3.5.2　峰态及峰态系数

峰态是指数据分布的扁平性或尖锐性特征。扁平或者尖锐，是以标准正态分布作为对比基准的，如果数据分布比标准正态分布更集中，则属于尖峰分布，反之，则属于扁平分布，如图 3.10 所示。

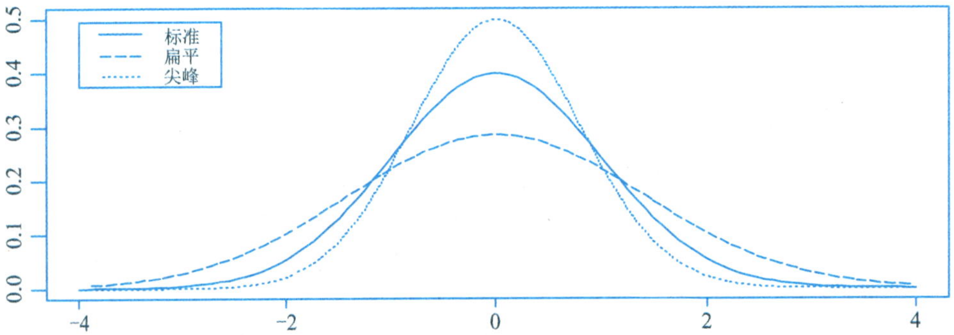

图 3.10　扁平与尖峰分布示意图

峰态系数(K)采用数据的四阶中心矩来计算，公式如下：

$$K = \frac{n(n+1)}{(n-1)(n-2)(n-3)} \sum \left(\frac{x_i - \bar{x}}{s} \right)^4 - \frac{3(n-1)^2}{(n-2)(n-3)}$$

式中，s 为样本标准差。

关于峰态系数，需要了解的知识为：峰态是相对标准正态分布而言的，当数据服从标准正态分布时，峰态系数为 0；峰态系数大于 0 时，为尖峰分布；峰态系数小于 0 时，为扁平分布。

有些时候，计算峰态系数也可以不减后面的 $\dfrac{3(n-1)^2}{(n-2)(n-3)}$ 这项，此时尖峰分布与扁平分布以边界 3 进行划分，即大于 3 为尖峰分布，小于 3 为扁平分布。

扫描二维码，获取本节微课视频。

微课视频	学习笔记

3.6　数据变换

在统计实践中得到的数据往往在口径上不够统一，难以进行直接对比。有些数据的尺度过大或者过小，在使用时存在着一定的困难。因此，在很多时候，统计人员都要对原始数据进行一定的变换处理，以便提高数据的可比性，或者便于对数据的特征进行掌握。

根据不同的需要，数据变换可以采用多种不同的方式，包括编码方法、映射方法、函数方法等。

所谓编码方法，就是把数据按照某种规则转换成文字或者代码，例如学校里将学生的考试成绩按照分数段转化为优、良、中、及格、不及格，就是一种编码方法；

映射方法是指在数据间建立起一一对应的映射关系，把原始数据转换成新的数据，例如，给一个班的学生重新编学号，规定 1 号改为 16 号，2 号改为 37 号，这种变换没有规律可言，只能通过映射关系来实现；

函数方法是指在原始数据和变换后的数据之间建立起一个函数关系，通过函数计算来完成数据变换。用数学公式来表示则为：

$$x' = f(x)$$

式中，x' 表示变换后的数据；x 表示原始数据。

函数方法也可以用图形来直观地表现，如图 3.11 所示。

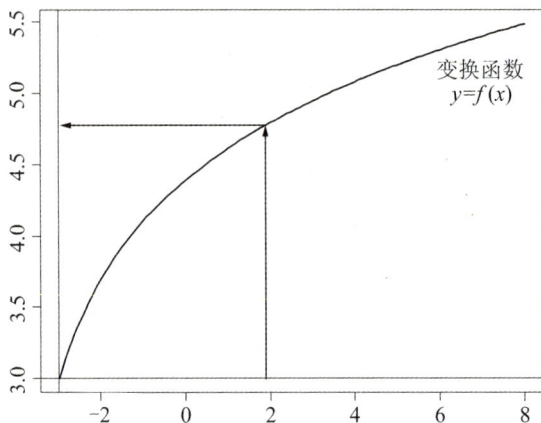

图 3.11　数据变换关系示意图

图形中的曲线即为变换函数的曲线形式，可称为变换曲线。原始数据对应于坐标系的 x 轴，变量通过变换曲线向 y 轴做投影，其投影的截距则为变换后的数据。

一般情况下的数据变换都是单调变换，表现在图形上，即为变换曲线为单调曲线。单调变换不会改变数据间的顺序关系，这对于大多数数据变换的场合都是必要的。

不过，在某些特定的情况下，也可能出现非单调变换的情况，例如，一个人的体重与其健康水平之间的关系，就是一种非单调的对应关系，体重过轻或者过重，都意味着较低的健康水平。如果要将体重转换为健康水平的测度，则需要使用非单调的变换曲线。

在函数法的数据变换中，根据变换函数的形式不同，可以分为线性变换和非线性变换，其中线性变换是较为常用的方法。

3.6.1　线性变换

通过一个线性函数对数据进行变换的方法，称为线性变换。线性变换的公式如下

$$x' = a + bx$$

式中，x' 表示变换后的数据；x 表示变换前的数据。

公式中的 a 反映数据原点的变化，即整批数据统一增加或者减少一个数量；b 反映尺度的变化，即整体数据按比例增大或者缩小。

线性变换不会改变数据间隔的比例关系，相当于保持了数据形状。冲洗照片就是一种线性变换的方式，无论照片放大的倍数是多少，也无论冲洗过程中是否

通过暗房技术对照片进行了剪裁处理，照片中人像的比例关系是不会改变的。而"哈哈镜"就是一种非线性的变换方式，它会把人的体型拉长或者缩短，形成扭曲的形象。

常见的线性变换有中心化变换、极差变换和标准化变换。

1. 中心化变换

即在所有的数据中减平均值，使数据调整到以平均值为中心的水平上。变换公式为：

$$x' = x - \bar{x}$$

案例 3-18

中心化变换

一群学生的考试成绩分别为 92 分、95 分、98 分，进行中心化变换后，则分别为 −3 分、0 分、3 分，从变换后的数值中可以看出谁的成绩较好，谁的成绩较差。

2. 极差变换

采用以下公式进行变换，称为极差变换。

$$x' = \frac{x - \text{Min}}{\text{Max} - \text{Min}}$$

式中，Max 表示一组数据中的最大值；Min 表示一组数据中的最小值。

极差变换能够将数据批调整至最大值为 1、最小值为 0 的区间，最大值与最小值之间的数据则处于 0 至 1 之间的范围内。

极差变换后的数据符合人们的使用习惯，具有较好的可读性。

3. 标准化变换

标准化变换是在数据中减平均数，再除以标准差，公式如下：

$$x' = \frac{x - \bar{x}}{\sigma}$$

通过对数据批同时进行原点变换和尺度变换，使变换后的数据满足平均值为 0，标准差为 1 的规格，这种规格的数据便于统计处理，同时也具有较好的可比性。

案例 3-19

数据变换的应用：各省区城市设施水平综合评价

表 3.10 为 2013 年我国部分省区城市设施水平数据。假定各项基础设施的重要性（权重）相等，希望利用这些数据对各省区的设施水平进行综合评价，得出相应排名，可以有许多不同的方法，其中，通过数据变换再进行汇总，就是比较常用的方法。

从数据中可以看到，评价城市设施水平的 6 项指标具有不同的计量单位，无法进行简单汇总，数据变换的方法，可以将其转化为无量纲数据，并且数量具有可比的口径。

表 3.10 原始数据

地区	城市用水普及率（%）	城市燃气普及率（%）	每万人拥有公交车辆（标台）	人均城市道路面积（平方米）	人均公园绿地面积（平方米）	每万人拥有公共厕所（座）
北京	100.00	100.00	24.39	7.61	12.72	3.05
天津	100.00	100.00	18.99	18.74	10.97	1.80
河北	99.85	98.35	12.62	18.22	14.05	4.07
山西	98.14	96.10	9.90	12.88	11.18	3.19
内蒙古	96.23	87.93	8.57	19.69	16.90	4.85
辽宁	98.77	96.15	11.19	12.09	11.06	2.37
吉林	93.84	91.43	10.21	13.61	11.78	3.51
黑龙江	95.46	85.58	12.62	13.15	12.11	4.74
上海	100.00	100.00	12.11	4.11	7.10	2.58
江苏	99.69	99.59	14.15	23.22	14.01	3.62
浙江	99.97	99.80	14.64	17.83	12.44	3.98
安徽	98.40	96.14	10.99	19.61	12.47	2.26
福建	99.42	98.85	12.65	13.40	12.57	2.79
江西	97.73	95.10	9.15	15.26	14.12	1.98
山东	99.85	99.58	13.54	25.34	16.81	1.95

续表

地区	城市用水普及率(%)	城市燃气普及率(%)	每万人拥有公交车辆（标台）	人均城市道路面积（平方米）	人均公园绿地面积（平方米）	每万人拥有公共厕所（座）
河南	92.16	81.98	9.07	11.57	9.58	3.05
湖北	98.19	95.09	11.56	15.85	10.83	2.59
湖南	96.86	91.93	10.80	13.80	8.99	2.32
广东	97.47	96.89	13.08	13.11	15.94	1.95
广西	95.91	93.58	9.42	15.53	11.48	2.29
海南	98.38	94.59	11.48	18.72	12.47	1.86
重庆	96.25	93.09	11.57	11.23	18.04	1.85
四川	91.76	89.68	14.59	13.24	11.21	2.90
贵州	92.86	74.86	9.60	9.58	11.41	2.06
云南	97.92	71.53	11.61	12.29	10.56	3.14
西藏	96.95	38.62	7.70	13.19	9.04	4.62
陕西	96.52	93.75	16.27	14.74	11.77	3.81
甘肃	93.68	80.22	10.36	14.02	11.76	2.41
青海	99.08	84.76	14.47	10.90	9.66	3.98
宁夏	96.51	89.08	13.19	18.81	17.51	2.54
新疆	98.08	96.37	14.35	15.69	10.08	3.16
最大值	100.00	100.00	24.39	25.34	18.04	4.85
最小值	91.76	38.62	7.70	4.11	7.10	1.80
极差	8.24	61.38	16.69	21.23	10.94	3.05
平均值	97.29	90.67	12.41	14.74	12.28	2.94
标准差	2.37	11.98	3.24	4.27	2.58	0.89

　　数据说明：本数据为2013年全国各省区城市设施水平数据。

　　数据来源：《中国统计年鉴(2014)》，表25-12。

表 3.11 极差变换方法评价结果

省区	极差变换得分	排名	城市用水普及率（%）	城市燃气普及率（%）	每万人拥有公共交通车辆（标台）	人均城市道路面积（平方米）	人均公园绿地面积（平方米）	每万人拥有公共厕所（座）
北京	0.68	5	1.00	1.00	1.00	0.16	0.51	0.41
天津	0.62	7	1.00	1.00	0.68	0.69	0.35	0.00
河北	0.72	2	0.98	0.97	0.29	0.66	0.64	0.74
山西	0.51	18	0.77	0.94	0.13	0.41	0.37	0.46
内蒙古	0.67	6	0.54	0.80	0.05	0.73	0.90	1.00
辽宁	0.49	21	0.85	0.94	0.21	0.38	0.36	0.19
吉林	0.45	22	0.25	0.86	0.15	0.45	0.43	0.56
黑龙江	0.56	12	0.45	0.77	0.29	0.43	0.46	0.96
上海	0.42	25	1.00	1.00	0.26	0.00	0.00	0.26
江苏	0.75	1	0.96	0.99	0.39	0.90	0.63	0.60
浙江	0.71	4	1.00	1.00	0.42	0.65	0.49	0.72
安徽	0.55	14	0.81	0.94	0.30	0.73	0.49	0.15
福建	0.58	10	0.93	0.98	0.30	0.44	0.50	0.32
江西	0.49	20	0.72	0.92	0.09	0.53	0.64	0.06
山东	0.71	3	0.98	0.99	0.35	1.00	0.89	0.05
河南	0.30	30	0.05	0.71	0.08	0.35	0.23	0.41
湖北	0.51	17	0.78	0.92	0.23	0.55	0.34	0.26
湖南	0.41	26	0.62	0.87	0.19	0.46	0.17	0.17
广东	0.54	15	0.69	0.95	0.32	0.42	0.81	0.05
广西	0.43	24	0.50	0.90	0.10	0.54	0.40	0.16
海南	0.52	16	0.80	0.91	0.23	0.69	0.49	0.02
重庆	0.50	19	0.54	0.89	0.23	0.34	1.00	0.02
四川	0.40	27	0.00	0.83	0.41	0.43	0.38	0.36
贵州	0.26	31	0.13	0.59	0.11	0.26	0.39	0.08

续表

省区	极差变换得分	排名	城市用水普及率（%）	城市燃气普及率（%）	每万人拥有公共交通车辆（标台）	人均城市道路面积（平方米）	人均公园绿地面积（平方米）	每万人拥有公共厕所（座）
云南	0.44	23	0.75	0.54	0.23	0.39	0.32	0.44
西藏	0.36	29	0.63	0.00	0.00	0.43	0.18	0.92
陕西	0.60	9	0.58	0.90	0.51	0.50	0.43	0.66
甘肃	0.36	28	0.23	0.68	0.16	0.47	0.43	0.20
青海	0.55	13	0.89	0.75	0.41	0.32	0.23	0.71
宁夏	0.60	8	0.58	0.82	0.33	0.69	0.95	0.24
新疆	0.56	11	0.77	0.94	0.40	0.55	0.27	0.45

表 3.12　标准化变换方法评价结果

地区	标准化变换得分	排名	城市用水普及率（%）	城市燃气普及率（%）	每万人拥有公共交通车辆（标台）	人均城市道路面积（平方米）	人均公园绿地面积（平方米）	每万人拥有公共厕所（座）
北京	0.71	5	1.15	0.78	3.70	−1.67	0.17	0.12
天津	0.52	7	1.15	0.78	2.03	0.94	−0.51	−1.29
河北	0.76	3	1.08	0.64	0.06	0.82	0.69	1.26
山西	−0.09	19	0.36	0.45	−0.78	−0.44	−0.43	0.27
内蒙古	0.54	6	−0.45	−0.23	−1.19	1.16	1.79	2.14
辽宁	0.17	21	0.63	0.46	−0.38	−0.62	−0.47	−0.65
吉林	−0.32	22	−1.46	0.06	−0.68	−0.27	−0.19	0.64
黑龙江	0.07	14	−0.77	−0.42	0.06	−0.37	−0.07	2.02
上海	−0.51	27	1.15	0.78	−0.09	−2.49	−2.01	−0.41
江苏	0.95	1	1.01	0.74	0.54	1.99	0.67	0.76
浙江	0.76	4	1.13	0.76	0.69	0.72	0.06	1.17

续表

地区	标准化变换得分	排名	城市用水普及率（%）	城市燃气普及率（%）	每万人拥有公共交通车辆（标台）	人均城市道路面积（平方米）	人均公园绿地面积（平方米）	每万人拥有公共厕所（座）
安徽	0.16	12	0.47	0.46	−0.44	1.14	0.08	−0.77
福建	0.21	10	0.90	0.68	0.07	−0.31	0.11	−0.18
江西	−0.12	20	0.19	0.37	−1.01	0.12	0.71	−1.08
山东	0.88	2	1.08	0.74	0.35	2.48	1.76	−1.12
河南	−0.93	29	−2.17	−0.72	−1.03	−0.74	−1.05	0.13
湖北	−0.04	17	0.38	0.37	−0.27	0.26	−0.56	−0.40
湖南	−0.46	26	−0.18	0.11	−0.50	−0.22	−1.28	−0.71
广东	0.12	13	0.08	0.52	0.21	−0.38	1.42	−1.12
广西	−0.35	23	−0.58	0.24	−0.93	0.18	−0.31	−0.74
海南	0.05	15	0.46	0.33	−0.29	0.93	0.07	−1.22
重庆	−0.05	18	−0.44	0.20	−0.26	−0.82	2.24	−1.23
四川	−0.43	24	−2.34	−0.08	0.67	−0.35	−0.42	−0.05
贵州	−1.10	31	−1.87	−1.32	−0.87	−1.21	−0.34	−1.00
云南	−0.43	25	0.27	−1.60	−0.25	−0.58	−0.66	0.23
西藏	−0.95	30	−0.14	−4.34	−1.46	−0.36	−1.26	1.88
陕西	0.32	9	−0.32	0.26	1.19	0.00	−0.20	0.98
甘肃	−0.67	28	−1.52	−0.87	−0.63	−0.17	−0.20	−0.60
青海	0.02	16	0.76	−0.49	0.63	−0.90	−1.02	1.16
宁夏	0.39	8	−0.33	−0.13	0.24	0.95	2.03	−0.45
新疆	0.17	11	0.33	0.48	0.60	0.22	−0.85	0.25

从两种处理方法中可以看出，通过极差变换或者标准化变换，原来不可比较的各项指标具有了相同的计量单位，同时具有大致类似的口径，可以通过计算各指标平均分的方法来对各省区的城市设施水平进行评价。

极差变换与标准化变换的排名结果略有差异，但这种差异是不明显的，这体现出这两种方法既存在差别，又具有一定的相似之处。

从计算过程来看，进行标准化变换后，各省区的指标中出现了一部分负数，另外还有一些指标的变换结果大于 1，这都会造成对结果解读时的困难，尤其是对于未接受过系统的统计学训练的受众而言，这种变换的解释是较为困难的。因此，在实际工作中，往往考虑采用极差变换的方法来进行处理。

3.6.2　非线性变换

非线性变换是指使用非线性函数来对数据进行变换，主要应用于原始数据分布不均匀的情况。非线性变换中最常用的形式是对数变换，即将所有的数据求自然对数或者常用对数，公式如下：

$$x' = \lg x \text{ 或 } x' = \ln x$$

对数变换的特点是能够将原来非常大的数值转化为较小的数值，而原来较小的数值却不会受到太大的影响。我们可以从常用对数的变换对照表看到这一点，见表 3.13。

表 3.13　常用对数的变换

序号	原始数字	常用对数值
1	0.0001	-4
2	0.001	-3
3	0.01	-2
4	0.1	-1
5	1	0
6	10	1
7	100	2
8	1000	3
9	10000	4

从上表来看，如果要将原始数据在统计图上表现出来，尺度的选择是非常困难的。因为最小的数值仅为最大数值的 10^8 分之一，如果要体现序号 1 的数值，则统计图将大到无法容纳，反之，如果要让统计图能够容纳序号 9 的数值，则序号 1 在图上是无法表现出来的。

但通过对数变换之后的数据就不存在这样的困难，在同一张统计图上，既可以表现出序号 9 所对应的 10000，也可以表现出序号 1 所对应的 0.0001，这就是对数变换的优点。

在研究企业资产时，有些企业的资产总额可以达到数千亿，而另外一些企业则可以只有几百万，这样大的差异显然无法进行直接对比，而对资产数据进行对数变换之后，就可以解决对比的问题。

对数变换可以体现出经济学中"边际递减"的原理。例如，一个企业向市场投放广告，其广告支出的金额与所产生的效果之间，存在着边际递减的效应。假定投入 1000 万元可以产生出 30% 的市场知名度，投入 1 亿元可以产生 50% 的市场知名度，投入 10 亿元产生 70% 的市场知名度，从中可以看到投入与市场知名度之间的转换关系存在边际递减的特点。对于存在边际递减特征的数据，在进行数据分析时往往要先进行对数变换。

除对数变换之外，根据数据背后隐藏的规律，还可以采取其他的非线性变换方法，例如利用正态分布曲线进行的正态化变换，利用 Logistic 分布进行的变换等。

案例 3-20

歌手大奖赛分值的转换

在一次歌手大奖赛中，甲、乙、丙、丁 4 位评委对 A 至 J 的 10 名歌手分别进行了打分，得到如表 3.14 所示的评分结果。

表 3.14　歌手大奖赛评分结果

选手	评委甲	评委乙	评委丙	评委丁	平均分	名次
A	72.50	57.40	72.60	95.40	74.48	8
B	82.40	44.20	91.80	96.50	78.73	2
C	74.60	46.10	73.30	96.30	72.58	9
D	74.60	70.50	75.80	94.40	78.83	1
E	73.80	55.60	74.80	93.80	74.50	7
F	74.90	75.90	61.60	95.60	77.00	3
G	72.20	55.30	77.00	93.80	74.58	5
H	73.40	57.80	71.30	95.60	74.53	6

续表

选手	评委甲	评委乙	评委丙	评委丁	平均分	名次
I	75.90	46.70	51.70	96.80	67.78	10
J	74.20	45.70	84.00	94.50	74.60	4
平均分	74.85	55.52	73.39	95.27		
极差	10.20	31.70	40.10	3.00		
标准差	2.73	10.20	10.42	1.04		

　　观察各位评委的打分情况，可以发现，评委的打分风格各不相同。例如，评委甲和评委丁的打分都比较谨慎，分值的标准差分别只有 2.73 分和 1.04 分，而评委乙和评委丙打分较为离散，标准差分别达到了 10.20 和 10.42；再如，评委丁打分较高，平均分达到了 95.27 分，而评委乙打出的平均分只有 55.52 分。

　　由于各人的评分风格不一致，如果简单地采用平均分进行评价，可以发现评委甲和评委丁给出的分值对于最终的评价几乎不起作用，起决定性作用的是评委乙和评委丙的打分。例如，四位评委对歌手 I 的评价分别是第 2、第 7、第 10 和第 1 名，但最终歌手 I 的平均分为 67.78 分，排在第 10 位，与评委丙的评价一致。

　　究其原因，就在于标准差较高的评分差异较大，评委丙给歌手 I 的评分是 51.70 分，比第 1 名歌手 B 低了 40.1 分。而评委丁给歌手 I 的评分是 96.80 分，比歌手 B 仅高了 0.3 分，在评委丙的评分所产生的差异面前，这 0.3 分的优势是没有作用的。

　　针对这种情况，有些比赛采取了"去掉一个最高分，去掉一个最低分"的处理方法，把一些非常高或者非常低的评分剔除掉，以得到一个更为合理的结果。但这种处理方法并不能保证完全消除个别评委的评分影响整个评价结果的情况。有些时候，最高分或者最低分也许并不是离散程度最高的评分，剔除最高分和最低分之后，整体的评价结果依然是受到那些分值较为离散的评委影响的。

　　除了采用剔除最高分和最低分的方法之外，在实践中还可以采用其他的一些方法来进行处理，在此介绍三种方法。

(1)采用极差变换或者标准化变换的方法对分值进行修正。

从前面的讨论中可以看到,评委乙的评分之所以具有决定性的影响,在于其评分的标准差最高,给予不同歌手的分数差异过大,超出了其他评委给出的差异。极差变换和标准化变换能够在一定程度上修正这种差异,尤其是通过标准化变换,能够使每名评委的评分标准差都变成1,从而能够纠正由于标准差的差异而带来的影响。

(2)将分值转换成名次。

极差变换或者标准化变换的方法,只能改变总体的标准差。但如果有的评委在打分时故意拉大了其中一部分歌手的分数差异,而没有扩大总体标准差,那么采用标准化变换之后,过大的分数差异依然是存在的。

例如,假定某评委给10名歌手的评分如下:

66.92,61.03,63.28,63.26,69.22,62.20,63.65,60.64,60.31,99.99

其中最后一名歌手的分值明显高于其他歌手。在进行标准化变换之后,10名歌手的分值变换结果:

-0.01,-0.53,-0.33,-0.34,0.19,-0.43,-0.30,-0.57,-0.60,2.92

可以看出,最后一名歌手的分值依然明显高于其他歌手,在计算平均分时,将会产生较大的影响。

为了避免这种情况,可以考虑将分值转化为名次,也就是说,不管第1名和第2分的分数各自是多少,其名次取值均为1和2。这样一来,不同评委在评分风格上的差异就被消除掉了。一名歌手的名次由他在各位评委那里所获得的名次的平均数来决定,名次平均数越低的选手,名次排列越靠前。

(3)对名次进行正态化处理。

把分值转换成名次可以消除分数绝对差距带来的影响,但这种转换也有其不合理之处,那就是第1名与第2名的差距为1,第5名与第6名的差距同样为1。而我们知道,在一般的考核中,名次排列在前面的那些选手分值差异会比较大,而名次在中间的选手则可以分值非常接近。出现这种情况的原因,可以用正态分布的观点来解释,那就是选手们的能力是呈正态分布的,分布在两端的选手较少,分布在中间的选手较多。

在承认选手能力呈正态分布的情况下,如果简单地以名次的平均分来评价,就存在不合理之处,可以考虑将名次所代表的分数进行正态化转换,然后再计算各名歌手的平均分。

正态化转换的模型如图 3.12 所示。

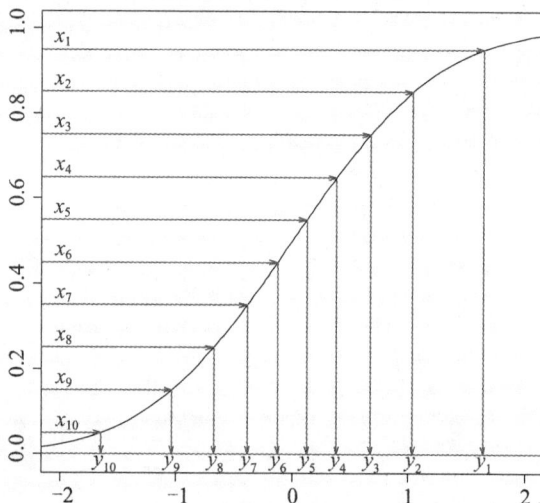

图 3.12　利用正态分布曲线对名次进行正态化转换

正态化转换的工具是一条正态累积曲线，将纵坐标轴分为 10 等份，取每一等分的中间点，分别对应于第 1 名至第 10 名，即图中所标注的 x_1 至 x_{10}。从 x_i 点做水平线，经与正态累积曲线的交点向横坐标轴做投影，得到对应的 y_i，其取值即为转换后的分值。

从图中可以看出，转换后的分值，第 1 名与第 2 名的差距较大，而第 5 名与第 6 名的差距较小，这与一般的常识是相吻合的。

按这个方法，第 1 名至第 10 名对应的分值分别为：

1.64，1.04，0.67，0.39，0.13，−0.13，−0.39，−0.67，−1.04，−1.64

表 3.15 分别反映出几种不同的处理方法所得到的结果，大家可以进行对比。

表 3.15　采用几种不同统计方法的评分结果比较

歌手	简单平均分方法		标准化变换方法		按名次平均方法		名次正态化方法	
	分值	名次	分值	名次	分值	名次	分值	名次
A	74.48	8	−0.1570	6	6.50	9	−0.2905	8
B	78.73	2	1.1515	1	3.50	1	0.6703	1

续表

歌手	简单平均分方法		标准化变换方法		按名次平均方法		名次正态化方法	
	分值	名次	分值	名次	分值	名次	分值	名次
C	72.58	9	-0.0085	4	5.25	5	0.0649	5
D	78.83	1	0.1931	3	4.50	3	0.2831	3
E	74.50	7	-0.4137	9	6.50	9	-0.2926	9
F	77.00	3	0.3008	2	4.25	2	0.4171	2
G	74.58	5	-0.5150	10	7.00	10	-0.5331	10
H	74.53	6	-0.0478	5	5.75	6	-0.0723	6
I	67.78	10	-0.2725	8	5.00	4	0.1628	4
J	74.60	4	-0.2310	7	6.00	7	-0.1277	7

扫描二维码，获取本节微课视频。

微课视频	学习笔记

3.7 箱线图

箱线图(Box-Plot)是一种描述数据的工具，其特点在于能够利用少数的样本，描述出一组数据的分布特征，包括其最大值、最小值、中位数、离散程度、偏倚程度等。

3.7.1 次序统计量的使用

1. 次序统计量的概念

对于由 N 个观测值组成的一批数据，经典的统计方法往往是对全部数据进行代数运算，如加减乘除、乘方开方等，以获得统计量。这一类通过代数运算产生的统计量，称为数值统计量，常见的数值统计量包括算术平均数和样本方差。

数值统计量的优点在于精确度较高，缺点则在于容易受到样本中个别极端值的影响，从而使数据的耐抗性较差。所谓耐抗性，是指统计量相对于数据中局部不良行为的非敏感性，例如，一个班的同学平均每人每月花费 1000 元，但如果有一个同学的月花费为 10 万元，就会极大地拉高全班的算术平均数，这就属于耐抗性较差的例子。

在探索性数据分析中，统计量受到极端值影响会导致分析者对于数据中包含的信息产生误解，为了更好地把握数据的真实含义，分析人员往往要使用基于次序或者基于计数的统计量，这一类统计量一般具有耐抗性较好的特点。

将一组数据进行由小到大的排序，排序后的数据称为原数据的次序统计量，其中 x_i 被称为第 i 个次序统计量。

2. 秩、深度与五数总括

秩是指一个数据在排序后的数据序列中所处的位置。其中，将数据进行排序后，从最小值向最大值计算的名次，称为数据的升秩；从最大值向最小值计算的名次，称为数据的降秩。显然，对于任何一个数据而言，有：

$$升秩 + 降秩 = N + 1$$

升秩和降秩中的最小值，称为一个数据的深度。

例如：一组数据

$$3，4，7，9，12，15，20$$

其升秩分别为 1，2，3，4，5，6，7；其降秩分别为 7，6，5，4，3，2，1；其深度为 1，2，3，4，3，2，1。深度为 $(N+1)/2$ 的数为中位数。

当 N 为偶数时：

$$中位数 = \frac{x_k + x_{k+1}}{2} \quad (N = 2k)$$

中位数可用于描述一组数据的平均状态，相比算术平均数，中位数具有较好的耐抗性，不会因为个别数据的变化而发生大的变化。

数列中深度为 1 的数分别是排在两端的最大值和最小值，一般可用于反映数据的离散程度。最大值和最小值很容易受外在因素的影响，从而不够稳定，在描述一组数据时，往往还需要使用其他的总括统计量，其中最常用的是四分数（fourths）。

$$四分数的深度 = \frac{[中位数的深度] + 1}{2} \quad （方括号 [\ ] 表示取整数部分）$$

四分数中较大的称为上四分数，用 F_U 表示；较小的称为下四分数，用 F_L 表示。

在上述的例子(3，4，7，9，12，15，20)中：

样本量 $N=7$，最大值为20，最小值为3；

中位数的深度为4，对应于数值9；

四分数的深度为2.5，分别对应于 $\frac{x_2+x_3}{2}=\frac{4+7}{2}=5.5$ 和 $\frac{x_5+x_6}{2}=\frac{12+15}{2}=$ 13.5，其中5.5为下四分数，13.5为上四分数。

用中位数、上四分数、下四分数、最大值和最小值，可以较好地描述一个数据批，这种描述方法称为五数总括，用图形表示出来为

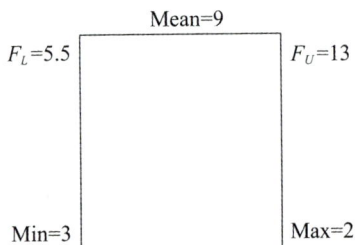

图 3.13　五数总括示意图

如果数据批相对较大，同时需要一些更精确的描述，可以在五数总括基础上再增加两个统计量，即八分数。

$$八分数的深度=\frac{[四分数的深度]+1}{2}(方括号[]表示取整数部分)$$

根据深度进行计算，同样可以获得上八分数和下八分数。加上八分数之后，数据描述即成为七数总括。

3. 展布和离群点

在经典的统计方法中，经常使用方差作为描述数据离散程度的统计量，这一统计量的缺点在于比较容易受到极端值的影响。用次序统计量之间的距离来描述数据离散程度是一种较为耐抗的统计方法，两个次序统计量之间的距离称为展布。

极差(最大值－最小值)是比较传统的展布，但也是比较容易受极端值影响的统计量。上下四分数之间的差距受极端值的影响很小，可以用来作为描述数据离散程度的统计量。

$$四分展布=上四分数-下四分数$$
$$d_F=F_U-F_L$$

四分展布可以用来比较几个数据批各自的离散程度，四分展布在一定程度上可以用以代替标准差所起的作用。

在一批数据中，除了一部分处于核心部分的数据外，还有一些数据处于边缘部分，其行为与大多数数据有所不同，对此，我们需要进行识别。统计上习惯于将边缘部分的数据分为在外点和离群点两组概念。

取 $F_L - 1.5d_F$ 和 $F_U + 1.5d_F$ 为"在外截断点"，以此边缘之内的部分为常规数据部分，其数据行为与大多数数据相同，在此边缘之外的部分称为在外点（Outlier）；取 $F_L - 3.0d_F$ 和 $F_U + 3.0d_F$ 为"离群值截断点"，在此之外的数据称为离群值或者离群点（Extremes）。

在一些统计软件中，允许使用者自己定义截断点的比例值，根据统计需要，取不同的 $F_L \pm \lambda d_F$ 为在外截断点。

一般情况下，在外点仍被认为是与总体具有相近数据行为的数据，但离群点则往往被视为野值。

案例 3-21

利用制造业人均工资计算次序统计量

表 3.16 为 2013 年中国 15 个省区市制造人均工资，利用这一数据可以进行各个次序统计量的计算。

表 3.16　2013 年中国 15 个省区市制造业人均工资　　　　单位：元

序号	省区市	人均工资	序号	省区市	人均工资
1	北京	72915	9	安徽	43980
2	上海	71305	10	福建	42820
3	天津	63093	11	山东	41202
4	江苏	53980	12	河北	40169
5	吉林	46613	13	黑龙江	39691
6	浙江	45895	14	江西	39351
7	辽宁	45416	15	山西	36683
8	内蒙古	45338			

根据上述数据计算中位数为第 8 个省区市内蒙古，$M_e = 45338$。

上四分数位置为 4.5，取第 4 个省区市江苏和第 5 个省区市吉林的平均数，得 $F_U = 50297$。

下四分数位置为 11.5，取第 11 个省区市山东和第 12 个省区市河北的平均数，得 $F_L = 40686$。

根据上、下四分数计算四分展布 $d_F = F_U - F_L = 9611$。

计算离群值截断点为 $F_U + 3d_F = 79130$，没有哪个省区市属于离群点；计算在外截断点为 $F_U + \frac{3}{2} d_F = 64713$，可知北京、上海两市均为在外点。

按下限计算的离群值截断点为 11853，在外截断点为 26269，所有的省区市都未超出这一范围。

3.7.2　箱线图

1. 箱线图的基本概念

箱线图是五数总括的图示法，从箱线图中可以看到一批数据的下列特征。

(1)位置：即中位数的值，反映出数据的中心点。

(2)展布：通过全距和四分展布，可以了解数据的离散情况。

(3)偏度：观察中位数两侧数值的次序统计量的距离，可以看出数据的偏斜程度。

(4)尾长：指最大值与最小值与四分数之间的距离，观察边缘数据的分布。

(5)边远数据点：在外点和离群点的情况。

根据前述 2013 年 15 个省区市制造业人均工资数据，可以绘制箱线图如图 3.14 所示。

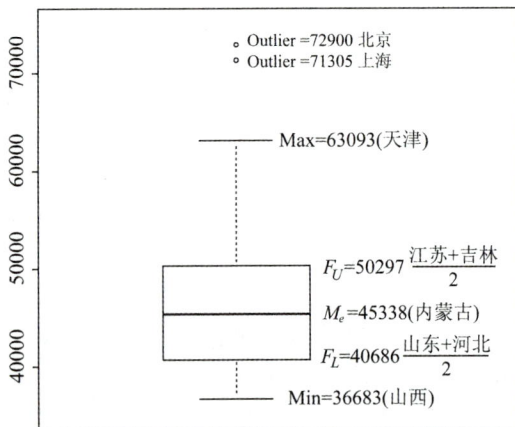

图 3.14　箱线图示例

分析上述箱线图，可以看到 15 省区市制造业工资的平均水平为 45338 元。上四分数为 50297 元，下四分数为 40686 元，四分展布为 9611，即 50% 的省区市平均工资水平差距在 9611 元之内。工资水平处于最中间的省区市相对于中位数呈对称分布，但处于边缘 25% 部分的省区市变化则有不同，从上四分数到最高点的差距为 12796 元，而从下四分数到最低点的差距为 4003 元，可见高工资段的差距较大，低工资段差距较小。北京、上海分别为两个在外点，工资水平远高于其他省区市。

2. 利用箱线图进行横向或纵向比较

箱线图除可用于单一分布的描述之外，还可以用于多个子总体的比较，在这方面拥有其他统计图形难以媲美的优势。

（1）横向对比的例子。

观察 2013 年 15 个省区市 9 个行业的平均工资情况，如表 3.17 所示。

表 3.17　15 个省区市 9 个行业的职工平均工资情况　　单位：元

省区市	制造业	水电气	建筑业	批发零售	交通邮政	住宿餐饮	信息服务	金融业	房地产业
北京	72915	99743	68501	86715	72006	45280	136599	206110	72828
天津	63093	101131	54095	56137	82315	33048	102922	118448	67872
河北	40169	63938	34670	32091	46599	27464	69718	65547	38716
山西	36683	63435	36719	32802	54751	22924	49299	67729	32837
内蒙古	45338	64325	37575	40609	57041	31958	54434	69426	39964
辽宁	45416	55207	38992	40569	55620	33121	72837	73851	44905
吉林	46613	53553	35730	34569	48587	27189	49288	66938	38598
黑龙江	39691	54211	36776	38401	50797	36746	55854	57390	36885
上海	71305	125279	65134	100692	77999	45169	153989	181909	67231
江苏	53980	96912	49693	52495	56782	31574	94616	105289	56357
浙江	45895	93793	43251	54908	64156	35829	106946	124711	56607
安徽	43980	72363	44710	39255	47235	28563	53755	65920	46737
福建	42820	71123	44202	45998	55821	33572	74101	101550	52646

续表

省区市	制造业	水电气	建筑业	批发零售	交通邮政	住宿餐饮	信息服务	金融业	房地产业
江西	39351	51676	38753	39111	54417	26772	57867	70497	37376
山东	41202	58181	40118	39219	55174	37068	74249	80835	44393

要在上述的表格中对比各个行业的平均工资水平、工资分布情况等，都是十分困难的。为此，可以将上述数据制作成箱线图进行对比，如图 3.15 所示。

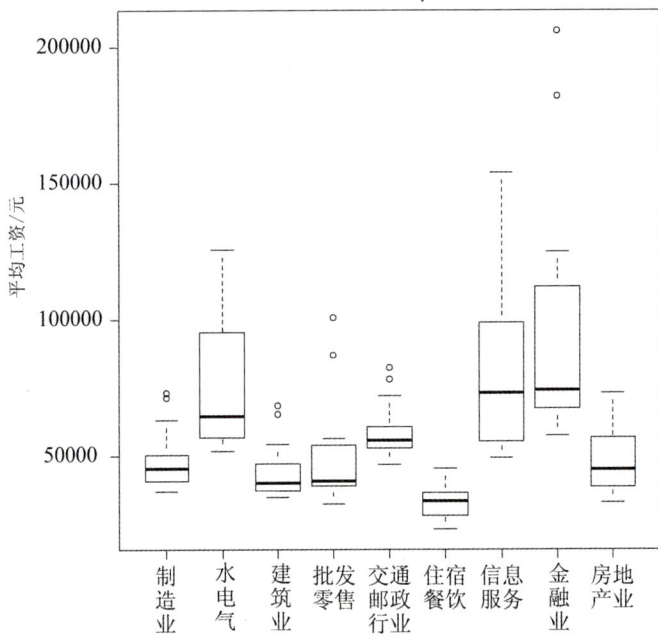

图 3.15　9 个行业的箱线图对比

从图 3.15 中可以一目了然地看出金融业、信息服务业和水电气产业的平均工资高于其他行业，而住宿餐饮行业则为平均工资最低的行业。在工资水平差距方面，金融、信息服务、水电气三个行业也属于差距最大的行业，相比之下，交通邮政业的全国差距较小。

（2）纵向对比的例子。

观察 2008 年至 2013 年中国 15 个省区市城镇居民人均可支配收入的情况，如表 3.18 所示。

表 3.18　中国 15 个省区市城镇居民人均可支配收入　　　　单位：元

省区市	2008 年	2009 年	2010 年	2011 年	2012 年	2013 年
北京	24725	26738	29073	32903	36469	40321
天津	19423	21402	24293	26921	29626	32294
河北	13441	14718	16263	18292	20543	22580
山西	13119	13997	15648	18124	20412	22456
内蒙古	14433	15849	17698	20408	23150	25497
辽宁	14393	15761	17713	20467	23223	25578
吉林	12829	14006	15411	17797	20208	22275
黑龙江	11581	12566	13857	15696	17760	19597
上海	26675	28838	31838	36230	40188	43851
江苏	18680	20552	22944	26341	29677	32538
浙江	22727	24611	27359	30971	34550	37851
安徽	12990	14086	15788	18606	21024	23114
福建	17961	19577	21781	24907	28055	30816
江西	12866	14022	15481	17495	19860	21873
山东	16305	17811	19946	22792	25755	28264

　　与横向对比的情况一样，要在上述的纵向数据中找出变化规律，也是非常困难的事情。我们可以将数据制作成箱线图来进行观察。

　　图 3.16 每个年份分别对应一个箱线图，把箱线图按时间顺序排列起来之后，可以看到以下特征。

　　第一，从 2008 年至 2013 年，15 个省区市的城镇居民人均可支配收入呈上升态势，箱线图的最大值、最小值、上下四分数及中位数都同步上升，反映出各省市有同向发展的规律。

　　第二，随着总体水平的上升，省区市间的差距也在同步扩大，2013 年与 2008 年对比，无论是全距还是四分展布，都有扩大的趋势。

　　由上述两个例子可以看出，巧妙地使用箱线图，能够将复杂的数据转化为直观的图形，便于分析人员抓住数据中隐藏的信息。

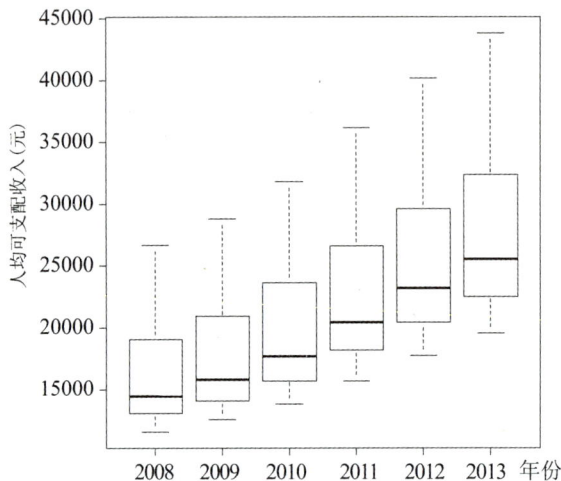

图 3.16　城镇居民人均可支配收入比较

思考与练习

1. 收集全班学生的以下数据，分别绘制成直方图，观察分布情况。

(1) 身高。

(2) 某门课程的成绩。

(3) 早晨进入教室的时间。

(4) 要求每人随意书写一个 0~9 之间的数字。

2. 某农场三种谷物的播种面积及亩产情况如表 3.19 所示。

表 3.19　谷物的播种面积及亩产情况

谷物	播种面积(万亩)	平均亩产(千克)
稻谷	18	500
小麦	13	400
玉米	10	600
小米	7	350

计算整个农场的谷物平均亩产。

3. 某批货物有五种不同的包装的件数及质量情况如表 3.20 所示。

表 3.20　包装的件数及质量情况

包装	货物件数	平均质量（千克）
木箱	100	50
纸箱	120	45
铁箱	50	75
塑料箱	70	25
塑料膜包装	300	15

计算该批货物每件的平均质量。

4. 某住宅小区有五种不同的房型，房型面积及套数情况如表 3.21 所示。

表 3.21　房型面积及套数情况

房型	套数	面积（平方米）
经济型	80	75
普及型	220	90
改进型	150	110
小康型	160	160
豪华型	80	220

计算小区住房的平均面积。

5. 在国际经济统计中，低收入和中等收入国家可划分为东亚和太平洋、欧洲和中亚、拉丁美洲和加勒比地区、中东和北非、南亚、撒哈拉以南非洲 6 个区域。据世界银行统计，1996 年世界低收入和中等收入国家的人口与人口密度情况如表 3.22 所示。

表 3.22　1996 年世界低收入和中等收入国家的人口与人口密度情况

国家所在地	人口数（百万）	人口密度（人/平方千米）
东亚和太平洋	1732	109
欧洲和中亚	478	20
拉丁美洲和加勒比地区	486	24
中东和北非	276	25
南亚	1266	265
撒哈拉以南非洲	596	25

根据上述数据计算低收入和中等收入国家平均的人口密度（人口数/土地面积）。

6. 2012 年至 2021 年中国大陆的人口自然增长率如表 3.23 所示。

表 3.23 2012—2021 年中国大陆的人口自然增长率

年份	人口自然增长率(‰)
2012	7.43
2013	5.90
2014	6.71
2015	4.93
2016	6.53
2017	5.58
2018	3.78
2019	3.32
2020	1.45
2021	0.34

试计算这 10 年的平均人口自然增长率。又知 2021 年末中国内地总人口为 141260 万人,假如按照 2012 至 2021 年之间的平均自然增长率计算,到 2030 年底,中国大陆人口数将达到多少?

7. 有两批材料,测得强度情况如表 3.24 所示。

表 3.24 材料强度情况

甲材料	100	110	120	130	140	150	160	170	180	190
乙材料	120	125	130	135	140	150	155	160	165	170

试比较两批材料强度的方差,确定哪批材料强度更稳定。

8. 有两批树苗,高度如表 3.25 所示。

表 3.25 树苗高度情况 单位:厘米

第一批	200	210	220	230	240	250	260	270	280	290
第二批	200	205	210	215	220	225	230	235	240	245

试比较两批树苗高度的标准差,确定哪批树苗高度更均匀。

9. 在过去 10 个月中,两种商品的价格变化情况如表 3.26 所示。

表 3.26 商品的价格变化情况 单位:元

甲商品	2.80	2.81	2.83	2.86	2.85	2.87	2.82	2.83	2.81	2.80
乙商品	3.50	3.53	3.55	3.58	3.62	3.68	3.61	3.55	3.53	3.50

试比较两种商品价格的标准差，判断何种商品价格更稳定。

10. 1989 年法国和德国居民收入的分布情况如表 3.27 所示。

表 3.27 1989 年法国和德国居民收入的分布情况

国别	人口				
	最低的 20%	第二个 20%	第三个 20%	第四个 20%	最高的 20%
法国	7.2%	12.7%	17.1%	22.8%	40.1%
德国	9.0%	13.5%	17.5%	22.9%	37.1%

试分别计算两国居民收入比例的标准差，并比较哪个国家的收入差异比较大。

思政训练模块

1. 观察《2020 年第七次全国人口普查主要数据》中的第 12 项"历次普查人口金字塔"，讨论人口年龄分布的特点，思考为什么 2020 年的人口金字塔会呈现为多峰分布。

2. 搜集中国 1950 年至 2020 年间的各类年度增长数据（如国内生产总值增长率，人口增长率等），以 10 年为一个区间，用几何平均法计算平均增长率并进行对比，以了解新中国成立以来的经济发展史。

3. 党的二十大报告指出："促进区域协调发展。深入实施区域协调发展战略、区域重大战略、主体功能区战略、新型城镇化战略，优化重大生产力布局，构建优势互补、高质量发展的区域经济布局和国土空间体系。"案例 3-19 对全国各省、自治区、直辖市的城市设施水平进行了综合评价，请模仿这种方式，选择并搜集一部分有代表性的经济或社会发展的指标，测比全国各省、自治区、直辖市的经济或社会发展水平，理解"促进区域协调"发展的必要性。

提示：经济发展水平可包括国内生产总值、就业、财政、居民收入、工农业发展等；社会发展水平可包括就业、教育、医疗、文体、社会保障等。

第4章　统计指数

学习目标

通过学习，了解统计指数的含义，掌握综合指数和平均指数各自的计算方法。

关键术语

个体指数，总指数，综合指数，同度量因素，拉氏综合指数，帕氏综合指数，算术平均指数，调和平均指数，几何平均指数，代表规格品，可变构成指数，固定构成指数，结构变化影响指数，费雪理想指数。

本章要点

1. 统计指数的概念，总指数计算中的综合指数思路和平均指数思路。
2. 综合指数的计算方法，拉氏指数和帕氏指数的概念与公式。
3. 平均指数计算的方法，运用算术平均指数计算复杂指数的方法。
4. 综合指数因素分析方法。
5. 总平均数指数的计算。

4.1　统计指数概念

指数（Index）是反映某一时期某一社会经济现象变动情况的指标。例如，在经济生活中经常被提到的 CPI，即消费价格指数（Consumer Price Index），就是用于反映消费品价格在一段时间内变化程度的指标。

指数反映的是一种动态的比较关系，在进行指数计算的时候，一定存在一个我们需要研究的时期，以及一个作为对比的时期，其中被研究的时期称为报告期，用来作为对比的时期称为基期。

在有些情况下，也可以计算横向的指数，例如对两个地区的经济状况进行对比时，可以把一个地区当成基准地，另一个地区作为比较地。

在学习指数这一概念时，需要与"系数"进行区分，系数（Coefficient）是用来表示某种性质的程度或者比率的数。例如著名的恩格尔系数，是指食品类支出占全部生活支出的比重，这一比重是静态的，反映的是一种比例关系。

4.1.1 个体指数的计算

所谓个体指数，是指对单一对象的特征所计算的指数。个体指数的计算就是用两个时期的同一指标进行直接对比。

例如，计算某一市场上苹果的价格指数，可以用报告期的苹果平均价格与基期的苹果平均价格进行直接对比。记基期价格为 p_0，报告期价格为 p_1，则苹果的价格指数为 $k = p_1/p_0$。

假定基期的苹果价格为 1.00 元，报告期苹果价格为 1.10 元，则苹果的价格指数表示为 110%。

指数是报告期水平与基期水平的比值，用百分比表示。在上例中，苹果的价格指数应写为 110%，而不能写成 10%。一些媒体在讨论 CPI 的时候，会说某一时期的 CPI 为 5%，这是一种讹误，正确的表述应当为 CPI 等于 105%，即物价上涨了 5%。

4.1.2 总指数的计算

总指数是指涉及若干个同类个体的指数。例如某一时期的商品价格指数，涉及同一市场上的许多种商品，此时就涉及多个指标的合并问题。例如，观察一个水果市场上三种水果的价格情况如表 4.1 所示。

表 4.1 某水果市场上的商品价格

水果名称	基期价格（p_0）	报告期价格（p_1）
苹果	1.00	1.10
梨	0.90	1.00
橘子	0.80	1.00

在此，所计算的价格指数不能简单地只反映苹果的价格变化情况，还需要同时反映梨和橘子的价格变化情况。能够全面反映各种水果价格变化程度的指数，就是总指数。

计算总指数有两种思路，分别对应于综合指数方法和平均指数方法。

1. 综合指数方法

综合指数的计算思路是用各种商品的平均价格来进行对比，即分别计算各种商品在报告期和基期的平均数，然后将两个平均数进行比较。由于在比较时分子和分母均需除以商品的总数量 n，可以考虑在分子和分母同时乘 n，以简化公式。

$$K = \frac{\overline{P}_1}{\overline{P}_0} = \frac{\sum P_1/n}{\sum P_0/n} = \frac{\sum P_1}{\sum P_0}$$

这样一来，综合指数便可以视为报告期各种商品的价格之和，除以基期各种商品的价格之和。例如在表 4.1 中，涉及三种水果的价格指数问题，可以这样计算价格指数：

$$K = \frac{1.10+1.00+1.00}{1.00+0.90+0.80} = 114.81\%$$

使用这种计算方法的主要缺点在于对各种商品没有区分，任何一种商品，无论其重要程度如何，都作为一项进行相加，从而使一些不重要的商品也在总指数中占一定的份额。其次，如果各种商品的价格计量单位不同，例如电视机的价格是"元/台"，水果的价格是"元/千克"，则无法进行相加。

2. 平均指数方法

平均指数的计算思路是先计算出各种商品各自的个体指数，然后将所有的个体指数进行平均计算。简单地归纳，可以说综合指数是先平均后比较，而平均指数则是先比较后平均，二者的目标是一致的，但计算结果会有一定的差异。

仍以表 4.1 的数据为例，计算平均指数的方法：

$$K = \frac{k_1+k_2+k_3}{3} = \frac{\frac{1.10}{1.00}+\frac{1.00}{0.90}+\frac{1.00}{0.80}}{3} = 115.37\%$$

平均指数方法最大的缺点在于未考虑各种不同商品重要性的差异，对于不同的商品，给予了相同的处理。这样，如果将商品的性质进行细分，例如将洗发水分为大包装和小包装，一个指数就变成了两个指数，从而在平均指数中的作用也就发生了变化。

由于上述两种方法均存在一定的缺陷，因此在实际计算综合指数和平均指数时，需要进行必要的调整。

扫描二维码，获取本节微课视频。

微课视频	学习笔记
	————————————
	————————————
	————————————
	————————————

4.2　综合指数的计算

综合指数的计算是根据综合指数的计算原理，充分考虑了加权因素，从而构造出来的指数。

4.2.1　综合指数模型的导出

1. 加权

在讨论综合指数计算思路时，我们指出综合指数的计算模型中对于不同的商品给予了相同的权重，不能区分出不同商品对于人们日常生活重要性的差异。对综合指数模型的修正，首先要引入加权的方法，对不同的商品给予不同的权重，进行加权计算。修正后的公式如下：

$$\bar{K} = \frac{\sum p_1 w}{\sum p_0 w}$$

式中，w 为指定的权重，对于重要程度较高的商品，给予较大的权重，对于重要程度较低的商品，给予较低的权重。

由于 w 是所赋的权重，所以对于分子和分母而言，权重应当是相同的一组，而不能是不同的。

2. 选择权重的来源

在上一个计算公式中，权重 w 是人为规定的，不能真实反映计算指标重要性的差异。为了更贴近实际，在计算综合指数时，往往要考虑以一个与被评价指标有密切关联的指标作为权重。在上述计算商品价格指数的公式中，可以用商品销售量 q 作为权重。

权重的确定是综合指数计算中的核心，以商品价格指数为例，要衡量一种商品的重要性如何，最直接的衡量标准就是商品的销售量，因此，针对上述提出的计算公式，以 q 代替 w，获得新的计算公式如下：

$$\overline{K} = \frac{\sum p_1 q}{\sum p_0 q}$$

表面看起来，两个公式的区别仅在于使用 q 代替了 w，但二者存在着非常大的区别。w 是一个人为设定的权重，而 q 是与价格 p 相关的一个真实因素。

使用 q 作为权重还有一个好处，即可将不同单位的价格均转化成同一单位。例如，苹果的价格为"元/千克"，乘销售量"千克"，即为"元"；电视机的价格为"元/台"，乘销售量"台"，也为"元"。这样，不同的价格在乘同一组 q 后，单位便转化为一致，可以直接相加了。因此，q 也被称为"同度量因素"。

3. 确定权重的所属时期

考虑到 q 也有基期与报告期之分，在作为同度量因素进行使用时，就需要区分基期与报告期权重的不同。要注意 q 的引入是作为 p 的权重，因此在分子和分母中必须保持一致，而不能分子使用报告期的销售量，分母使用基期的销售量。

在确定使用哪个时期的销售量作为同度量因素方面，存在着两种主要的观点，分别对应于拉氏指数和帕氏指数。

(1)拉氏指数。根据拉斯配雷斯(Laspeyres)的观点，销售量本身是受价格变化影响的，价格上涨的商品，销售量会下降；价格下降的商品，销售量会上升。这样，如果使用报告期销售量作为权重，实际上就会使价格上涨的商品的权重变小，而使价格下降的商品的权重变大，从而扭曲了价格变动的实际情况。因此，拉斯配雷斯提出使用基期销售量作为同度量因素，这样计算出来的指数，称为拉氏指数。其计算公式如下：

$$\overline{K} = \frac{\sum p_1 q_0}{\sum p_0 q_0}$$

(2)帕氏指数。根据帕舍(Paashe)的观点，指数是用于研究当前情况的工具，因此应当使用当前的销售量作为同度量因素。如果使用基期销售量，则有可能会扭曲当前的消费结构，不能真实反映价格变化对当前市场的影响。

使用报告期权重的指数，称为帕氏指数。其计算公式如下：

$$\overline{K} = \frac{\sum p_1 q_1}{\sum p_0 q_1}$$

案例 4-1

拉氏指数与帕氏指数的计算

某商场有甲、乙、丙三种商品，基期与报告期的销售情况如表 4.2 所示，试计算拉氏价格指数与帕氏价格指数。

表 4.2　某商场商品价格

商品	价格		销售量	
	基期	报告期	基期	报告期
甲	6.0	7.2	1500	1800
乙	2.0	2.2	6000	6500
丙	3.0	3.1	40000	44000

拉氏价格指数：

$$K_L = \frac{\sum p_1 q_0}{\sum p_0 q_0} = \frac{7.2 \times 1500 + 2.2 \times 6000 + 3.1 \times 40000}{6.0 \times 1500 + 2.0 \times 6000 + 3.0 \times 40000} = 104.96\%$$

帕氏价格指数：

$$K_P = \frac{\sum p_1 q_1}{\sum p_0 q_1} = \frac{7.2 \times 1800 + 2.2 \times 6500 + 3.1 \times 44000}{6.0 \times 1800 + 2.0 \times 6000 + 3.0 \times 44000} = 105.04\%$$

从上述计算结果可以看到，拉氏指数与帕氏指数的计算结果差异不大，其主要原因在于基期和报告期的商品销售结构没有发生明显的变化。

同度量因素的时期也可以根据需要进行其他设计，例如 Marshall-Edgworth 指数就是取基期和报告期的平均数作为同度量因素，其计算公式如下：

$$K = \frac{\sum p_1 (q_0 + q_1)}{\sum p_0 (q_0 + q_1)}$$

在多数情况下，拉氏指数和帕氏指数的计算结果不会有太大的差异，因此在进行研究时采用拉氏指数或者帕氏指数都是可以的。但在有些特殊情况下，拉氏指数和帕氏指数可能会有很大的差异，此时就需要根据研究目的进行选择，或者使用 4.6 节中介绍的费雪理想指数来平衡二者的差异。

4.2.2　综合指数模型的推广

在 4.2.1 节中，我们以价格指数的计算为例讨论了综合指数的算法，在统计实践中，除了价格之外，其他因素同样可以用这样的模型计算综合指数。

例如，利用表 4.1 的数据，我们也可以计算某商店商品销售的销售量指数。在计算销售量指数时，以价格作为同度量因素。由于选择价格数据的时期不同，同样可以分为拉氏销售量指数和帕氏销售量指数。

拉氏销售量指数：

$$K = \frac{\sum q_1 p_0}{\sum q_0 p_0}$$

帕氏销售量指数：

$$K = \frac{\sum q_1 p_1}{\sum q_0 p_1}$$

对于同样一个社会经济现象，在计算指数时，所使用的同度量因素是根据需要进行的，关键在于考察该现象的变化通过其他什么因素对最终结果产生影响。

以销售量为例，如果研究目的是销售量变化对于销售额的影响，则使用价格作为同度量因素；如果研究目的是销售量变化对于工作量的影响，则使用"销售单位商品的工作量"作为同度量因素；如果研究目的是销售量变化对于仓储的影响，则使用"单位商品体积"作为同度量因素。总之，同度量因素的选择并不是唯一的和固定的，而是需要根据研究目的进行选择。

案例 4-2

分析一个城市的机动车保有量增长了多大比例

随着汽车时代的来临，每个城市的机动车保有量都在迅速上升。许多研究者在分析机动车增长情况时，往往会用报告期的机动车保有量与基期进行对比。例如，某城市 2015 年拥有机动车 100 万辆，2016 年拥有 110 万辆，是否可以认为机动车的数量指数就是 110% 呢？

通过对综合指数方法的学习，我们知道以报告期的总数除以基期总数得到的是未进行加权处理的数量指数，由于未考虑加权因素，这个指数是存在着一定缺陷的。

如果要用机动车数量增长率来分析城市汽车尾气污染的情况，则需要考虑不同车型在排放量上的差异，一辆载重卡车的尾气排放，可能相当于 10 辆家用小轿车，电动汽车由于不使用燃油，其数量增长并不会对尾气污染带来影响。因此，在分析尾气污染问题时，应当引入尾气排放量作为同度量因素，计算机动车数量的综合指数。

如果要分析机动车数量变化对于保险市场的影响，则需要考虑不同价格和用途的机动车保险费率上的差异，一辆豪华轿车与一辆经济型轿车相比，每年的保险费支出可以高出数倍。此时，应当引入不同车型的保险费率作为同度量因素。

如果要分析机动车数量对于城市交通压力的影响，则需要考虑车型、使用频率等因素，私人小轿车的使用频率与出租车相比，同样相差数倍。因此，在分析城市交通压力时，应当引入汽车的使用频率等指标作为同度量因素。

扫描二维码，获取本节微课视频。

微课视频	学习笔记

4.3 平均指数的计算

4.3.1 平均指数模型

平均指数的计算，是在简单平均的基础上增加了权重因素，从而使不同重要性的个体指数对于总指数的影响得到调整。此外，由于存在不同的平均方法，平均指数也可以分为算术平均指数、调和平均指数和几何平均指数等若干种形式。

1. 算术平均指数

使用加权算术平均方法来对个体指数进行平均处理，公式如下：

$$K = \frac{\sum kw}{\sum w} = \frac{\sum \frac{p_1}{p_0} \cdot w}{\sum w}$$

2. 调和平均指数

使用加权调和平均方法来对个体指数进行平均处理，公式如下：

$$K = \frac{\sum w}{\sum \frac{w}{k}}$$

3. 几何平均指数

使用加权几何平均方法来对个体指数进行平均处理，公式如下：

$$K = \sqrt[\sum w]{\prod k^w}$$

平均指数权重的确定可以是人为的，也可以根据实际数据进行调整。在计算价格指数的时候，一般使用各种商品的销售额或者销售额占总销售额的比重作为权重。由于使用销售额作为权重，当一种商品被分成几种不同包装时，尽管其会产生出几个不同的个体指数，但每种包装的销售额只有原商品的几分之一，进行加权之后，该商品的价格指数对于总指数的影响并不会改变。

如果使用基期的销售额作为权重，算术平均指数的形式如下：

$$K = \frac{\sum \frac{p_1}{p_0} \cdot w}{\sum w} = \frac{\sum \frac{p_1}{p_0} \cdot p_0 q_0}{\sum p_0 q_0} = \frac{\sum p_1 q_0}{\sum p_0 q_0}$$

这一形式正好与拉氏价格指数相同，这反映出平均指数与综合指数具有一定的关系，是对同一社会经济现象的不同反映形式。

4.3.2 平均指数模型的应用

平均指数的优点在于能够方便地进行逐级汇总，因此，在社会经济生活中计算复杂社会现象的指数时，往往采用先分类计算，再逐级合成的方法。

案例 4-3

商品零售价格指数的计算模型

为了计算社会零售商品物价总指数，可以先把所有商品分为食品、服装鞋帽、家电及日用品、文化娱乐用品、书报杂志、药品和医疗器具、建筑材料及五金电料、燃料 8 大类。在每一大类中，又可分为若干中类，例如食品大类可以分为粮食、副食品、在外用膳食品、饮料烟酒 4 类；在每个中类下面，又可以继续划分为小类，依此类推。

在分类的最后一个层级，不再使用归类的方法，而是选择几种代表规格品，用以反映该类别的价格变化情况。例如，在"细粮"这个小类中，只选择 A 品牌大米、B 品牌富强粉这两种商品来作为代表，根据这两种商品的价格变化情况，计算细粮的价格指数。

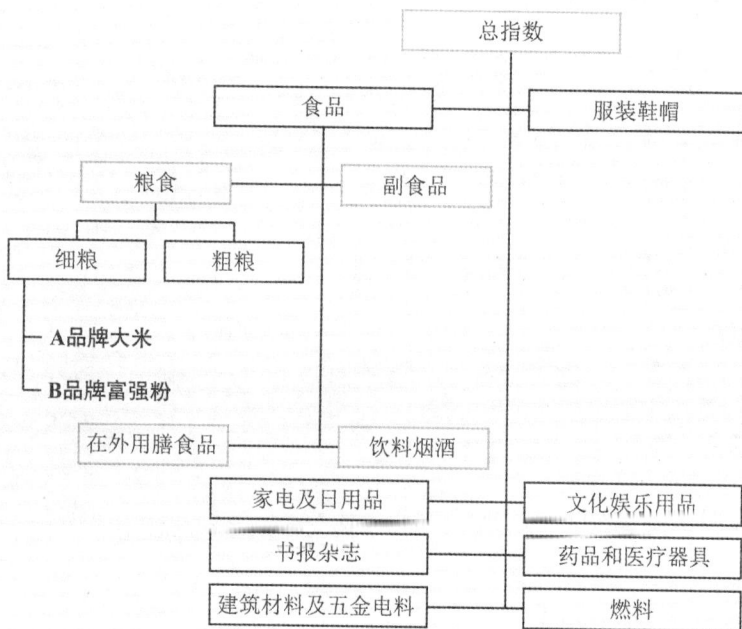

图 4.1　商品零售价格指数的计算模型

具体计算过程可以参见表 4.3。

其中：面粉（B 品牌富强粉）的基期价格为 5.6 元，报告期价格为 5.8 元，二者直接比较，得到面粉（B 品牌富强粉）的价格指数为 103.6%；同理可以计算出大米(A品牌大米)的价格指数为106.0%。根据面粉和大米在细粮中的代表性，分别给予40%和60%的权重，计算加权算术平均数得到细粮的价格指数为105.0%。

同理计算粗粮的价格指数为104.8%，细粮与粗粮在粮食中的权重分别为75%和25%，加权计算，可得粮食的价格指数为105.0%。

向上逐级汇总计算，最终可得商品零售价格指数为101.6%。

表1-3　商品零售价格指数计算表

商品类别及名称	代表规格品	平均价格		权数 (w)	价格指数 (k)	kw
		基期	报告期			
总指数				100	101.6	10160.2
一、食品				38	107.4	4083.0
1. 粮食				20	105.0	2099.2
(1)细粮				75	105.0	7875.8
面粉	B品牌富强粉	5.6	5.8	40	103.6	4142.9
大米	A品牌大米	6.7	7.1	60	106.0	6358.2
(2)粗粮				25	104.8	2620.0
2. 副食品				55	108.3	5956.5
3. 在外用膳食品				16	110.3	1764.8
4. 饮料烟酒				9	102.7	924.3
二、服装鞋帽				20	99.6	1992.0
三、家电及日用品				17	92.1	1565.7
四、文化娱乐用品				8	99.3	794.4
五、书报杂志				5	102.5	512.5
六、药品和医疗器具				3	108.4	325.2
七、建筑材料及五金电料				5	92.6	463.0
八、燃料				4	106.1	424.4

一般来说，在计算物价指数时选择的代表规格品应当具有以下几方面特征。

（1）使用范围较广，销售量较大。

（2）与其他同类商品的替代性较强，其价格变动对于同类商品有较大的影响。

（3）在不同年度品质变化较小，可以进行纵向对比。

其中，上述的第（3）项在实践中往往难以得到保证，尤其是对于汽车、电子类消费产品等，其技术变化速度很快，在不同年度往往难以找到相同规格的商品进行比较，此时就需要采用一定的程序进行代表规格品的替换。

知识点

Hedonic 价格指数

为了保证价格的可比性，在计算价格指数时，要求报告期与基期所选择的代表规格品具有相同的品质属性。然而，由于人们对于生活品质的要求不断提高，生产商必须不断地对产品进行升级换代，从而导致同一种商品在报告期与基期具有不同的品质，无法进行对比。

借助经济学理论，可以构造商品价格的 Hedonic 函数：

$$p = f(p^*, x_1, x_2, \cdots, x_k)$$

式中，p 为商品价格；p^* 为作为基准的同质商品价格；x_1，x_2，$\cdots$，x_k 为影响价格的各种属性，比如手机的内存容量、芯片类型、电池性能等，其数值为待研究商品相对于基准商品的差异。例如，基准商品是 8GB 内存，而待研究的商品是 16GB 内存，则反映内存的变量取值为 16GB－8GB，或者 $\dfrac{16\text{GB}}{8\text{GB}}$。

对原式求微分，可得：

$$\mathrm{d}p = \frac{\partial p}{\partial p^*} \cdot \mathrm{d}p^* + \sum_{i=1}^{k} \frac{\partial p}{\partial x_i} \cdot \mathrm{d}x_i$$

式中，$\mathrm{d}p$ 是实际观察到的商品价格变化，例如手机价格从 1800 元上升至 1900 元，但这种变化中间既包括基准商品价格的变化，也包括手机配置变化带来的影响。

$\dfrac{\partial p}{\partial p^*}$ 反映的是基准商品价格变化对实际商品价格变化的影响，取值为 1，即基准商品价格的变化会完全转化为实际商品的价格变化。$\frac{\partial p}{\partial x_i}$ 表示第 i 个因素变化对价格的影响，$\mathrm{d}x_i$ 为该因素变化的幅度，后者通过实际观察获得，前者则可以通过其他模型求出。

$\mathrm{d}p^*$ 反映的是基准商品价格的变化幅度，也就是所希望求出的价格指数，通过方程变换可得到

$$\mathrm{d}p^* = \mathrm{d}p - \sum_{i=1}^{k} \frac{\partial p}{\partial x_i} \cdot x_i$$

代入各个已知项，则可在无法找到同质商品的情况下，计算出具有统一口径的价格指数。

扫描二维码，获取本节微课视频。

微课视频	学习笔记

4.4　指数因素分析

指数因素分析是将一个由多因素合成的变量的变化进行分解，确定各因素变化对于总量变化带来的影响。例如，一个地区的粮食增产，是由于种植面积增加、化肥使用量增加、种子改良、耕作技术改善等因素影响的，各个因素在增产中所起的作用如何，就需要通过指数因素分析的方法来加以求证。

4.4.1　个体指数因素分析

个体指数因素分析是指针对个体总量的变化，分别用其各个构成要素的变化来进行解释。例如：某种商品的销售额 Q 由价格 p 和销售量 q 共同影响，因此 Q 的变化，就可以分别由 p 和 q 的变化来进行解释。

$$\frac{Q_1}{Q_0} = \frac{p_1}{p_0} \times \frac{q_1}{q_0} = k_p \times k_q$$

案例 4-4

个体指数因素分析

某商场某种商品的销售情况如表 4.4 所示。

表 4.4　某商场某种商品的销售情况

商品	销售额		价格		销售量	
	基期	报告期	基期	报告期	基期	报告期
甲	9000	12960	6.0	7.2	1500	1800

商品甲的销售额由 9000 元上升到 12960 元，销售额指数为 144%，其中，价格变动影响的因素是 120%（7.2/6.0），销售量变动影响的因素为 120%（1800/1500）。个体指数因素分析结果可以表示为：

$$K_Q = \frac{Q_1}{Q_0} = 144\% = \frac{p_1}{p_0} \cdot \frac{q_1}{q_0} = 120\% \times 120\%$$

由此可知，该商品销售额上升 44%，是由销售量增长 20% 以及商品价格上升 20% 共同影响的，前者可以归因于销售人员的努力，后者则属于市场的外因。

4.4.2　双因素综合指数因素分析

对于由多个个体构成的总体，在进行因素分析时，同样可以将总量的变化通过各个因素的变化来进行解释，此时，各个因素的变化将使用综合指数进行描述。

最基础的多因素综合指数因素分析是双因素的情形。

案例 4-5

双因素综合指数因素分析

某商场有甲、乙、丙三种商品，基期与报告期的销售情况如表 4.5 所示，试分析商场销售额的变化是由哪些因素影响的，各自的影响程度如何。

商品	销售额		价格		销售量	
	基期	报告期	基期	报告期	基期	报告期
甲	9000	12960	6.0	7.2	1500	1800
乙	12000	14300	2.0	2.2	6000	6500
丙	120000	136400	3.0	3.1	40000	44000
合计	141000	163660	—	—	—	—

表 4.5 某商场三种商品的销售情况

在案例 4-5 中,该商场的销售额由 141000 增长到 163660,销售额指数 $K_Q = 116.07\%$。

该销售额的变化是由价格变化和销售量变化共同影响的,其中价格的变化幅度使用价格指数 K_p 表示,销售量的变化幅度使用销售量指数 K_q 表示。

$$K_Q = \frac{\sum Q_1}{\sum Q_0} = \frac{\sum p_1 q_1}{\sum p_0 q_0} = K_p \cdot K_q = \frac{\sum p_1 q_t}{\sum p_0 q_t} \cdot \frac{\sum q_1 p_t}{\sum q_0 p_t}$$

上述公式就是综合指数因素分析的模型,销售额指数由构成销售额的两个因素各自的指数相乘而得。价格指数 K_p 和销售量指数 K_q 分别用综合指数方法计算,同度量因素可以选择基期,也可以选择报告期。

从理论上说,拉氏指数和帕氏指数都是因素变化程度的度量,因此在进行综合指数因素分析时,使用基期同度量因素与使用报告期同度量因素都是允许的。拉氏指数和帕氏指数会有一定的差异,选择不同的指数进行因素分析时,所得的结果会有一些不同,具体表现为按照 $K_p \cdot K_q$ 计算出来的结果,与实际的 K_Q 不完全相等,而是存在一些偏差。这种偏差的值一般都比较小,可以视为统计误差,并不影响到最终的结论。

出于追求精确性的考虑,我们希望在综合指数因素中能够获得一个没有偏差的计算结果。对上述公式进行观察可以发现,如果在两个因素的计算中,一个采用拉氏指数,另一个采用帕氏指数,则公式的两端数值将会完全相等,我们将这种处理称为配平。在实际进行分析时,一般都要采用配平的方法。

在对公式进行配平时,K_p 和 K_q 哪一个使用拉氏指数,哪一个使用帕氏指数,并没有理论上的约束,但是,为避免不同的研究者得到不同结果,一般作这样的约定:在观察数量指标变化时,将作为同度量因素的质量指标固定在基期;在观察质量指标变化时,将作为同度量因素的数量指标固定在报告期。

所谓数量指标，是指通过绝对量的扩张来影响总量的因素；所谓质量指标，是指通过改变单位容量来改变总量的因素。例如，销售额是价格和销售量的乘积，其中，价格是质量指标，销售量是数量指标。粮食总产量是亩产和播种面积的乘积，其中，亩产是质量指标，播种面积是数量指标。

根据上述分析，销售额指数的因素分析如下：

$$K_Q = \frac{Q_1}{Q_0} = \frac{\sum p_1 q_1}{\sum p_0 q_0}$$

$$= K_p \times K_q = \frac{\sum p_1 q_1}{\sum p_0 q_1} \times \frac{\sum q_1 p_0}{\sum q_0 p_0} = 105.04\% \times 110.50\%$$

计算两个指数的乘积，可以发现其结果恰好等于销售额的指数，即 116.07%。

4.4.3　多因素综合指数因素分析

多因素综合指数因素分析与双因素的情况一样，关键在于区分数量指标与质量指标，然后分别选择不同的同度量因素对各个因素进行指数计算，最后合成总量指数。

案例 4-6

多因素综合指数因素分析

考察表 4.6 中虚构的工资构成数据。

表 4.6　某工厂的工资构成数据

车间	班组数 A		每组人数 B		每人工日数 C		每工日工资 D		总工资额 S	
	基期	报告期	基期	报告期	基期	报告期	基期	报告期	基期	报告期
甲	4	5	10	12	80	75	120	150	384000	675000
乙	6	8	12	15	100	90	100	120	720000	1296000

从表 4.6 中可以看到，某厂的总工资额由基期的 1104000 元增长到报告期的 1971000 元，$K_s = 178.53\%$。

在对总工资额的增长进行因素分析时，需要考虑各个因素的 A 至 D 的作用。

(1) 因素 A 相对于各因素均为数量因素，因此，计算 A 的指数时，其他因素均固定在基期。

（2）因素 B 相对于 A 为质量因素，相对于 C 和 D 为数量因素，因此计算 B 的指数时，需要将 A 固定在报告期，C 和 D 固定在基期。

（3）因素 C 相对于 A 和 B 是质量因素，相对于 D 是数量因素，因此计算 C 的指数时，将 A 和 B 固定在报告期，将 D 固定在基期。

因素 D 相对于各因素均为质量因素，因此计算 D 的指数时，将各因素固定在报告期。

计算式如下：

$$K_s = \frac{\sum S_1}{\sum S_0} = \frac{\sum A_1 B_1 C_1 D_1}{\sum A_0 B_0 C_0 D_0} = K_A \times K_B \times K_C \times K_D$$

$$= \frac{\sum A_1 B_0 C_0 D_0}{\sum A_0 B_0 C_0 D_0} \times \frac{\sum A_1 B_1 C_0 D_0}{\sum A_1 B_0 C_0 D_0} \times \frac{\sum A_1 B_1 C_1 D_0}{\sum A_1 B_1 C_0 D_0} \times \frac{\sum A_1 B_1 C_1 D_1}{\sum A_1 B_1 C_1 D_0}$$

$$= 130.43\% \times 123.33\% \times 91.22\% \times 121.67\%$$

观察上述多因素综合指数因素分析的计算公式，可以看出"配平"这一概念的含义。

扫描二维码，获取本节微课视频。

微课视频	学习笔记

4.5　总平均数指数因素分析

4.5.1　概念

平均指标在不同的时间或者不同空间上对比形成的相对数，称为总平均数指数，也称为可变构成指数。

案例 4-7

某城市平均房价指数

观察某城市的平均房价，如表4.7所示。

表4.7 某城市平均房价的对比

楼盘位置	平均价格(x_i)		开盘面积(f_i)		总销售价格(S_i)	
	2015 年	2016 年	2015 年	2016 年	2015 年	2016 年
城区	12000	13000	80	20	960000	260000
近郊区	8000	8500	50	60	400000	510000
远郊区	4000	4400	30	120	120000	528000
平均价格	9250	6490	160	200	1480000	1298000

从表4.7中可以看到，尽管该城市城区、近郊区、远郊区的房价均有不同程度的上涨，但最终计算的总平均价格却出现了下降，从基期的9250元下降到报告期的6490元。通过对数据的观察可以发现，出现这种情况的原因在于开盘面积在不同区域的分布发生了变化，价格最高的城区开盘面积所占比例由80/160下降到了20/200，而价格最低的远郊区开盘面积则由30/160上升到了120/200。

虽然表格中计算出来的总平均价格并没有错误，但这种平均价格下降的结论显然是无法让人信服的，而且也无法真实地反映房价的变化。为了获得一个不受结构因素影响的住房价格指数，就需要对总平均数指数进行分解，剥离出结构变动的影响与实际平均值变动的幅度。

4.5.2 影响总平均数指数的因素

总平均数指数的变化是由各个类别的平均数变化以及各个类别在总体中所占比例的变化共同影响的，需要分别进行计算。

1. 结构变化影响指数

由于构成总体的个体数量比例发生变化，对总平均数产生的影响，称为结构变化影响指数，计算公式如下：

$$K_{\frac{f}{\sum f}} = \frac{\sum x_0 \cdot \frac{f_1}{\sum f_1}}{\sum x_0 \cdot \frac{f_0}{\sum f_0}}$$

式中，$\frac{f}{\sum f}$ 是指某个区域的住宅占所有住宅的比重，其从基期到报告期的变化用两个时期各自的比重进行对比获得；x_0 是计算结构变化时的同度量因素，由于结构变化属于数量因素变化，因此将质量因素固定在基期。在本例中，结构变化影响指数的值为 64.86%。

2. 固定构成指数

指在构成不变的情况下，由于个体的平均水平发生变化，而对总平均数产生的影响，其计算公式为：

$$K_x = \frac{\sum x_1 \cdot \frac{f_1}{\sum f_1}}{\sum x_0 \cdot \frac{f_1}{\sum f_1}}$$

式中，$\frac{f_1}{\sum f_1}$ 是计算个体平均数变化时的同度量因素，由于个体平均数是质量因素，因此将结构因素固定在报告期，在本例中，固定构成指数的值为 108.17%。

4.5.3 总平均数指数的分解

在计算了结构变动影响指数与固定构成指数之后，可以对总平均指数进行因素分解，分解结果如下：

$$K_{\bar{x}} = \frac{\sum x_1 \cdot \frac{f_1}{\sum f_1}}{\sum x_0 \cdot \frac{f_0}{\sum f_0}} = \frac{\sum x_1 \cdot \frac{f_1}{\sum f_1}}{\sum x_0 \cdot \frac{f_1}{\sum f_1}} \cdot \frac{\sum x_0 \cdot \frac{f_1}{\sum f_1}}{\sum x_0 \cdot \frac{f_0}{\sum f_0}}$$

$$= 108.17\% \times 64.86\% = 70.16\%$$

从式中可以看到，该城市报告期平均房价相当于基期的 70.16%，下降了

29.84%，其中，不同区域楼盘价格水平上涨了 8.17%，而由于楼盘结构变动导致价格下降 35.14%。

扫描二维码，获取本节微课视频。

微课视频	学习笔记

4.6　指数修正

4.6.1　指数偏误与费雪理想公式

需要进行指数修正的原因在于指数存在偏误。所以指数偏误是指计算出来的指数与事物真实的变化程度之间存在差异。在前面的讨论中，我们已经注意到对于同样一组数据，拉氏指数和帕氏指数的计算结果会有一些差异，显然在两个指数之中至少有一个与事物实际的变动程度是不相符的，这种情况即为指数偏误。

指数偏误根据偏误的方向不同，可以分为上偏误和下偏误。上偏误是指指数的计算结果比实际变化的程度更大，下偏误则是指指数的计算结果比实际变化的程度更小。

根据指数偏误产生的原因不同，可分为型偏误和权偏误。

1. 型偏误

型偏误是指由于计算模型的缺陷而造成的偏误。算术平均指数和调和平均指数都存在着型偏误，其中，算术平均指数的指数值高于所评价对象的实际变动程度，为上型偏；调和平均指数的指数值低于所评价对象的实际变动程度，为下型偏。几何平均指数和综合指数没有型偏误。

2. 权偏误

权偏误是由于模型中的权重选择不当而造成的偏误。权偏误的情况比较复杂，对于综合指数来说，不存在型偏误，但权偏误是普遍存在的。拉氏指数和帕氏指数分别存在一定的权偏误，但权偏误的方向，根据实际情况有所不同，有时为上权偏，有时为下权偏。拉氏指数和帕氏指数的权偏误方向正好相反，其几何平均数恰好没有偏误。

3. 费雪理想公式

将拉氏综合指数与帕氏综合指数进行几何平均所得到的结果，是没有偏误的，这种指数修正的公式称为费雪理想公式，所计算出来的指数则为费雪理想指数，具体形式为：

$$K_p = \sqrt{\frac{\sum p_1 q_1}{\sum p_0 q_1} \times \frac{\sum p_1 q_0}{\sum p_0 q_0}}$$

如果在双因素综合指数因素分析中，将两个因素的指数都用费雪理想指数进行代替，同样可以实现公式的配平。

4.6.2 购买力平价法

费雪理想公式的一个重要应用是计算不同国家间的购买力平价，并以此对不同国家的经济产出进行对比。

1. 购买力平价的概念

购买力平价法是国际比较项目（International Comparison Programme，ICP）的一个组成部分。ICP 是联合国 1968 年开始组织的一项国际性活动，目的是寻求一种能够比较准确地评价和对比各国国内生产总值等反映经济规模和结构的总量指标的方法和途径，ICP 的活动每五年为一个阶段，目前全球大多数国家都参加了这项活动。

传统的以汇率为基础计算国家间产出差异的方法存在着较为明显的缺陷，由于汇率并不能真实地反映各国本币与国际货币之间的比价关系，根据汇率法计算的国内生产总值并不具有可比性。

例如，2014 年人民币与美元的汇率约为 6.3∶1，即每 6.3 元人民币可兑换为 1 美元。按此汇率计算，2014 年中国 GDP 为 636463 亿元人民币，换算成美元即为 101026 亿美元。

但是，在现实生活中，使用 6.3 元人民币在中国能够购买到的商品，要多于使用 1 美元在美国能够购买到的商品。收入 63000 元人民币的中国居民，与收入为 10000 美元的美国居民相比，前者能够消费的商品数量更多。由此可见，单纯地用汇率来对比两个国家的产出，具有一定的偏差。

为了客观地比较不同国家的产出，学者们提出了以实际购买力来作为两种货币间对比关系的方法，即购买力平价法，简写为 PPP(Purchasing Power Parity)方法。

2. 购买力平价的计算

购买力平价的计算，需要使用对比国的价格资料，例如，中美两国购买以下不同商品时的价格和销售量分别如表 4.8 所示。

表 4.8　购买力平价资料

商品	中国		美国	
	价格($p_中$)	销售量($q_中$)	价格($p_美$)	销售量($q_美$)
商品 A	5.00	100	1.00	70
商品 B	10.00	70	2.80	120
商品 C	20.00	30	8.90	50

根据本章所学的知识，如果以美国为基期，中国为报告期，用综合指数方法，可以计算中国相对于美国的价格指数，该指数所反映出来的，就是两个国家货币价值的真实比例。由于中、美两国不同商品的销售量存在结构性差异，因此无论采用拉氏指数还是帕氏指数，都会出现较大的偏误。

为了对偏误进行修正，可以使用费雪理想指数方法，计算中美两个国家的费雪价格指数。

$$K_{中国/美国} = \sqrt{\frac{\sum p_{中国} q_{中国}}{\sum p_{美国} q_{中国}} \times \frac{\sum p_{中国} q_{美国}}{\sum p_{美国} q_{美国}}}$$

将中国的 GDP 除以上述的费雪理想指数，就可以得到按购买力平价法计算的 GDP 数值，该数值具有较强的可比性。当然，实际的购买力平价计算要比这个模型更复杂一些，其中除了涉及中美两国的比较之外，还要考虑与第三国的比较关系，此处介绍的只是一种比较的思路而已。

根据《世界银行发展报告(2014)》，2012 年中国的国民总收入(GNI)按汇率方法计算为 77489 亿美元，而按购买力平价法计算则为 124354 亿美元，二者的差异反映出来的就是货币购买力的差异(图 4.2)。

TABLE 1 *Key indicators of development*

	Population			Population age composition	Gross national income[a]		Gross national income, PPP[b]		Gross domestic product per capita growth, %	Life expectancy at birth		Adult literacy rate
	Millions	Average annual growth, %	Density per sq. km	% ages 0–14	$ billions	$ per capita	$ billions	$ per capita		Years, male	Years, female	% ages 15 and older
	2012	2000–12	2012	2012	2012	2012	2012	2012	2012	2011	2011	2005–11[c]
Afghanistan	30	3.1	46	47	16.6	570	40.7[d]	1,400[d]	4.4	49	49	..
Albania	3	-0.4	115	21	12.9	4,090	29.7	9,390	0.5	74	80	96
Algeria	38	1.6	16	27	155.1	4,110	285.0[d]	7,550[d]	0.6	72	75	73
Angola	21	3.4	17	48	95.4	4,580	114.3	5,490	3.5	50	53	70
Argentina	41	0.9	15	24		e				72	80	98
Armenia	3	-0.3	104	20	11.1	3,720	20.8	6,990	7.0	71	77	100
Australia	23	1.4	3	19	1,351.2	59,570	982.2	43,300	1.8	80	84	..
Austria	8	0.5	103	15	407.6	48,160	373.2	44,100	0.4	78	84	..
Azerbaijan	9	1.2	112	22	56.3	6,050	87.5	9,410	3.1	68	74	100
Bangladesh	155	1.3	1,188	31	129.2	840	319.9	2,070	5.1	68	70	57
Belarus	9	-0.5	47	15	61.8	6,530	143.9	15,210	1.6	65	77	100
Belgium	11	0.7	368	17	501.3	44,990	447.6	40,170	-1.1	78	83	..
Benin	10	3.1	89	43	7.5	750	15.8	1,570	2.6	54	58	42
Bolivia	10	1.8	10	35	23.3	2,220	52.1	4,960	3.5	64	69	91
Bosnia and Herzegovina	4	0.0	75	16	17.8	4,650	36.0	9,380	-0.6	73	78	98
Brazil	199	1.1	23	25	2,311.1	11,630	2,328.8	11,720	0.0	70	77	90
Bulgaria	7	-0.9	67	14	50.2	6,870	112.4	15,390	1.4	71	78	98
Burkina Faso	16	2.9	60	46	10.9	670	24.9	1,510	6.9	54	56	29
Burundi	10	3.2	384	44	2.4	240	5.5	560	2.0	49	52	67
Cambodia	15	1.6	84	31	13.0	880	35.1	2,360	5.4	62	64	74
Cameroon	22	2.6	46	43	25.4	1,170	50.3	2,320	2.1	51	53	71
Canada	35	1.0	4	16	1,777.9	50,970	1,483.6	42,530	0.6	79	83	..
Central African Republic	5	1.8	7	40	2.2	490	3.9	860	2.1	47	50	56
Chad	12	3.4	10	49	9.3	740	16.4	1,320	1.9	48	51	34
Chile	17	1.0	23	21	249.5	14,280	372.1	21,310	4.6	76	82	99
China	1,351	0.6	145	18	7,748.9	5,740	12,435.4	9,210	7.3	72	75	94
Hong Kong SAR, China	7	0.6	6,866	12	261.6	36,560	379.6	53,050	0.3	80	87	..
Colombia	48	1.5	43	28	333.6	6,990	482.2	10,110	2.6	70	77	93
Congo, Dem. Rep.	66	2.8	29	45	14.8	220	24.5	370	4.3	47	50	67
Congo, Rep.	4	2.7	13	42	11.1	2,550	15.2	3,510	1.1	56	58	..
Costa Rica	5	1.7	94	24	42.0	8,740	60.5[d]	12,590[d]	3.6	77	82	96

图 4.2　世界银行发展报告中汇率法与购买力平价法计算的 GNI 数据

扫描二维码，获取本节微课视频。

微课视频	学习笔记
[QR code]	

思考与练习

1. 某市场 3、4 月四种蔬菜的销售情况如表 4.9 所示。

表 4.9　蔬菜的销售情况

蔬菜名称	3 月价格（元/千克）	4 月价格（元/千克）	3 月销售量（千克）	4 月销售量（千克）
白菜	3.7	2.8	12000	17000
土豆	4.2	3.6	5000	9000
西红柿	4.1	3.9	13000	8000
黄瓜	2.5	1.8	2500	4500

试计算该市场 4 月蔬菜的拉氏价格指数及帕氏销售量指数。

2. 某市场过去两年水果的销售情况如表 4.10 所示。

表 4.10 水果的销售情况

水果名称	2016 年价格（元/千克）	2017 年价格（元/千克）	2016 年销售量（万千克）	2017 年销售量（万千克）
苹果	1.10	1.15	12	15
梨	0.80	0.85	20	21
橘子	1.80	2.10	8	7
香蕉	2.20	2.40	3	5

(1)试计算该市场 2017 年水果的拉氏价格指数及帕氏销售量指数。

(2)对该市场水果销售总额的增长进行综合指数因素分析。

3. 观察四个城市过去两年中某种商品的销售情况如表 4.11 所示。

表 4.11 某种商品的销售情况

城市	2016 年价格	2017 年价格	2016 年销量	2017 年销量
北京	1250	1100	800	1200
上海	1300	1050	900	1300
广州	1200	1080	1200	2000
重庆	1100	1000	500	600

试计算该商品 2017 年的帕氏价格指数和拉氏销售量指数。

4. 某农场四种谷物的播种面积及亩产情况如表 4.12 所示。

表 4.12 谷物的播种面积及亩产情况

作物名称	2016 年亩产（千克/亩）	2017 年亩产（千克/亩）	2016 年播种面积(亩)	2017 年播种面积(亩)
稻谷	700	710	3000	3200
小麦	510	520	2000	1800
玉米	600	640	2500	2700
小米	400	430	2000	2200

(1)试计算该农场 2017 年的拉氏亩产指数和帕氏播种面积指数。

(2)对该农场谷物总产量增长进行综合指数因素分析。

5. 已知某市场包括三类商品，各自的价格指数及对应的权重如表4.13所示。

表 4.13 商品的价格指数及权重

产品	价格指数(k)	权重(w)
A类	107.50	40
B类	110.29	35
C类	115.36	25

试用算术平均指数，计算该市场商品的价格指数。

6. 某市场3、4月四种蔬菜的销售情况如表4.14所示。

表 4.14 蔬菜的销售情况

蔬菜名称	3月价格（元/千克）	4月价格（元/千克）	3月销售量（千克）	4月销售量（千克）
白菜	3.7	2.8	12000	17000
土豆	4.2	3.6	5000	9000
西红柿	4.1	3.9	13000	8000
黄瓜	2.5	1.8	2500	4500

试以4月的销售额为权重，计算该市场4月蔬菜价格的算术平均指数。

7. 已知世界谷物生产的变化情况如表4.15所示。

表 4.15 世界谷物生产的变化情况

国别	谷物生产用地（千公顷）		谷物单产（千克/公顷）	
	1980 年	1995 年	1980 年	1995 年
低收入国家	190761	214825	1349	1846
中等收入国家	145335	245730	1997	2120
高收入国家	156273	136974	3522	4470

(1)试分别计算世界谷物单产（单位面积产量）及谷物生产用地面积的拉氏指数和帕氏指数。

(2)计算1980年至1995年世界谷物产量的变化情况，并分析其中增加种植面积和提高单产各发挥了多大的作用。

(3)计算1980年至1995年世界谷物平均单产的变化情况，并分析由于各类国家谷物单产提高和国际分工变化带来的影响各有多少。

（说明：国际分工变化是指谷物种植面积的比例在各类国家之间发生变化）

思政训练模块

1. 搜集1978年至今中国居民消费价格指数年度数据，制作成折线图，观察图形的特点。阅读有关文献，了解1988年和1994年居民消费价格指数偏高的原因。

2. 搜集1978年至今中国居民消费价格定基指数年度数据，制作成折线图，说明2000年、2010年、2020年物价水平与1978年的对比，结合不同时期居民人均收入数据，说明改革开放以来我国居民生活水平的提高程度。

3. 观察中国统计年鉴中的"居民消费价格分类指数"，结合生活实践讨论哪些商品的价格变化较大（包括价格上涨与价格下降）。

4. 党的二十大报告中指出，"我国经济实力实现历史性跃升"。收集世界各主要国家按购买力平价法计算的国内生产总值数据，体会中国的真实经济实力与其他国家之间的对比。

第 5 章　时间序列分析

学习目标

了解时间序列分析的特点，理解构成时间序列的四个时间因素：长期趋势、季节变动、循环变动、不规则变动。能够使用移动平均法和曲线回归法求序列的长期趋势，能够使用按月平均法和趋势剔除法求序列的季节变动。

关键术语

时间序列，长期趋势，季节变动，循环变动，不规则变动，移动平均法，最小二乘法，季节指数，按月平均法，趋势剔除法，修正系数。

本章要点

1. 时间序列的构成，长期趋势、季节变动、循环变动、不规则变动这四个因素的概念及对时间序列影响的方式。
2. 长期趋势测定中的修匀方法与拟合方法。
3. 移动平均法及其要领。
4. 用按月平均法和趋势剔除法求季节变动。

5.1　时间序列的概念与构成

5.1.1　时间序列的概念

同类社会经济现象的统计资料，按时间先后顺序排列，称为时间序列。

一个经济变量的变化是受到许多客观因素影响的，例如农产量，会受到天气、病虫害、政策、价格等各种因素的影响。从理论上说，一个经济变量应当是所有这些影响因素的函数。时间序列分析的特点，在于忽略掉或部分忽略掉这些客观因素的作用，而是专注于观察一个经济变量与时间之间的关系，或者说，是将经济变量视为时间的函数。用公式表示如下：

$$y_t = f(t)$$

式中，t 表示时间；y_t 表示经济变量 y 在时间 t 上的取值。时间序列数据一般都用类似于 y_t 这样的形式表现，用下标来指代数据所对应的时间。下标 t 可以用真实的时间来表示，也可以用自然数序列来表示。

在有些时间序列研究中，用 0 表示研究的基准时间，用 -1、-2、-3 表示在基准之间之前 1 期、2 期、3 期的时间，用 +1、+2、+3 来反映基准时间之后 1 期、2 期、3 期的时间。

案例 5-1

把国民总收入视为时间的函数

观察我国 1990 年至 2013 年的国民总收入数据，如表 5.1 所示。

表 5.1　我国 1990 年至 2013 年国民总收入数据　　单位：亿元

年份	国民总收入	年份	国民总收入	年份	国民总收入
1990	18718.3	1998	83024.3	2006	215904.4
1991	21826.2	1999	88479.2	2007	266422.0
1992	26937.3	2000	98000.5	2008	316030.3
1993	35260.0	2001	108068.2	2009	340320.0
1994	48108.5	2002	119095.7	2010	399759.5
1995	59810.5	2003	131077.0	2011	468562.4
1996	70142.5	2004	159453.6	2012	518214.7
1997	78060.9	2005	183617.4	2013	566130.2

用折线图反映上述数据，可以看到国民总收入与时间（年份）之间具有明显的关联关系。

用方程来反映国民总收入与时间之间的关系，可以表示为：

$$y = 2.0472 e^{0.1413 \cdot (x - 1989)}$$

式中，y 表示国民总收入；x 表示年份。观察图 5.1 中实线与虚线的关系，可以看到用函数表示的国民总收入与年份之间的关系，与实际的变化情况比较吻合。

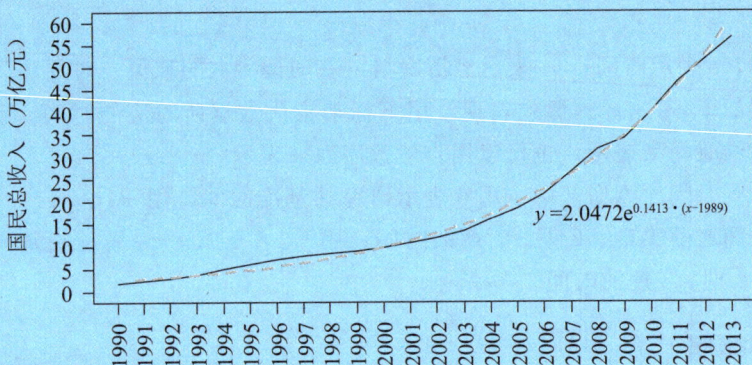

图 5.1　国民总收入与时间轴的关联

显然，国民总收入应当是由其他一些因素决定的，如投资、劳动力投入、资源投入、消费、出口等，这些因素的变化导致了国民总收入的变化。但在时间序列的研究中，却将这些影响因素抛开，建立国民总收入与时间之间的关联关系，并试图通过时间来对国民总收入等变量进行预测。

5.1.2　时间序列的构成

时间序列将经济变量视为时间的函数，但影响经济变量的时间因素有多种，每种因素的作用方式不同。在时间序列分析中，一般将时间因素分为四种类型，即长期趋势、季节变动、循环变动、不规则变动。

1. 长期趋势

长期趋势(Secular Trend)是指社会经济现象在较长的一段时间内所表现出来的稳定的趋势性。例如，一个儿童的饭量在每天都有不同的波动，但从长期来看，随着其年龄的增长，其饭量是不断提高的，这种趋势性的变化即为长期趋势。

观察中国国内生产总值在 1953 年至 2014 年的增长率变动情况，如图 5.2 所示。

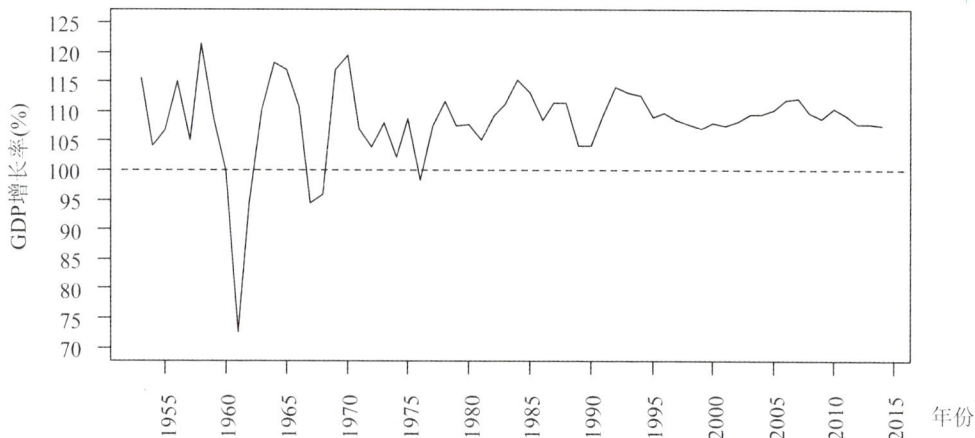

图 5.2　1953 年至 2014 年中国国内生产总值增长率(％)

从图 5.2 可以看到，中国经济在以往的 60 多年中出现了较为明显的波动，增长率从 71％至 121％不等，很难反映出一种稳定的变化规律。

但是，如果将 1952 年的经济总量规定为 100，以每年的增长率进行累积观察，则可以得到图 5.3 所示的增长曲线。

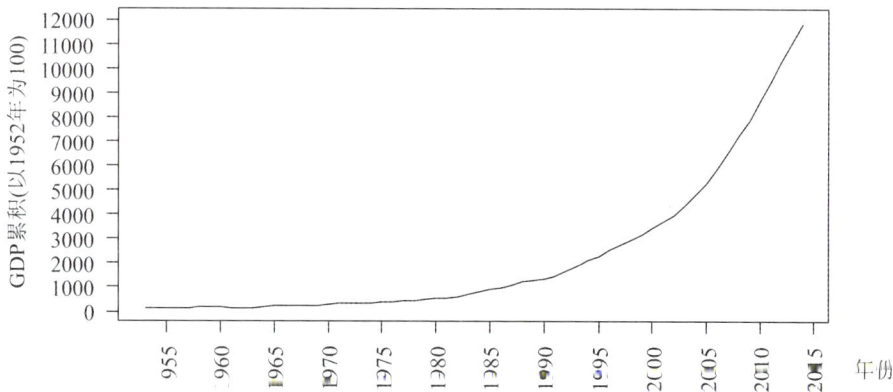

图 5.3　1953 年至 2014 年中国国内生产总值累积增长率(％)

从图 5.3 中看，中国的国内生产总值表示出一种较为稳定的增长趋势，可以用指数曲线进行模拟。

这种在短期内表现出较为明显的波动，而从长期来看却具有相对稳定性的特征，就是时间序列数据中的长期趋势。

时间序列中存在长期趋势的原因在于许多变量都具有积累效应，例如，人类的财富就是能够逐年积累的，从前形成的技术、能力等不会减少，而后续年份中新形成的技术、能力又能够叠加在前面的累积之上，因此经济变量便会表现出单调上升的趋势。

长期趋势在经济序列中一般表现为单调的增长或者下降，有时候也会呈现为抛物线式的变化，即先增长后下降，或者先下降后增长。例如，市场上寻呼机的数量就表现为先上升后下降的趋势，在初期，其数量不断上升，但随着手机的出现，寻呼机开始逐渐退出市场，如果用曲线来表示，可以显示为一段抛物线的形状。

反复多次上升与下降的变化不能称为长期趋势，而应当看成是周期性的循环变动。

2. 季节变动

季节变动(Seasonal Fluctuation)是指社会经济现象表现出来的与日历周期同步的周期性。这里所说的日历周期是指固定的周期变动，可以通过一个事先编制的日程表来体现。

例如，商场中电风扇的销售便具有明显的季节变动特征，夏季的销售量较大，冬季的销售量较小，虽然有些年份会因为气候的原因而早一些或者晚一些出现销售高峰，但这种夏季旺盛、冬季萧条的规律是不会改变的，而且严格地以一年为周期循环往复地发生，这样的变化便称为季节变动。

案例 5-2

某景区接待游客人数的季节变动

观察某景区 2010 年至 2014 年各月接待游客数量的数据，可以看出具有明显的季节变化特征，每年的冬季为景区的淡季，游客人数较少，而 5 月和 10 月则分别是两个游客接待的高峰月份，接待人数明显高于其他月份。

表 5.2　某景区接待游客人数表　　　　单位：万人

月份	2010 年	2011 年	2012 年	2013 年	2014 年
1	33.1	43.7	32.1	33.4	37.7
2	50.2	61.9	62.9	61.9	62.5
3	59.6	70.1	44.7	56.2	57.3
4	81.9	111.8	107.1	115.5	117.0
5	96.7	120.4	136.2	143.7	148.3

续表

月份	2010 年	2011 年	2012 年	2013 年	2014 年
6	61.4	72.4	90.0	114.4	119.8
7	80.7	153.7	132.2	194.8	190.6
8	65.0	184.1	161.8	225.8	212.1
9	82.0	73.1	97.5	120.5	125.9
10	165.8	135.9	146.1	165.0	169.6
11	78.6	60.2	77.6	85.8	67.4
12	35.1	38.0	42.2	46.0	49.9

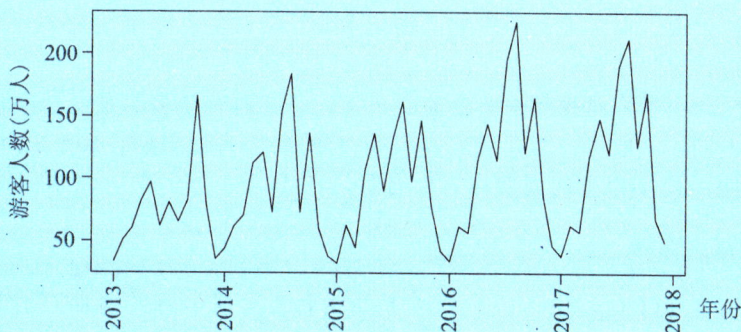

图 5.4　某景区接待游客人数的季节变动

需要注意的是，虽然与日历同步的周期性称为季节变动，但并不一定是指一年四季的概念。按月、按周、按天的循环变动，也称为季节变动。

例如，一个城市一天中的用电量就具有鲜明的季节特征，早晨上班的时候，各单位开始使用机器或者办公设备，城市用电量上升，到下班时，用电量下降。晚上天黑以后，照明用电增加，城市的总用电量达到高峰。当人们逐渐熄灯睡觉后，用电量下降到了最低点。这种周而复始的变化，也被称为季节变动。

3. 循环变动

循环变动(Cyclical Movement)也是一种周期性的变动，但这种波动的周期是不固定的，无法用日历周期来进行解释和预测。经济序列中出现循环运动的原因很复杂，可以归纳到投资周期、农业周期、技术发展周期等各种因素。

受季风气候的影响，我国的农业生产具有较为明显的循环变动特征，一般在两三年的连续丰收之后，就会出现两三个自然灾害频发年份，对农业生产有较大影响。这样，农业生产便表现出以 5～6 年为周期的循环变动。

投资活动能够刺激经济增长，在投资旺盛的年份，整个经济活动也会较为活跃。但投资无法持续维持在较高水平上，当投资规模下降时，经济就会呈现出低迷的景象，直至下一轮投资高潮的来临。这种由于投资而带来的经济波动，也属于循环变动。

技术的变革会对经济带来长期的促进作用，如蒸汽机的应用、电力的应用、信息产业的发展等，都曾带来几十年的经济繁荣，但随着这些新技术带来的机会逐渐耗尽，经济会趋向平稳。这种技术变革带来的循环变动，周期可能长达百年。

在金融市场上，投资者的信心会左右市场的景气，而投资者信心往往也会表现出周期性的变化，其中的原因要用心理学理论加以解释。

在一个经济序列中，往往掺杂着许多个不同原因带来的循环变动，这些变动相互叠加，表现出复杂的特征。

从理论上说，循环变动的周期可能长达数百年，也可能短至几个月，甚至几星期。不过，时间序列分析中所研究的循环变动周期一般都在一年以上，一年之内的循环变动由于容易受到季节变动的干扰，研究时有较多的难度。根据循环变动周期的不同，一般可分为几级，3～5 年的周期称为短周期，10～20 年的周期称为中周期，20 年以上的周期称为长周期。

4. 不规则变动

不规则变动(Irregular Variations)是指由各种无法解释的因素而引起的经济波动，一般不表现出明显的规律性。例如，战争、地震、重要的科技发展等均能够对经济序列产生显著的影响，但这些影响因素的出现是无规律的，无法从经济系统中得到预测。

5.1.3　时间序列的表现形式

时间序列的一般表现形式为：

$$Y_t = f(T, S, C, I)$$

式中，Y_t 是所观察的经济变量；T、S、C、I 分别表示长期趋势、季节变动、循环变动和不规则变动。这一公式的含义是指一个经济变量会同时受到这四个因素的影响。

长期趋势等因素对经济变量的影响方式是千差万别的，这就决定了时间序列模型可以有不同的形式。在经济学分析中，一般使用两种简化模型进行研究。

1. 加法模型

$$Y_t = T + S + C + I$$

在加法模型中，构成时间序列的各个因素均是绝对量的形式，分别作为影响时间序列的一个组成部分。

案例 5-3

加法模型的应用

一个商场的销售额根据长期趋势预测将达到每月 2000 万元；在春节期间，受季节因素影响，当月会增加 600 万元；又由于受到国际金融危机这一循环变动因素的影响，销售量预计下降 400 万元；最后，因为出现了流感疫情这一不规则变动因素，周围居民减少了外出购物的活动，带来的负面影响为 300 万元。

这样计算下来，该商场当月的销售额应为：

$$2000 + 600 - 400 - 300 = 1900（万元）$$

2. 乘法模型

$$Y_t = T \times S \times C \times I$$

在乘法模型中，T 是绝对量，而 S、C 和 I 均是以相对量的形式影响时间序列值，表现为对长期趋势的一个影响比例。

从理论上说，这种模型更为合理。以季节变动为例，随着经济总规模的变化，季节变动带来的影响也是不同的。例如，在 20 世纪 70 年代，虽然夏季是电风扇销售旺季，但由于人们的购买力有限，夏季的销售增量并不明显；而到 21 世纪，夏季销售量的增长就十分可观了。

案例 5-4

乘法模型的应用

一个商场的销售额根据长期趋势预测将达到每月 2000 万元；在春节期间，受季节因素影响，当月会增加 30%；又由于受到国际金融危机这循环变动因素的影响，销售量预计下降 20%；最后，因为出现了流感疫情这一不规则变动因素，周围居民减少了外出购物的活动，带来的负面影响预计为 15%。

这样计算下来，该商场当月的销售额应为：

$$2000 \times (1+30\%) \times (1-20\%) \times (1-15\%) = 1768（万元）$$

时间序列分析的思路是将构成时间序列的因素进行分解，逐个因素进行分析，得出该因素的变化规律，最终获得对整个时间序列的认识。

在本教材中，仅介绍长期趋势与季节变动的测定，对于循环变动以及不规则变动的测定，因为涉及较多高等数学的原理，暂不进行讨论。

扫描二维码，获取本节微课视频。

微课视频	学习笔记
	_____
	_____
	_____
	_____

5.2　趋势变动的测定

5.2.1　修匀方法与拟合方法

趋势变动测定的目的在于从时间序列中分离出长期趋势值，测定趋势变动的方法包括修匀方法和拟合方法两大类。

案例 5-5

油料作物产量

观察我国1995年至2014年的油料作物产量数据如表5.3所示。

表 5.3　1995年至2014年油料作物产量　单位：万吨

年份	油料作物产量
1995	2250
1996	2211
1997	2157
1998	2313
1999	2601
2000	2954

年份	续表 油料作物产量
2001	2865
2002	2897
2003	2811
2004	3066
2005	3077
2006	2640
2007	2568
2008	2952
2009	3154
2010	3230
2011	3306
2012	3436
2013	3517
2014	3507

从图 5.5 中可以发现油料作物产量的增长存在着一定的波动,虽然总体上表现出上升趋势,但在不同年份的增长情况有所不同,在 2003 年、2006—2007 年等年份出现了下降的情况,整条曲线表现出一定的起伏。趋势变动的测定,就是要揭示出隐藏在这种起伏背后的增长趋势。

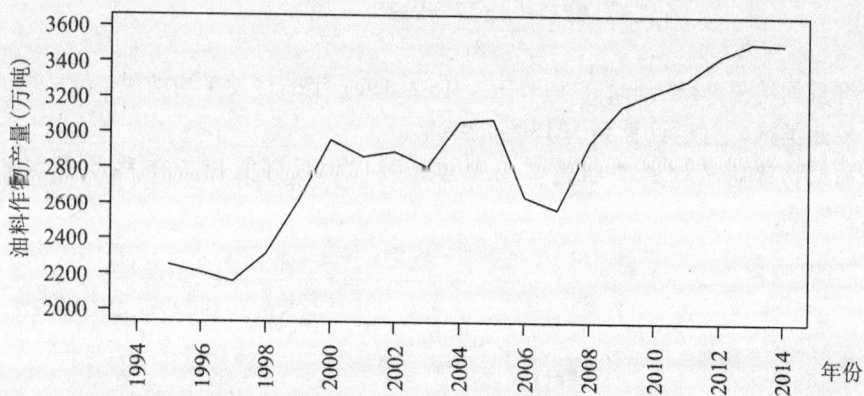

图 5.5 油料作物产量增长曲线

修匀方法的思路，是根据数据本身的变化趋势，将相邻年份的数据进行平均处理，以起到消除数列短期波动、稳定数列变化趋势的效果。

拟合方法的思路，是找到一个能够反映数列总体变化趋势的函数，再依据数据确定函数的参数。

修匀方法中最常用的是移动平均法。拟合方法中最常用的是曲线回归法。下面分别介绍这两种方法。

5.2.2　移动平均法

1. 移动平均法的原理

在前面介绍过，修匀方法的思路在于把相邻年份的数据进行平均，以消除短期波动。移动平均法的做法是先确定一个移动平均的周期，也就是所选择相邻年份的范围，然后把范围内各年份的数据进行平均，把结果作为中间年份的移动平均值。随后，将计算的范围下移一个时间点，再次进行计算，把计算结果再记录在新范围的中间年份上。以此类推，直至完成对整个序列的计算。

以例5.5所列的1995年至2014年我国油料作物产量的数据为例。如果确定移动平均的周期为3年，则可先计算1995年至1997年的平均值：

$$\frac{2250+2211+2157}{3}=2206$$

将平均结果2206记录在1996年，作为1996年的移动平均结果。

接下来，再计算1996年至1998年的平均值：

$$\frac{2211+2157+2313}{3}=2227$$

将平均结果2227记录在1997年，作为1997年的移动平均结果。

依此类推，直至计算到2013年的结果。

如果将移动平均的周期设置为5年，同样可以计算出5年移动平均的结果（表5.4）。

表5.4　3年移动平均与5年移动平均　　　　　　　单位：万吨

年份	油料作物产量	3年移动	5年移动
1995	2250		
1996	2211	2206	
1997	2157	2227	2306
1998	2313	2357	2447

续表

年份	油料作物产量	3 年移动	5 年移动
1999	2601	2623	2578
2000	2954	2807	2726
2001	2865	2905	2826
2002	2897	2858	2919
2003	2811	2925	2943
2004	3066	2985	2898
2005	3077	2928	2832
2006	2640	2762	2861
2007	2568	2720	2878
2008	2952	2891	2909
2009	3154	3112	3042
2010	3230	3230	3216
2011	3306	3324	3329
2012	3436	3420	3399
2013	3517	3487	
2014	3507		

从图 5.6 中可以看到，原始数据有非常明显的波动，而经过 3 年移动平均处理之后，2006—2007 年的波动得到了一定程度的平抑，5 年移动平均的结果则更加平缓，从而能够较为清晰地观察到数据变动的趋势。

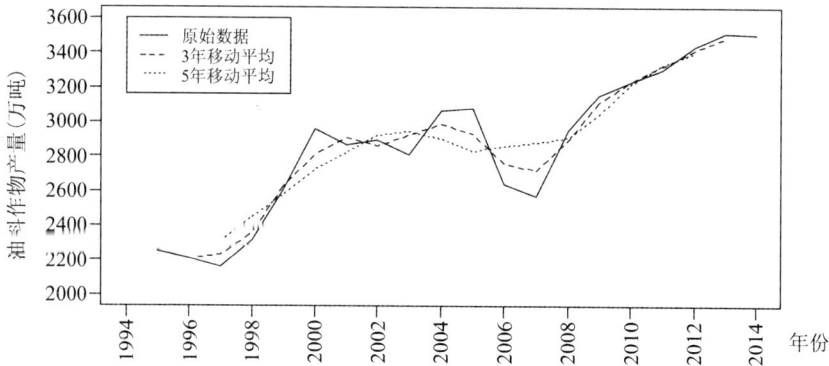

图 5.6　移动平均的结果

2. 偶数周期移动平均的方法

移动平均法在选择周期的时候，一般优先采用奇数周期，这样计算出来的平

統计学

均结果能够记录在中间年份。在没有特别理由的情况下，一般不要选择偶数作为移动平均的周期。

如果确有必要进行偶数周期的移动平均，则需要采取两次平均的方法，第一次按偶数周期计算，结果分别写在居中的两个时间点中间，第二次再将居中的时间点两侧的两个移动平均结果再进行一次移动平均，计算出最终结果。

仍以表5.5中油料作物产量的数据为例，如果要进行4年为周期的移动平均，则需要按以下表格的方法来进行计算。

首先，计算1995年至1998年这4年的平均数，得2233，记录在1996年至1997年的格子里；其次，计算1996年至1999年的平均数，得2321，记录在1997年与1998年的格子里……依此类推，直至完成所有的计算。

随后，进行第二移动平均，将相邻格子里的数值进行平均。例如，将2233与2321进行平均，得到平均值2277，填写到对应于1997年的格子里，此即为1997年的4年移动平均结果。

表 5.5 偶数周期移动平均

年份	油料作物产量	第一次移动	第二次移动
1995	2250		
1996	2211		
		2233	
1997	2157		2277
		2321	
1998	2313		2414
		2506	
1999	2601		2595
		2683	
2000	2954		2756
		2829	
2001	2865		2856
		2882	
2002	2897		2896
		2910	
2003	2811		2937
		2963	
2004	3066		2931
		2899	
2005	3077		2869
		2838	
2006	2640		2824
		2809	
2007	2568		2819
		2829	
2008	2952		2903
		2976	
2009	3154		3069
		3161	
2010	3230		3222
		3282	
2011	3306		3327
		3372	
2012	3436		3407
		3442	
2013	3517		
2014	3507		

3. 加权移动平均

在使用移动平均法时，除了可以选择时距之外，还可以对移动平均时各时点的权重进行调整。以 5 年移动平均为例，可以用以下的方式计算其加权移动平均结果：

$$\bar{y}_t = \frac{w_{-2}y_{t-2} + w_{-1}y_{t-1} + w_0 y_t + w_1 y_{t+1} + w_2 y_{t+2}}{w_{-2} + w_{-1} + w_0 + w_1 + w_2}$$

上式是用时间 t 前后各 2 年的数据对 y_t 进行移动平均，w_i 表示对应于各个时间点的权重。

加权移动平均法的关键在于权重的确定，一般来说，权重的选择有以下一些技巧。

（1）权重由中心向两端递减。这样处理的目的在于突出对应年份数据的重要性，离对应年份越远的数据，在移动平均中所起的作用越小。

（2）两侧的权重对称。比如 $w_{-1}=w_1$，这样处理的原因在于如果没有特别理由，两侧数据的重要性应当是相同的，没有必要采用不同的权重。

（3）权重可以以等比例方式递减。权重可以按照等差方式递减，如 4、3、2、1；也可以按等比例方式递减，如 1、1/2、1/4、1/8 等。

相比而言，等差方式递减较为简单，但权重衰减的速度不均匀，从理论上难以自圆其说。等比例方式递减在这方面显得更为合理，假定每个年份对相邻年份的影响为 $\frac{1}{k}$，则隔一个年份的影响即为 $\frac{1}{k^2}$，依此类推，这种权重的衰减是比较容易解释的。

（4）如果采用等比例方式递减，$\frac{2}{3}$ 是一个比较好的递减比例。这属于一种经验数据，相比以 $\frac{1}{2}$ 的比例进行权重衰减，$\frac{2}{3}$ 的衰减速度更为平缓，即能够达到权重递减的效果，又不至于使权重下降太快、影响到邻近年份的重要性。

上述四条技巧并不是加权移动平均权重选择的唯一方法，研究者可以根据所需要处理的数据的特征以及有关理论的指导，选择其他的方式来确定权重。

4. 移动平均周期的选择

移动平均的时距周期选择取决于移动平均的目的。

在具有明显周期性的数据序列中，如果希望利用移动平均法消除周期的影响，获得完全没有周期性的平稳序列，则移动平均的周期应当与经济序列的周期相一致。例如经济周期为 12 年，则移动平均的周期也为 12 年。如果经济周期的长度不稳定，则移动平均的周期可以取经济周期的 2 倍左右，以达到消除周期波动的效果。

对于存在着周期性同时也存在大量细微扰动的数据序列，如果希望保留数据中原有的周期，仅仅是消除掉扰动项的影响，则移动平均的周期应当大大地短于经济周期的长度，并可适当地采用加权移动平均的方法，以避免对原始数据的过多修正。

5.2.3　曲线回归法

曲线回归法是一种拟合方法，其要点是先找到一个适合于时间序列的模型，然后通过数学方法确定模型的参数，用于反映序列的趋势。

1. 拟合曲线的选择

要采用曲线回归法，首先要确定适合于时间序列的模型，一般用一个曲线函数来表现。常见的拟合曲线包括以下几种。

(1)线性曲线(图 5.7)。线性曲线也就是直线，是最常用的拟合曲线，反映出时间变量随着时间的变化具有匀速增长的趋势，函数表现形式为：

$$y_t = \alpha + \beta t$$

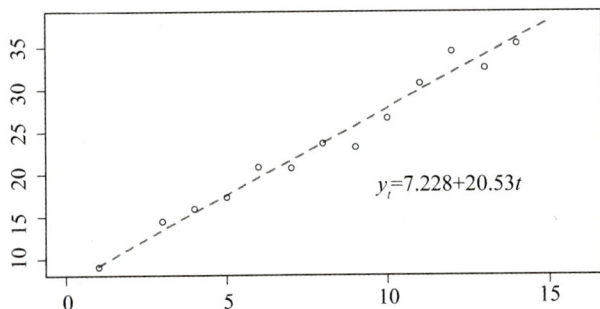

图 5.7　线性曲线的形式

(2)二次曲线(图 5.8)。二次曲线也就是抛物线，用于反映一个现象随着时间的变化先上升，随后下降；或者先下降，随后上升，表现形式为：

$$y_t = \alpha + \beta t + \gamma t^2$$

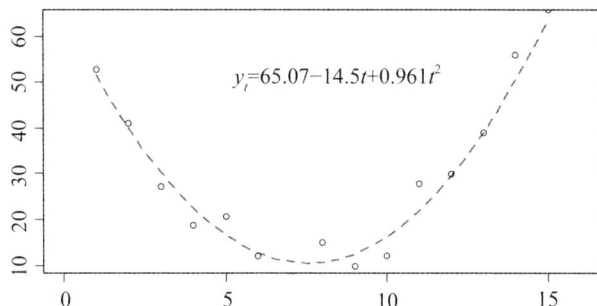

图 5.8　二次曲线的形式

（3）指数曲线（图 5.9）。表现一种加速上升的趋势，一般用于描述具有累积效果的数据。例如一个国家的经济增长，具有年度累积的特点，每一个年份的增长总是建立在前一个年份的基础上，随着国家经济规模的扩大，每增长 1% 的增量，要大于此前的增量。类似于这样的数据，适合使用指数曲线进行拟合，其表现形式为：

$$y_t = \alpha \, e^{\beta t}$$

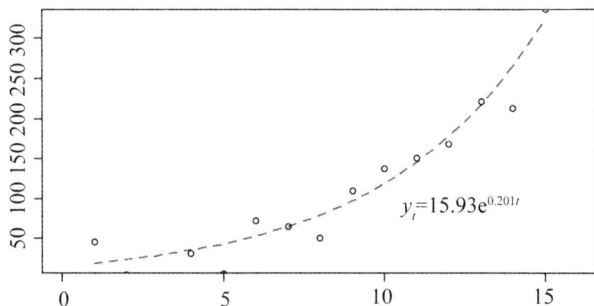

图 5.9　指数曲线的形式

（4）幂指数曲线（图 5.10）。幂指数曲线也能够反映加速上升的趋势，但其上升的速度要快于指数曲线，其含义也与指数曲线有所不同，其表现形式为：

$$y_t = \alpha t^{\beta}$$

（5）对数曲线（图 5.11）。对数曲线用于反映具有边际递减特征的增长，这一类现象在最初时有较高的增长速度，随着总量的提高，增长速度不断放缓，逐渐接近极限。例如一个国家的粮食产量，在初期由于水利的改善、化肥的施用等，可能会有较快的提高，但随着地力达到极限，产量的增长就越来越困难，从而呈现出递减的趋势。对数曲线的表现形式为：

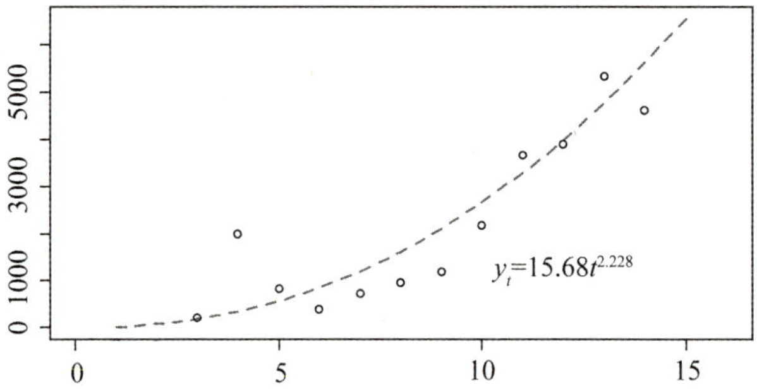

$$y_t = 15.68t^{2.228}$$

图 5.10　幂指数曲线的形式

$$y_t = \alpha + \beta \ln t$$

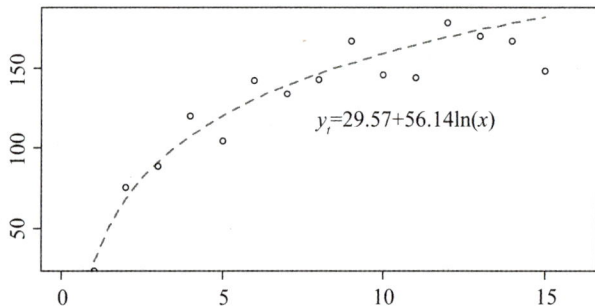

$$y_t = 29.57 + 56.14\ln(x)$$

图 5.11　对数曲线的形式

(6)Logistic 曲线(图 5.12)。Logistic 曲线也称作逻辑斯蒂曲线,最早由比利时人口学家 Verhulst 定义,用于研究人口变化规律,在近代,由珀尔和里德广泛运用于研究增长问题,又称为 Pear-Reed 成长曲线。

Logistic 曲线所反映的经济现象的增长特征是先平缓增长,到中部开始出现加速增长,随后再进入平缓增长,逐渐逼迫极限。例如,我们观察居民手机的拥有量:在手机最早出现的时候,由于价格较高,能够拥有手机的人较少,增长速度缓慢;随着技术的发展,手机价格逐渐下降,达到普通居民能够承受的价位,于是手机拥有量出现了迅猛的增长;当最终达到人人拥有手机的状态时,手机拥有量的增长就再度趋于平缓。许多经济现象的增长都具有类似的特点,这一类现象都属于 Logistic 曲线表现的范畴。

Logistic 曲线的表现形式为:

$$y_t = \frac{1}{1 + e^{-(\alpha + \beta t)}}$$

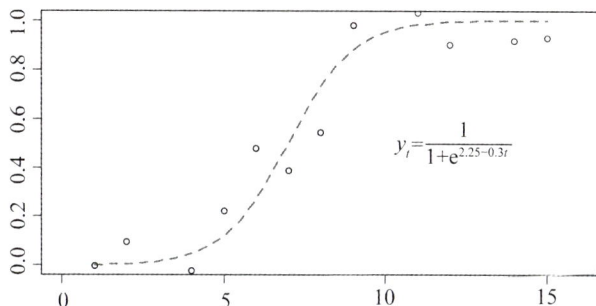

$$y_t = \frac{1}{1+e^{2.25-0.3t}}$$

图 5.12　Logistic 曲线的形式

在进行数据分析时，可以先通过理论分析，得出某个经济现象的变化规律，确定所选用的模型；也可以把实际的经济序列在图上表现出来，再根据图形的特点，选择最符合其变化规律的曲线。

在采用后一种方法时，要注意某些经济现象的发展可能还处于某一个阶段，从图形上无法完全确定其规律。例如，一个符合 Logistic 曲线变化规律的现象如果还处于前半期，其表现形式会更接近于指数曲线或者幂曲线，此时需要借助于经济理论，对其后续发展作出预测，从而选择出最合理的拟合模型。

在选定了拟合模型后，就可以运用数学方法对模型中的参数，如上面各例中的 α 和 β 等数进行估计。

2. 最小二乘法

最小二乘法是一种估计模型参数的方法，其原理是要使拟合曲线与实际观测点之间的距离达到最小。观察图 5.13，图上的每个散点表示一个数据点，从图上看，数据点表现为明显的直线趋势，因此使用直线方程 $\hat{y} = a + bx$ 对其进行拟合。

由于随机因素的存在，数据点与直线方程并不完全重合，而是位于直线方程的两侧。对每一个数据点，可以计算数据点的真实值与拟合值之间的差距为：

$$Q_i = y_i - \hat{y}_i$$

显然，一条拟合曲线的拟合效果如何，取决于真实点与拟合值之间的差距大小。差距越小，表明拟合效果越好。由于差距存在着正负数，在相加时会出现正负相抵的情况，因此先对差距求平方，再进行相加，得到以下的总离差平方和：

$$Q = \sum (y_i - \hat{y}_i)^2 = \sum (y_i - a - bx_i)^2$$

要得到一条最优的拟合曲线，就是要寻找一组 a 和 b，使得 Q 最小。因为这种方法中需要使得离差平方和达到最小，而平方又可称为"二乘"，因此这一方法便得名为最小二乘法。

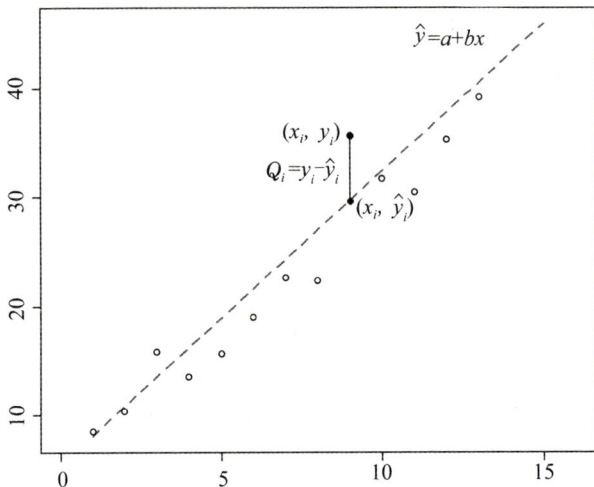

图 5.13　最小二乘法示意图

用微积分中的方法来解上述极值问题，可得：

$$\begin{cases} \dfrac{\partial Q}{\partial a} = \sum (y_i - a - bx_i) = 0 \\ \dfrac{\partial Q}{\partial b} = \sum (x_i y_i - ax_i - bx_i^2) = 0 \end{cases}$$

解此方程组，得到 a 和 b 的估计值为：

$$\begin{cases} \hat{b} = \dfrac{\sum (x_i - \bar{x})(y_i - \bar{y})}{\sum (x_i - \bar{x})^2} \\ \hat{a} = \bar{y} - \hat{b}\bar{x} \end{cases}$$

除了最小二乘法之外，还有极大似然估计法等方法也可以用来估计模型参数。随着计算机的广泛应用，目前进行曲线拟合一般都是通过计算机软件来实现，分析人员只需要设定模型的形式，再输入观察值，即可获得估计出来的模型参数。

扫描二维码，获取本节微课视频。

微课视频	学习笔记

5.3　季节变动的测定

5.3.1　季节指数的概念

季节变动测定的目标在于计算出季节指数，季节指数反映季节的实际数量与理论数量的差异，通常用比值表示：

$$季节指数 = \frac{各季的实际数量}{各季的理论数量}$$

案例 5-6

季节变动情况

观察表 5.6 中某企业在过去五个年度内各季节销售量的变化情况。

表 5.6　某企业在过去五个年份中各季节销售量变化　单位：万元

年份	一季度	二季度	三季度	四季度
2010	130	280	240	100
2011	150	310	290	110
2012	160	360	330	130
2013	180	370	360	130
2014	190	400	360	150

从表中可以看到，该企业的销售具有明显的季节特征，二、三季度销售量较高，一、四季度销售量较少。为了能够反映出不同季节销售量的差异，就需要计算出各季节的季节指数。

5.3.2　按月（季）平均法

按月（季）平均法是将全年的总量分配到每个月份（季节），作为当月（季）的理论数量，再以各月（季）的实际数量进行比较。在存在多个年份资料的情况下，需要以各年在同一季节上的平均数作为季平均数，以各年的总平均数作为理论平均数。

例如，本节中的案例可按表 5.7 进行按月（季）平均法的计算。

表 5.7　按月(季)平均法计算季节指数

年份	一季度	二季度	三季度	四季度	总平均数
2010	130	280	240	100	—
2011	150	310	290	110	—
2012	160	360	330	130	—
2013	180	370	360	130	—
2014	190	400	360	150	—
平均数	162	344	316	124	236.5
季节指数(%)	68.50	145.45	133.62	52.43	—

在表 5.7 中,5 个年份所有季节的总平均数为 236.5,即进行按月(季)平均法时的理论数量。各季节的平均数量分别为 162、344、316 和 124,用各季平均数量除以理论数量,可得各季节的季节指数分别为 68.50%、145.45%、133.62%、52.43%。

5.3.3　趋势剔除法

1. 趋势剔除法的思路

趋势剔除法的核心在于充分考虑了长期趋势对于时间数列的影响,在计算各月的理论数量时,使用当月的趋势值代替年平均值。

观察表 5.6 中数据的图形,如图 5.14 所示。

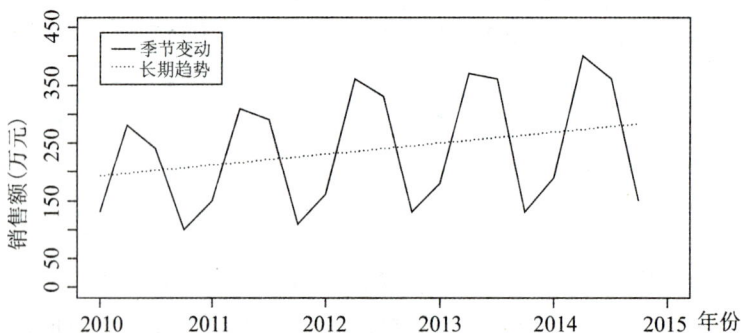

图 5.14　某企业销售数据

从图中可以看到,某企业的销售数据存在着明显的季节波动,按照每 4 个季节一轮的周期进行波动。除季节波动外，该企业的销售数据还存在着一个隐含的上升趋势，对比不同年份的同一季节，可以看到这种上升趋势的存在。

在数据中既存在季节波动，又存在长期趋势的情况下，单纯以总平均数作为各季节的理论数量，就不够合理了。从图中来看，对于较早的年份而言，整体水平较低，以总平均数作为理论数量，显然会对季节影响产生低估。同样，对于后续的年份来说，整体水平已经提高，此时仍以总平均数作为理论数量，就会高估季节变动的影响。

为了能够正确地反映季节变动，应当将各季节对应的长期趋势值作为理论数量。基于这种思路的计算方法，就是趋势剔除法。

2. 趋势剔除法的步骤

趋势剔除法求季节指数一共包括四个步骤，以下以某企业 2010 年至 2014 年的销售量数据为例进行说明。

步骤一：计算趋势值，作为理论数量

由于数据中存在着较大的季节波动，采用拟合方法来求长期趋势有一定难度，因此选择移动平均法作为计算长期趋势的方法。

知识点

在存在季节波动的情形下不宜采用拟合方法求长期趋势

在存在波动的序列中求长期趋势有两种方法，分别为修匀法和拟合法。采用拟合法的困难有两个方面。

一是采用拟合方法首先需要确定长期趋势的形态，以便确定用于拟合的模型。但从图 5.14 来看，数据的趋势被掩盖在较大的季节波动之下，很难直观地判断。同时，对于企业的微观行为，也难以用经济理论来指导模型的选择，所以拟合模型难以获得。

一是即便默认采用线性模型来进行拟合，从图 5.14 中可以观察到，数据点与拟合直线之间的差异非常大，超过了拟合直线本身的变动范围，这意味着拟合直线能够解释的波动在数据的总波动中所占的比重很小，回归过程无法通过方差检验。关于这个问题，将在第 8 章的"回归分析"一节中加以说明。

原数据中存在着以 4 个季度为周期的季节变动，为消除周期性因素影响，移动平均法的周期也应当选择为 4 个季度。又由于 4 个季度属于偶数周期，因此应当按偶数周期移动平均的方法，计算两次移动平均，得到最终的结果。

计算步骤如表 5.8 所示。

表 5.8　移动平均法求长期趋势

时间	销售量	第一次移动平均	第二次移动平均
2010S1	130		
2010S2	280	187.50	
2010S3	240	192.50	190.00
2010S4	100	200.00	196.25
2011S1	150	212.50	206.25
2011S2	310	215.00	213.75
2011S3	290	217.50	216.25
2011S4	110	230.00	223.75
2012S1	160	240.00	235.00
2012S2	360	245.00	242.50
2012S3	330	250.00	247.50
2012S4	130	252.50	251.25
2013S1	180	260.00	256.25
2013S2	370	260.00	260.00
2013S3	360	262.50	261.25
2013S4	130	270.00	266.25
2014S1	190	270.00	270.00
2014S2	400	275.00	272.50
2014S3	360		
2014S4	150		

在表格中，第一次移动平均选择以 4 个季度为周期进行计算。首先计算 2010 年第 1 季度至第 4 季度的平均数：

$$\frac{130+280+240+100}{4}=187.50$$

这一数字应当记在 2010 年第 2 季度与第 3 季度之间。

随后，再计算 2010 年第 2 季度至 2011 年第 1 季度的平均数：

$$\frac{280+240+100+150}{4}=192.50$$

这一数字应当记在 2010 年第 3 季度与第 4 季度之间。

依此类推，完成全部第一次移动平均。

接着，将第一次移动平均的结果再进行平均，每次选择两个相邻的时间点。首先计算 187.50 与 192.50 的平均数，得到 190.00，将此数字记在 2010 年第 3 季度，作为该时间点的移动平均结果。依此类推，得到所有的移动平均结果(见表 5.9)。

表 5.9　移动平均结果

年份	第 1 季度	第 2 季度	第 3 季度	第 4 季度
2010			190.00	196.25
2011	206.25	213.75	216.25	223.75
2012	235.00	242.50	247.50	251.25
2013	256.25	260.00	261.25	266.25
2014	270.00	272.50		

步骤二：以原数据除以趋势值，得到各季节的季节指数

在步骤一中得到的移动平均结果，即为对应于各季节的长期趋势值。将此趋势值作为理论数量，再根据季节指数计算的公式，以原数据除以理论数量，得到季节指数。

例如，对应于 2010 年第 3 季度，原始数据为 240，趋势值为 190，计算：

$$\frac{240}{190} \times 100\% = 126.32\%$$

将该结果记录在表格中，作为对应于 2010 年第 3 季度的季节指数。

依此类推，计算出所有的季节指数(见表 5.10)。

表 5.10　季节指数　　　　　　　　　　单位：%

年份	第 1 季度	第 2 季度	第 3 季度	第 4 季度
2010			126.32	50.96
2011	72.73	145.03	134.10	49.16
2012	68.09	148.45	133.33	51.74
2013	70.24	142.31	137.80	48.83
2014	70.37	146.79		

步骤三：求各季节的平均指数

在步骤二中计算出来的季节指数在不同年份存在着差异，这是由于现实中存在的随机性带来的，用时间序列的概念来解释，可以认为是不规则变动的表现。

为了获得稳定的季节指数，可以对不同年份的同一季节进行平均，得到平均季节指数。

例如，对于第 1 季度，可以将 2011 年至 2014 年第 1 季度的季节指数进行平均计算：

$$S_1 = \frac{72.73 + 68.09 + 70.24 + 70.37}{4} = 70.36$$

依此类推，可以得到各个季节的平均季节指数（见表 5.11）。

表 5.11　平均季节指数　　　　　　　　　　　　　单位：%

季节	第 1 季度	第 2 季度	第 3 季度	第 4 季度
平均值	70.36	145.64	132.89	50.17

步骤四：进行指数修正

按照理论，各季节的季节指数之和应当等于季节总数，例如 4 个季节的季节指数之和应当等于 400%。这样考虑的原因在于如果不存在季节波动，则每个季节的季节指数都应当是 100%，所以总和便等于季节数了。

计算步骤三中 4 个季节的季节指数之和，得到：

$$70.36 + 145.64 + 132.89 + 50.17 = 399.06$$

可以发现，步骤三中得到的 4 个季节的指数之和并不等于 400%，而是存在微小的差异。出现这种情况的原因，在于第一步骤进行移动平均法计算时，数据的头尾各丢失了两个季节的数据，从而出现了偏差。

为保证计算结果的完整性，可以采用指数修正的方法，对季节指数进行调整。

计算修正系数：

$$修正系数 = \frac{季节数 \times 100\%}{各季未修正指数之和} = \frac{400}{399.06} = 1.0024$$

将所有未修正指数乘修正系数，可得到各季节修正后季节指数。该指数即为季节指数计算的最终结果（见表 5.12）。

表 5.12　修正后季节指数　　　　　　　　　单位：%

季节	第 1 季度	第 2 季度	第 3 季度	第 4 季度
修正值	70.53	145.99	133.21	50.29

扫描二维码，获取本节微课视频。

微课视频	学习笔记
	_____ _____ _____ _____

5.4　循环变动测定的思路

循环变动的测定包括确定循环变动的周期以及波动的幅度，为此就需要将时间序列中的其他时间因素剥离掉，只留下循环变动本身。

剥离掉其他时间因素的方法称为残余法，或称剩余法。是利用时间序列的乘法公式，将长期趋势、季节变动分别求出并排除，然后再用修匀方法消除不规则变动的影响。

第一步：利用趋势剔除法，求季节指数 S，再将原数据序列 y_t 除以各个时间点所对应的季节指数，从而得到不包含季节因素影响的新序列 $y_t^{(1)}$。

$$y_t^{(1)} = \frac{y_t}{S_t} = T \cdot C \cdot I$$

第二步：采用移动平均法或拟合方法，求出长期趋势值，再以序列 $y_t^{(1)}$ 除以对应时点的长期趋势值，得到不包含长期趋势的新序列 $y_t^{(2)}$。

$$y_t^{(2)} = \frac{y_t^{(1)}}{T_t} = C \cdot I$$

第三步：用修匀方法，例如移动平均法，消除不规则变动 I，得到新序列 $y_t^{(3)} = C$。

观察序列 $y_t^{(3)}$ 的波动规律，可以得到循环变动的周期、振幅等。

⚙ **思考与练习**

1. 试用三年移动平均法，修匀中国近年来出口货物总额(表5.13)。

表5.13 中国近年来出口货物总额   单位：亿美元

年份	原始数据	修匀后数据
2010	15778	
2011	18984	
2012	20487	
2013	22090	
2014	23423	
2015	22735	
2016	20976	
2017	22634	
2018	24867	
2019	24995	
2020	25900	

2. 试用移动平均法，修匀中国2020年各月度货物周转量数据(表5.14)。

表5.14 中国2020年各月度货物周转量数据   单位：万吨

月度	货物周转量	修匀结果
2019.11	498770	
2019.12	477265	
2020.01	301042	
2020.02	154984	
2020.03	325647	
2020.04	384525	
2020.05	406968	
2020.06	413952	
2020.07	412434	
2020.08	430991	

续表

月度	货物周转量	修匀结果
2020.09	447793	
2020.10	441390	
2020.11	465249	
2020.12	449504	
2021.01	415485	
2021.02	261829	

3. 某商场各季度的营业收入情况存在较大的差异，观察过去四年中各季度的营业收入（表 5.15）。

表 5.15　2018—2021 年各年度的营业收入　　　单位：万元

年份	春季	夏季	秋季	冬季
2018	31	88	99	168
2019	34	97	127	226
2020	29	102	162	243
2021	40	102	133	278

试分别用按月平均法和趋势剔除法求各季度的季节指数。

4. 某饭店的营业额在每个月份的不同周次之间存在着波动，现观察过去 4 个月中该饭店各周的营业额（表 5.16）。

表 5.16　2—5 月各周的营业额　　　单位：万元

月份	第一周	第二周	第三周	第四周
2	85	212	152	130
3	95	256	173	156
4	111	306	192	185
5	132	328	206	192

试分别用按月平均法和趋势剔除法求各周的季节指数。

思 政 训 练 模 块

1. 搜集 1953 年至今中国国内生产总值年度增长率数据，结合经济史资料，讨论各个年度国内生产总值增长率变化的原因。党的二十大报告中指出，过去十年中我们经历的对党和人民事业具有重大现实意义和深远历史意义的三件大事之一是"中国特色社会主义进入新时代"。结合时间序列，讨论党的十八大以来中国的经济发展有什么新特点。

2. 以 1952 年水平为 100，计算 1953 年至今中国国内生产总值的定基指数，在表格软件中尝试拟合定基指数曲线，思考使用哪种模型进行拟合更为合理。

3. 对比国内生产总值的环比曲线与定基曲线，体会长期增长与短期波动之间的矛盾统一关系。

第6章　抽样分布与参数估计

学习目标

　　了解抽样分布的概念，掌握简单随机抽样条件下总体平均数置信区间的估计方法及样本量计算方法；掌握与均值、方差相关的 8 类常用抽样分布，并能利用这些分布进行常规的参数估计。

关键术语

　　参数，统计量，抽样分布，正态分布，t 分布，χ^2 分布，F 分布，抽样标准误差，点估计，区间估计，无偏性、有效性、一致性，置信度，置信区间。

本章要点

1. 抽样分布的概念。
2. 简单随机抽样条件下样本平均数的抽样分布特征。
3. 总体平均数的估计方法，估计总体平均数时的样本量计算方法。
4. 参数估计的概念、一般方法，初等统计中常用的 8 类抽样分布及其在参数估计中的应用。

6.1　抽样分布

　　从本章开始的内容，属于推断统计的内容。推断统计的特点是利用从总体中抽取的一个样本，对总体的特征和规律进行研究。因为样本的抽取是随机的，因此对总体的推断也具有随机性。

推断统计所涉及的内容很多，但归纳起来是三个问题，即抽样分布、参数估计和假设检验。所有的推断统计研究，不外乎针对这三个问题进行。在这三个问题中，抽样分布是基础，参数估计和假设检验都是建立在抽样分布基础上的统计应用。

6.1.1　参数与统计量

人类的社会经济活动所面对的总体往往包含着大量的个体，例如，第七次全国人口普查显示，2020 年 11 月 1 日零时，中国大陆 31 个省、自治区、直辖市和现役军人总人数为 14.12 亿人，要研究中国人的某种行为，所面对的总体便是多达 14 亿个单位的海量总体。自然科学的研究也是如此，例如一个国家种植的水稻可能多达数千亿株。要对这样多的个体进行全面研究，显然是不可能的，只能从中抽取一部分进行研究。

此外，在时间序列的研究中，未来的现象在当前是无法研究的，人们只能通过观察已经发生的现象来推测未来的情况。如果把整个时间轴上的现象视为一个总体，则已经发生的现象就是这个总体中的一个样本。

推断统计就是利用样本的情况对总体的情况进行推测。在推断统计中，根据样本所构造出来的函数称为统计量，描述总体实际分布状况的数称为参数。

例如，要想了解一个城市中所有居民的人均收入情况，一般采用的方法是在城市中抽选一部分居民，调查其收入状况，再以这部分居民的平均数作为全市居民平均收入的估计值，这样一种以样本推测总体的方法，就是抽样推断。其中，样本居民收入的平均数为统计量，而全市居民的平均收入为参数。

6.1.2　抽样分布的概念

由于样本是随机抽选的，因此统计量就是一个随机变量。根据总体的特征以及抽样方法，统计量会表现出不同的分布特征。抽样分布就是指统计量的分布形式。

在一次特定的抽样调查中，统计量表现为一个单一的数值，例如对全市1000 名居民的收入进行统计，得到的平均数为 12000 元。然而，我们知道，抽样是一种具有随机性的行为，如果将抽样的过程重新进行一次，那么再次抽出的 1000 名居民将会与前一次存在差异，根据再次抽出的 1000 名居民计算的收入平均数就可能不再等于 12000 元，而是会等于 12500 元或者 13500 元，等等。

如果将抽样的过程重复地进行无穷多次，就可以得到无穷多个不同的抽样结果，所有这些结果所形成的分布，即为抽样分布。

案例 6-1

观察抽样分布的形成

使用一副去掉大小王的扑克牌，从中以有放回的方式①抽取 30 张，再计算这 30 张扑克牌的平均数，我们就可以得到一个介于 1 至 13 之间的随机数。

如果把这个过程重复地做许多次，我们将会得到一组随机数。观察这一组随机数，我们会发现平均数在 7 附近的概率较大，而小于 5 或者大于 9 的概率就比较小，至于小于 3 或者大于 11 的情况，在数百次抽选中可能也只会出现一两次而已。

这个过程也可以用计算机来模拟进行。在 Excel 表中输入"＝int(rand() ＊ 13＋1)"，可以得到一个 1 至 13 之间的随机整数；我们可以将其视为从一副扑克牌中抽出一张所得到的点数。将这个公式复制到 30 个格子里，则可以得到在一副扑克牌中有放回地抽取 30 张的结果。

计算这 30 张扑克牌的平均点数，可以得到一个平均值。重复上述过程，则可以得到不同的平均值。例如在下图中，可以看到第一行计算出来的平均值为 6.13，第二行计算出来的平均值为 6.60，等等。

---

① 所谓有放回地抽选，就是抽出一张扑克牌之后，记录下其点数，然后将牌放回原来的牌堆里，再随机抽选下一张。因为每次抽选的时候都是针对全部 52 张扑克牌进行的，在 30 次抽选中可能会重复地抽到某一张牌，因此有放回地抽选也可称为可重复的抽选。显然，在有放回的抽选中，所抽中的每张牌是相互独立的，也就是此前抽到哪张牌，与此后抽到哪张牌没有关系。

图 6.1　在 Excel 中进行抽样模拟的截屏示意图

将上述过程重复做 1000 次，将得到 1000 个样本平均数。将这 1000 个样本平均数按照数值大小进行分组，并绘制直方图，可以得到如图 6.2 所示的结果。

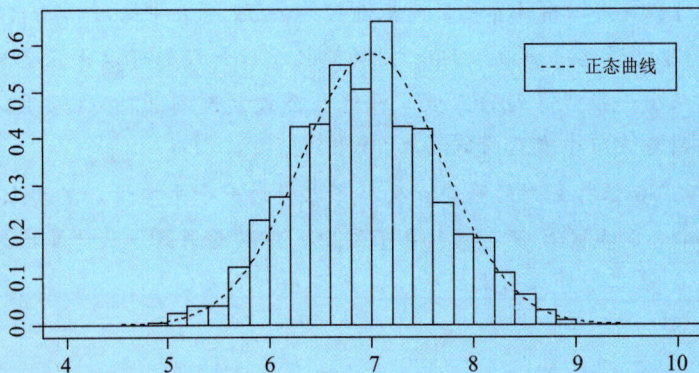

图 6.2　从一副扑克牌中有放回地抽选 30 张计算的平均数的抽样分布

从图中可以看到，重复进行 1000 次抽样所得到的结果各不相同，但表现为一种有规律的分布形式。所有的结果以一副扑克牌的真实平均数 7 作为对称轴，向两端延伸，并与一条正态分布曲线表现出较强的吻合。

上述实验直观地表现出了抽样分布的含义：如果将一个抽样过程重复多次，则每一次得到的样本统计量会表现出一种有规律的分布，这种分布就称为抽样分布。

6.1.3　简单随机抽样条件下样本平均数的抽样分布特征

简单随机抽样是各种抽样方式中最基本的一种，在简单随机抽样条件下进行总体平均数的估计也是最重要的一种抽样估计。要讨论总体平均数的估计方法，首先需要研究简单随机抽样条件下样本平均数的抽样分布特征。

根据理论推导，可以得出在有放回的简单随机抽样条件下，样本平均数的抽样分布特征如下：

1. 在大样本条件下(一般取 $n > 30$)，样本平均数近似服从正态分布

这个特征来自大数定理，在此不予介绍。正态分布是一种统计中较为常用的分布形式，指概率密度函数如以下形式的统计分布：

$$f(x) = \frac{1}{\sigma \sqrt{2\pi}} e^{-\frac{1}{2\sigma^2}(x-\mu)^2}, \quad -\infty < x < +\infty$$

正态分布受两个参数的影响，分别为期望值 μ 和方差 σ，一旦期望值与方差确定，则一个正态分布就唯一地确定下来了。

利用概率密度函数，可以生成一个随机变量的概率密度曲线。例如，正态分布的概率密度曲线如图 6.3 所示。

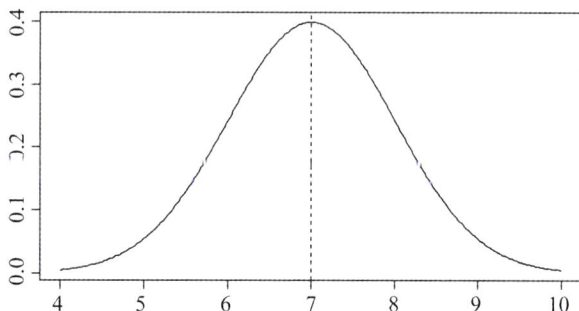

图 6.3　正态分布的概率密度曲线

利用概率密度曲线，可以计算随机变量落在任一区间内的概率。选择两个区间点 x_1 和 x_2，则概率密度曲线下处于两点之间的面积，代表变量落在这一区间内的概率。

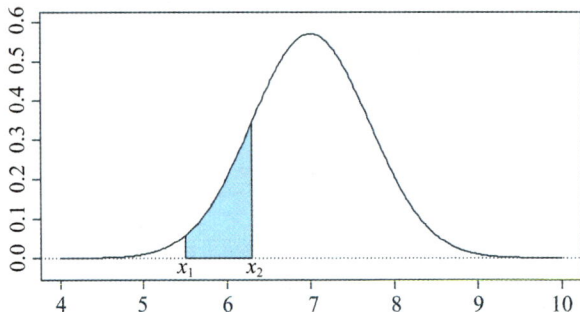

图 6.4　随机变量 x 落在 x_1 与 x_2 之间的概率

正态分布的累积概率密度值可以通过查表的方式获得，也可以在统计软件中进行查询。

知识点

在 Excel 和 R 中求正态分布概率

在 Excel 中，使用函数：

$$=normdist(x,\ mean,\ sd,\ cumulative)$$

可以查询均值为 mean，标准差为 sd 的正态分布函数的概率值。其中，cumulative 取值为 TRUE 时，返回正态分布下从负无穷大至 x 点的概率值；取值为 FALSE 时，返回 x 点对应的概率密度值。

在 R 软件中，用 pnorm(x, mean＝a1, sd＝a2) 可以计算均值为 a1，标准差为 a2 的正态分布概率值，返回结果为在正态分布下从负无穷大至 x 点的概率值。

例如，某变量 Z 服从正态分布，均值为 7，标准差为 0.6831，欲查询该变量取值小于 5.6611 的概率，可以在 Excel 表格中输入以下公式：

$$=NORMDIST(5.6611,\ 7,\ 0.6831,\ TRUE)$$

式中，5.6611 是待查询的区间点，7 为变量的均值，0.6831 为标准差，TRUE 表示查询结果为累积概率。如果将 TRUE 替换为 FALSE，则查询结果为对应于 5.6611 这个点的概率密度值。

输入上述公式后，得到的结果为 0.025，表明该变量取值小于 5.6611 的概率为 2.5%。

反过来，如果事先确定了概率值，也可以利用概率密度曲线来求对应的区间点。假定概率为 p_0，对应区间点 z_0 的含义为：

$$P(x < z_0) = p_0$$

知 识 点

在 Excel 和 R 中求正态分布区间点

在 Excel 中，使用函数：

$$= \text{norminv}(p, \text{mean}, \text{sd})$$

可以求对应于概率 p 的正态分布区间点，含义为从负无穷至该点的概率为 p。

R 软件中求对应于概率 p 的左侧区间点的函数为：

$$\text{qnorm}(p, \text{mean} = a1, \text{sd} = a2)$$

例如，某变量 Z 服从正态分布，均值为 7，标准差为 0.6831，欲查询 Z 处于哪个区间的概率为 2.5%，可以在 Excel 表格中输入以下公式：

$$= \text{NORMINV}(0.025, 7, 0.6831)$$

式中，0.025 代表概率 2.5%，其余变量的含义与此前相同。

输入上述公式后，得到的结果为 5.6611，表明欲使该变量取值概率为 2.5% 的区间点为 5.6611，即变量取值从负无穷至 5.6611 的概率为 2.5%。

2. 样本平均数以总体平均数为自身的期望值

样本平均数服从正态分布，其概率密度函数可以写作以下形式：

$$f(x) = \frac{1}{\sigma_{\bar{x}} \sqrt{2\pi}} e^{-\frac{1}{2\sigma^2}(x - \mu_{\bar{x}})^2}$$

式中，其分布的均值为 $\mu_{\bar{x}}$，标准差为 $\sigma_{\bar{x}}$。假定抽样总体的均值为 μ，标准差为 σ，则有 $\mu_{\bar{x}} = E(\bar{x}) = \mu$。通俗地说，就是如果将抽样过程重复地进行无穷多次，则在每一次抽样过程中产生的样本平均数 $\bar{x}$ 的平均数等于总体平均数。

可以证明如下：

$$E(\bar{x}) = E\left(\frac{x_1 + x_2 + \cdots + x_n}{n}\right)$$

$$= \frac{1}{n}(E(x_1) + E(x_2) + \cdots + E(x_n))$$

$$= \frac{1}{n}(\mu + \mu + \cdots + \mu) = \mu$$

这个证明过程可以这样简单地阐述：简单随机抽样中的每个样本均为一个与总体同分布的随机变量，其期望值等于总体平均值，标准差为总体标准差。样本平均数是 n 个同分布随机变量的平均数，其期望值为各个随机变量期望值的平均数，因此等于总体平均数。

3. 样本平均数的方差为总体方差除以样本量，即 $\sigma_{\bar{x}}^2 = \dfrac{\sigma^2}{n}$

$\sigma_{\bar{x}}$ 为统计量的标准差，也称为抽样标准误差，或称抽样标准误，是指如果将抽样过程重复若干次，所得到的若干个 $\bar{x}$ 的标准差，$\sigma_{\bar{x}}^2$ 为样本平均数的方差。例如，在前面所述抽选扑克牌的实验中，第一次抽出的样本平均数为 6.13，第二次为 6.60，第三次为 6.03……将所有这些结果作为一个整体，计算其标准差，则为上述公式中的 $\sigma_{\bar{x}}$。

本特征的证明如下：

$$
\begin{aligned}
\sigma_{\bar{x}}^2 &= E(\bar{x} - E(\bar{x}))^2 \\
&= E\left(\frac{x_1 + x_2 + \cdots + x_n}{n} - \mu\right)^2 \\
&= \frac{1}{n^2} E((x_1 + x_2 + \cdots + x_n) - n\mu)^2 \\
&= \frac{1}{n^2} E((x_1 - \mu) + (x_2 - \mu) + \cdots + (x_n - \mu))^2 \\
&= \frac{1}{n^2} E\left((x_1 - \mu)^2 + (x_2 - \mu)^2 + \cdots + (x_n - \mu)^2 + \sum_{i \neq j}(x_i - \mu)(x_j - \mu)\right) \\
&= \frac{1}{n^2}\left(E(x_1 - \mu)^2 + E(x_2 - \mu)^2 + \cdots + E(x_n - \mu)^2 + \sum_{i \neq j}E((x_i - \mu)(x_j - \mu))\right)
\end{aligned}
$$

其中，因为每个 x_i 均为与总体同分布的随机变量，其期望值和标准差分别为 μ 和 σ，因此有 $E(x_i - \mu)^2 = \sigma^2$。同时，由于采用的是有放回简单随机抽样，任意两个样本均相互独立，因此其协方差 $\mathrm{cov}(x_i, x_j) = E((x_i - \mu) \cdot (x_i - \mu)) = 0$。

续原式，可得：

$$
\sigma^2 = \frac{1}{n^2}(\sigma^2 + \sigma^2 + \cdots + \sigma^2 + 0) = \frac{1}{n^2} \cdot n\sigma^2 = \frac{\sigma^2}{n}
$$

将算术两端开平方，可得：

$$
\sigma_{\bar{x}} = \frac{\sigma}{\sqrt{n}}
$$

在采用无放回抽样的条件下，各个样本之间有一定的关联。例如在一副扑克牌中，如果前面已经抽到了点数较大的牌，则后续抽到小牌的概率会更大，即前后抽出的牌具有负相关的特征，表现为 cov$(x_i, x_j)<0$。在无放回抽样的条件下，样本平均数的标准差为：

$$\sigma_{\bar{x}} = \frac{\sigma}{\sqrt{n}} \cdot \sqrt{\frac{N-n}{N-1}}$$

在此不做详细的证明。

利用抽样分布规律，可以对一次抽样调查中的统计量分布作出预测，我们可以通过一个例子来加以说明。

案例 6-2

如何在扑克牌游戏中找到获胜的概率区间

观察一副扑克牌，可知其平均点数 $\mu=7$，标准差 $\sigma=3.7417$。从扑克牌中以有放回抽样的方式，抽选 30 张牌，计算其平均数 $\bar{x}$。从前面所述样本平均数的抽样分布规律可知：

(1) $\bar{x}$ 服从正态分布。

(2) $\bar{x}$ 的期望值为总体平均数，即 $E(\bar{x})=\mu=7$。

(3) $\bar{x}$ 的标准差为总体标准差除以样本量的平方根，即：

$$\sigma_{\bar{x}} = \frac{\sigma}{\sqrt{n}} = \frac{3.7417}{\sqrt{30}} = 0.6831$$

根据正态分布的定义，在已知期望值和标准差的情况下，一个正态分布便可以确定下来。

如果我们设计一个扑克牌游戏，以有放回抽出的 30 张扑克牌的平均点数作为胜负的条件，那么欲使取胜的概率达到 95%，平均点数应当落在哪个区间内呢？

要找出一个 95% 的区间，可以选择两侧的概率分别为 2.5%。根据前述的正态分布的知识，我们可以在 Excel 软件分别查出对应于概率 2.5% 和 97.5% 的区间点：

=NORMINV(0.025, 7, 0.6831)
=NORMINV(0.975, 7, 0.6831)

两个区间点分别为 5.6611 和 8.3389。前者表明 $\bar{x}$ 有 2.5% 的概率小于 5.6611，后者表明 $\bar{x}$ 有 97.5% 的概率小于 8.3389。二者相减，可知 $\bar{x}$ 有 95% 的概率处于 5.6611 至 8.3389 之间。

6.1.4 正态分布的标准化变换

从前面的计算案例可以看到，正态分布的累积概率密度值不仅与区间点相关，还与正态分布的均值和标准差相关，这样一来，查询累积概率密度值的难度就会加大。为了方便起见，在实际计算中，往往先将正态分布进行标准化处理，然后再查询标准正态分布函数，以获得对应的区间点。

对正态分布进行标准化变换的公式为：

$$z = \frac{x - \mu}{\sigma}$$

进行标准化变换之后所得到的 z 值满足标准正态分布，即均值为 0，标准差为 1 的正态分布。在 Excel 中，用于查询标准正态分布函数值和区间点的函数分别为 NORMSDIST 和 NORMSINV。在 R 软件中，用函数 pnorm（）和 qnorm（）时如果不约定均值和标准差，则默认为返回标准正态分布的数值。

将案例 6-2 中扑克牌的样本平均数转换成标准正态分布来进行分析，可知：

$$z = \frac{\bar{x} - \mu}{\sigma / \sqrt{n}} = \frac{\bar{x} - 7}{0.6831} \sim N(0, 1)$$

式中，$N(0, 1)$ 表示以 0 为均值，以 1 为方差的正态分布，即标准正态分布。

欲求 z 的 95% 概率区间，可以在 Excel 中分别查标准正态分布函数对应于 2.5% 和 97.5% 的区间点，如下：

$$z_1 = \text{NORMSINV}(0.025) = -1.96$$
$$z_2 = \text{NORMSINV}(0.975) = +1.96$$

也就是说，z 以 95% 的概率位于 -1.96 至 $+1.96$ 的区间内，可以写作：

$$-1.96 < z < 1.96$$

代入 z 的公式，并进行不等式转换，可得：

$$-1.96 < \frac{\bar{x} - \mu}{\sigma_{\bar{x}}} < 1.96$$

$$\mu - 1.96\sigma_{\bar{x}} < \bar{x} < \mu + 1.96\sigma_{\bar{x}}$$

将数据代入，得 $5.6611 < \bar{x} < 8.3389$，该结果与此前计算的结果是完全一致的。

了解了利用标准正态分布来进行区间推算的方法之后，对应于任意的概率 p，可以通过查标准正态函数表，得到对应的 t 值。表 6.1 是在统计实践中使用

较多的一些概率 p 与概率度 t 值的对应关系。

表 6.1　概率值 p 与概率度 t 的对应关系

概率值(p)	概率度(t)	概率值(p)	概率度(t)
80%	1.28	68.27%	1
90%	1.64	95.45%	2
95%	1.96	99.73%	3
99%	2.58		

根据表 6.1，在已知总体平均数和总体标准差的情况下，如果要估计样本平均数对应于某个概率的区间，可以用以下公式来计算：

$$\mu - t \cdot \frac{\sigma}{\sqrt{n}} < \bar{x} < \mu + t \cdot \frac{\sigma}{\sqrt{n}}$$

案例 6-3

估计样本中儿童平均体重的区间

已知一群儿童的平均体重为 25 千克，标准差为 5 千克。现随机地从儿童中抽选 40 人，计算其平均体重。请在 99% 的概率下，估计平均体重位于哪个区间。

根据题意，可得，在 99% 的概率下，40 名儿童的平均体重满足：

$$25 - 2.58 \times \frac{5}{\sqrt{40}} < \bar{x} < 25 + 2.58 \times \frac{5}{\sqrt{40}}$$

即平均体重在 22.96~27.04 千克。

扫描二维码，获取本节微课视频。

微课视频	学习笔记

6.2 简单随机抽样条件下总体平均数的估计

利用简单随机抽样方法估计总体平均数，是在统计实践中应用最多的一种抽样估计过程。通过对这种过程的讨论，可以了解有关参数估计的特征。

6.2.1 总体平均数的估计方法

在 6.1 节中，我们知道，在一次抽样调查中，样本平均数 $\overline{x}$ 会有 p 的概率落在区间 $(\mu - t\sigma_{\overline{x}}, \mu + t\sigma_{\overline{x}})$ 之间。例如，在例 6.3 中，可以计算出 40 名儿童的平均体重有 99% 的概率位于 22.96～27.04 千克。

观察案例 6-4 中的问题。

案例 6-4

通过样本估计一群儿童的平均体重

已知一群儿童体重的标准差为 5 千克，现随机地从儿童中抽选 40 人，计算其平均体重为 27 千克，请在 99% 的概率下，估计全体儿童的平均体重。

这个问题与案例 6-3 有相似之处，区别在于：案例 6-3 中总体的真实平均体重是已知的，需要由总体平均数推测样本平均数的分布区间；而在案例 6-4，总体的真实平均体重未知，需要由样本平均数去推测总体平均数。

模仿案例 6-3 的方法，假定总体的真实平均体重为 A，可得：

$$A - t \cdot \frac{\sigma}{\sqrt{n}} < \overline{x} < A + t \cdot \frac{\sigma}{\sqrt{n}}$$

由 $A - t \cdot \frac{\sigma}{\sqrt{n}} < \overline{x}$，可得 $A < \overline{x} + t \cdot \frac{\sigma}{\sqrt{n}}$；

由 $\overline{x} < A + t \cdot \frac{\sigma}{\sqrt{n}}$，可得 $A > \overline{x} - t \cdot \frac{\sigma}{\sqrt{n}}$。

将上述两式合并，可得：

$$\overline{x} - t \cdot \frac{\sigma}{\sqrt{n}} < A < \overline{x} - t \cdot \frac{\sigma}{\sqrt{n}}$$

将已知数据代入上式，可得：

$$24.96 < A < 29.04$$

由于 A 就是我们所假设的总体平均数 μ，因此可以得出结论，即在 99% 的概率水平下，总体平均数应当处于 24.96～29.04 千克的区间内。

由于总体平均数不是随机变量，因此一般不能说总体平均数以什么样的概率落在某个区间内，而是将对应的概率称为"置信水平"，或者"置信度"，将对应的区间称为"置信区间"。

按照上述的定义，可以这样描述分析结果：在 99% 的置信度水平下，总体平均数的置信区间为(24.96，29.04)。

从例 6.4 中我们可以看到，抽样估计就是利用样本统计量来估计总体参数。抽样估计的理论基础是抽样分布，通过抽样分布，我们可以推导出样本统计量相对于总体参数的分布特征，通过恰当的不等式变换，则可以得到以样本统计量表示的总体参数的区间。

如在上述的例子中，我们知道样本平均数 $\bar{x}$ 有 99% 的概率处于总体平均数 μ 两侧 $2.58 \cdot \dfrac{\sigma}{\sqrt{n}}$ 的范围内，通过不等式变换，就可以将其转变成总体平均数 μ 的 99% 的置信区间为样本平均数 $\bar{x}$ 两侧 $2.58 \cdot \dfrac{\sigma}{\sqrt{n}}$。

用一个实例来类比，如果我们知道一个足球有 99% 的概率出现在某运动员周围不超过 1 米的范围内，则同样也可以说该运动员应当会有 99% 的概率在足球周围不超过 1 米的范围内。抽样估计的方法，就是借助了这样一种思维方式。

6.2.2　样本标准差的运用

在真实的抽样估计实践中，总体标准差 σ 往往是未知的，从而妨碍了人们利用上述所介绍的方法对总体平均数进行估计。

在未知总体标准差的情况下，可以利用样本，构造以下的函数：

$$s^2 = \frac{\sum (x_i - \bar{x})^2}{n-1}$$

可以证明，s^2 的期望值恰好等于总体方差 σ^2，因此可以作为总体方差的估计量，用于替代抽样估计中所需要使用的总体方差。s^2 称为样本方差，其平方根 s 称为样本标准差。

案 例 6-5

估计一群大学生的平均体重

从一群大学生中抽出 40 人，测量其体重数据（单位：千克）如下，试在 95% 的置信度水平下，估计全体大学生的平均体重。

65.9	67.2	67.6	68.0	68.1	69.6	69.7	70.0
70.7	70.8	70.9	71.0	71.4	72.1	72.1	72.2
72.9	72.9	73.0	73.0	73.1	73.2	73.4	73.6
73.7	74.3	75.6	75.9	75.9	76.1	76.9	77.1
77.4	77.4	78.9	79.2	79.8	80.2	81.1	82.2

案例 6-5 的特点在于没有总体标准差的数据，在实际处理时，可以利用样本标准差作为总体标准差的替代，计算过程如下。

计算样本平均数：

$$\bar{x} = \frac{\sum x_i}{n} = 73.60$$

计算样本标准差：

$$s = \sqrt{\frac{\sum (x_i - \bar{x})^2}{n-1}} = 4.0217$$

令 $\sigma = s$，计算抽样标准误差：

$$\sigma_{\bar{x}} = \frac{\sigma}{\sqrt{n}} = \frac{s}{\sqrt{n}} = 0.6359$$

由于置信度 $p = 95\%$，得 $t = 1.96$。

已知总体平均数的置信区间为：

$$(\bar{x} - t\sigma_{\bar{x}}, \ \bar{x} + t\sigma_{\bar{x}})$$

代入上述数据，可得总体平均数的 95% 置信区间为：

$$(72.36, \ 74.85)$$

案例 6-5 是抽样调查实践中的真实情况。在调查中，人们能够获得每个样本的信息，借助这些信息，可以分别计算出样本平均数和样本标准差，并以此推算总体平均数及其置信区间。

案例 6-5 的计算方法是抽样调查中的惯常做法。严格地说，在使用样本方差

s 代表总体方差 σ 之后，统计量 $\dfrac{\bar{x}-\mu}{s/\sqrt{n}}$ 不再服从于标准正态分布，而是服从于 $n-1$ 个自由度的 t 分布，在计算置信区间时所使用的 t 值应当由 t 分布的区间点确定。但社会经济调查一般都是大样本，在样本量足够大的情况下，t 分布与标准正态分布高度重合，区间点的差异不大。

例如，在 $n=100$ 时，99 个自由度的 t 分布区间点为 1.9842，与标准正态分布条件下的区间点 1.96 差距很小；在 $n=1000$ 时，999 个自由度的 t 分布区间点为 1.9623，与 1.96 已经没有什么区别。由于在样本量估算等场合事先无法确定 t 分布的自由度，所以在一般的社会经济调查中，往往以上面介绍的方法，采用正态分布公式来进行抽样误差的计算。

6.2.3　无放回抽样条件下的简单随机抽样误差

前面介绍的样本平均数的抽样分布特征，是基于有放回抽样推导而得的。在社会经济调查实践中，大多数情况下采用的都是无放回抽样，因此需要对无放回抽样时的抽样误差进行专门讨论。

在采用无放回简单随机抽样时，样本平均数 $\bar{x}$ 仍然满足正态分布，期望值为总体平均数，但抽样标准误有所不同，表现为以下形式：

$$\sigma_{\bar{x}}=\frac{\sigma}{\sqrt{n}}\cdot\sqrt{\frac{N-n}{N-1}}$$

式中，N 表示总体的单位数；n 表示样本量。

在上述公式中，如果以 N 替代 $N-1$，抽样标准误并不会发生太大的变化，则原公式可以转化为：

$$\sigma_{\bar{x}}=\frac{\sigma}{\sqrt{n}}\cdot\sqrt{1-\frac{n}{N}}=\frac{\sigma}{\sqrt{n}}\cdot\sqrt{1-f}$$

式中，$f=\dfrac{n}{N}$ 称为抽样比，即样本量占总体的比重。

由此公式可以看到，当抽样比 $f=10\%$ 时，$\sigma_{\bar{x}}=0.9487\cdot\dfrac{\sigma}{\sqrt{n}}$；当抽样比 $f=20\%$ 时，$\sigma_{\bar{x}}=0.8944\cdot\dfrac{\sigma}{\sqrt{n}}$。也就是说，如果样本量是稳定的，在抽样比提高一倍的情况下，抽样标准误仅仅缩小了 5.7%。这个计算结果告诉我们，在一次抽样调查中，样本量才是影响抽样误差的最主要因素，而抽样比对于抽样误差的影响是非常有限的。因此，在进行抽样调查的设计时，不必过多地考虑样本占总体的比例，而是应当着眼于样本量本身的计算。

在总体单位数 N 非常大的情况下，例如在一个大都市中进行抽样调查，城市的总人口可能达到 2000 万人，而样本量只有 1000 人左右，此时抽样比 f 在计算公式中可以忽略不计，无放回抽样与有放回抽样的抽样误差基本上是没有差别的。

6.2.4　影响抽样误差的因素

抽样误差是指抽样调查的结果与真实值之间的差距，在一次调查中，抽样误差可以表现为 $t\sigma_{\bar{x}}$，其中 t 是由置信度水平决定的，不能更改，真正对抽样误差构成影响的，是抽样标准误 $\sigma_{\bar{x}}$。

根据抽样标准差的计算公式，可以看到，影响抽样误差的主要因素包括四个方面。

1. 目标总体的变异程度

目标总体的变异程度(σ)是影响抽样误差的最主要的因素之一，总体的变异程度越大，在确定样本量之下的抽样误差越大。

例如，在一个学校中调查学生的年龄，与在一个城市中调查居民的年龄，总体的变异程度是不同的。如果样本量相同，则前者的抽样误差会比后者小得多。

2. 样本容量

在简单随机抽样条件下，抽样标准误与样本容量 n 的平方根成反比，样本容量越大，则抽样标准误越小。

由公式可知，如果要使抽样标准误缩小到原来的 50%，则样本量需要增加到原来的 4 倍；如果要使抽样标准误缩小到原来的 10%，则样本量需要增加到原来的 100 倍。

从这个分析中我们可以得到一个启示，在抽样调查中对于抽样误差的限定要合理，不要随意地要求缩小抽样误差。因为抽样误差的缩小，会伴随着所需样本量以平方的速度增加，从而大大地提高调查成本。

3. 抽样比

大多数调查都是采用无放回抽样的方式，在总体单位数有限的情况下，抽样比会对抽样误差产生一定的影响，但这种影响是非常有限的。

在总体单位数非常大的情况下，抽样比可能低到千分之一，甚至万分之一，此时抽样比对于抽样误差几乎不产生影响。

在抽样比不产生影响的情况下，总体的单位数对于抽样误差也就不存在影响了。这就能够解释为什么在 2000 万人口的大城市开展调查与在 20 万人口的小城市开展调查，所需要的样本量并没有明显的差异，因为总体相对于样本而言非常庞大，所以总体规模不会影响到样本量的需求。

4. 抽样的组织形式

抽样的组织形式包括简单随机抽样、分层抽样、整群抽样及多阶段抽样等，前面的讨论主要是围绕着简单随机抽样进行的，在采用其他抽样组织形式的情况下，抽样标准误的计算公式有所不同，从而会明显地影响到抽样误差的大小。

（1）分层抽样。分层抽样的抽样标准误公式为：

$$\sigma_{\bar{x}} = \sqrt{\sum_{i=1}^{k} W_i \cdot \frac{\sigma_i^2}{n_i}}$$

式中，W_i 表示各层单位数占总体的比例；σ_i^2 表示每一层的层内方差；n_i 表示每一层的样本量。

从计算公式中可以看到，在分层抽样中，层与层之间的差异不会影响到最终的抽样误差，影响抽样误差的主要是每一层的内部差异。因此，在进行分层抽样时，应当尽量使分出来的层满足"层间差异大、层内差异小"的原则。

（2）整群抽样。整群抽样的抽样标准误公式为：

$$\sigma_{\bar{x}} = \sqrt{\frac{\delta^2}{r} \left(\frac{R-r}{R-1} \right)}$$

式中，δ^2 表示群与群之间的方差；r 表示抽取的群数；R 表示总体的群数。

从公式中可以看到，整群抽样的误差完全由群间方差决定，群内的方差不影响到抽样误差。因此，在进行整群抽样时，应当尽量使群的划分满足"群间差异小、群内差异大"的原则。如果实际形成的群具有群间差异大、群内差异小的特点，则不适合于采用整群抽样。

（3）多阶段抽样。多阶段抽样的误差计算取决于各阶段的抽样方式，随着抽样阶段数的增加，以及每一阶段中采用的抽样方式的复杂性提高，多阶段抽样的抽样标准误公式可能会变得非常烦琐，在此无法一一进行介绍。

以最简单的二阶段抽样为例，假定每一阶段的抽选都是简单随机抽样，且一阶单位的规模相同，则其抽样标准误可以按下列公式推算：

$$\sigma_{\bar{x}}=\sqrt{\frac{1-f_1}{n}s_1^2+\frac{1-f_2}{mn}s_2^2}$$

式中，$f_1=\frac{n}{N}$ 为第一阶段的抽样比，$f_2=\frac{m}{M}$ 为第二阶段的抽样比；$s_1^2=\frac{1}{N-1}\sum_{i=1}^{N}(\bar{Y}_i-\bar{Y})^2$ 为总体一阶单位间的方差；$s_2^2=\frac{1}{N(M-1)}\sum_{i=1}^{N}\sum_{j=1}^{M}(Y_{ij}-\bar{Y}_i)^2=\frac{1}{N}\sum_{i=1}^{N}s_{2i}^2$ 为第二阶段的单位间方差。

（4）设计效应。设计效应用于反映一个复杂抽样的效率，用 $deff$ 因子来计算，公式如下：

$$deff=\frac{所考虑抽样设计估计量的方差}{相同样本无放回简单随机抽样的方差}$$

其中"所考虑抽样设计估计量的方差"，就是前面所说的抽样标准误的平方。显然，估计量方差越大，表明抽样误差越大，则抽样设计的效率便越低。由此可见，当 $deff$ 因子小于 1 时，说明这种复杂抽样的设计效率高于简单随机抽样；当 $deff$ 因子大于 1 时，说明复杂抽样的设计效率低于简单随机抽样。

$deff$ 因子可以用来计算一个复杂抽样所需要的样本量。如果一个复杂抽样的 $deff$ 因子可以估计，且对应相同精度的简单随机抽样样本量为 n'，复杂抽样设计的样本量为：

$$n=n'\cdot deff$$

扫描二维码，获取本节微课视频。

微课视频	学习笔记

6.3　样本量的计算

6.3.1　简单随机抽样条件下样本量的计算

在简单随机抽样条件下，总体平均数的置信区间可以表示为 $(\overline{x}-t\sigma_{\overline{x}}, \overline{x}+t\sigma_{\overline{x}})$，定义误差范围 $\Delta x=t\sigma_{\overline{x}}=t \cdot \dfrac{\sigma}{\sqrt{n}}$，可以看出，误差范围的大小与样本量有着直接的关系。反过来说，则是样本量的大小，取决于所限定的误差范围的大小。

假定在调查中事先设定误差不超过 Δx，则根据 $t \cdot \dfrac{\sigma}{\sqrt{n}} \leqslant \Delta x$，可以推导出样本量的计算公式如下：

$$n \geqslant \frac{t^2 \sigma^2}{(\Delta x)^2}$$

式中，t 是根据置信度所计算出来的概率度数值，在 $p=95\%$ 的条件下，$t=1.96$；$p=90\%$ 时，$t=1.64$。σ 为总体标准差。

案例 6-6

居民调查中的样本量计算

已知某城市居民的收入 $\sigma=1200$ 元，现需要对该城市居民的平均收入进行抽样估计，希望在 95% 的置信度水平下，估计误差 $\Delta x \leqslant 100$ 元，试计算样本量为多少。

对于该问题，可以直接使用样本量计算公式，

$$n \geqslant \frac{t^2 \sigma^2}{(\Delta x)^2}=\frac{1.96^2 \cdot 1200^2}{100^2}=553.19$$

由于实际样本量应当不小于理论计算值，且为整数，因此可以取样本量为 554 人。

6.3.2 总体标准差未知情况下的处理方法

在样本量计算公式中，总体标准差是一个外部变量，需要事先加以确定，如果总体标准差不能确定，则样本量将无法进行计算。

在抽样调查实践中，如果总体标准差未知，在计算样本量时可采用以下四种方法加以处理。

1. 根据以往的经验数值确定

对于一些连续进行的调查来说，可以使用以往调查中获得的总体标准差来作为计算依据。例如，国家进行的农产量调查属于连续调查，每年均要进行。利用每一年获得的各地农产量数据，可以计算出总体的标准差。在未来开展新的调查时，即可以此结果作为总体标准差，结合期望的误差水平推算样本量。

2. 通过试访问进行估计

对于非连续型的调查，可以在正式调查之前，通过对一个较小样本的试访问来获得样本标准差，并以样本标准差作为总体标准差的替代，用于计算最终的样本量。

在案例 6-5 中，如果希望提高估计的精度，则可以根据已经获得的样本标准差 s 来计算所需要的样本量。

3. 采用序贯抽样方法

序贯抽样是指不预先设定样本量的抽样方法，其特点是逐次抽取样本，每抽取一次，就进行一次检验，直至样本提供的信息达到设计的要求。

采用序贯抽样方法来确定样本量，是在事先确定抽样的估计误差范围，然后逐次抽取样本。每新增一个样本，就根据当前样本量及样本方差计算估计误差，如果估计误差大于所预设的水平，则继续进行抽样。如果估计误差小于或等于所预设的水平，则停止抽样，以此时获得的样本量为最终的样本容量。

使用序贯抽样方法可以最大限度地控制样本容量，从而达到节约调查成本的目的。

序贯抽样一般使用于产品质量检验的场合，因为在这种场合下抽样过程能够比较方便地进行控制。

4. 比例估计条件下采用总体标准差的理论最大值替代

所谓比例估计，是指抽样调查中需要估计的变量是具有某种属性的单位所占的比例，例如，在学校里估计拥有笔记本电脑的学生所占的比例。

比例估计可以用前面学习过的均值估计来进行类比。

$$定义 \; x_i = \begin{cases} 1, & 当样本 \, i \, 具有某种属性 \\ 0, & 当样本 \, i \, 不具有某种属性 \end{cases}$$

以前面的例子来说，当一名学生拥有笔记本电脑时，其 x_i 取值为 1；如果其不拥有笔记本电脑，则 x_i 取值为 0。

假定样本中拥有笔记本电脑的学生为 n_1 人，不拥有笔记本电脑的学生为 n_2 人，且 $n_1 + n_2 = n$，计算 x_i 的平均值如下：

$$\bar{x} = \frac{n_1 \cdot 1 + n_2 \cdot 0}{n} = p$$

由上述结果可知，x_i 的样本平均数恰好为拥有笔记本电脑的样本占所有样本的比例，也就是说，比例估计其实就是 x_i 的均值估计。

再计算 x_i 的方差，可得：

$$\sigma_x^2 = \frac{n_1 \cdot (1-p)^2 + n_2 \cdot (0-p)^2}{n} = p(1-p)^2 + (1-p) \cdot p^2$$
$$= p(1-p) \cdot [(1-p) + p] = p(1-p)$$

式中，p 指拥有该属性的样本所占的比例，取值为 0 至 1 之间，不难计算，当且仅当 $p = 0.5$ 时，σ_x^2 取最大值 0.25。

根据这一性质，在进行比例估计时，如果事先无法确定总体方差，则可以用总体方差的理论最大值来替代，从而得到一个在极端条件下仍然能够满足精度要求的样本量。

案例 6-7

估计学校中拥有笔记本电脑的学生所占比重

欲估计学校中拥有笔记本电脑的学生所占的比重，希望在 95% 的置信度水平下，使估计误差不超过 5%，试计算样本量。

利用公式：

$$n \geq \frac{t^2 \sigma^2}{(\Delta x)^2}$$

依题意可知：$t = 1.96$，$\Delta x = 0.05$，σ^2 未知。为了计算最终的样本量，可以假定 σ^2 取最大值 0.25，将其代入公式，可得：

$$n \geqslant \frac{t^2 \sigma^2}{(\Delta x)^2} = \frac{1.96^2 \cdot 0.25}{0.05^2} = 384.16$$

可确定最终的样本量为 385 人。这一样本量是在 σ^2 取最大值的条件下计算出来的，如果 σ^2 为其他取值，则该样本量会大于其他条件下所必需的样本量。

6.3.3 市场调查中确定样本量的方法

在许多市场调查中，所涉及的变量往往以属性变量为主，例如受访者的性别、学历、婚姻状况、是否拥有某种家用电器、是否参加过某项活动、是否喜欢某部电视剧，等等。对于这类变量的分析都属于比例估计的范畴。

基于定量指标的精度来估计调查样本量需要事先掌握定量指标的总体标准差，在实践中难以获得，因此许多抽样调查都是基于属性指标的估计来确定样本量。一般来说，在 95% 的置信度水平下，使属性指标的估计误差保持在 5% 以内，是一个能够被普遍接受的精度标准，根据这种精度，调查的样本量应当为385 个。

如果考虑到分性别或者分年龄组的估计也要达到上述精度，则调查的总样本量应当在上述基础上翻倍，或者乘以年龄组的组数。假定样本按性别分成 2 组，每组均要保证上述的估计精度，则样本量应为 $385 \times 2 = 770$；如果样本按年龄分为 4个年龄组，每个年龄组均要保证上述估计精度，则样本量应为 $385 \times 4 = 1540$。

在市场调查中，影响样本量的因素有很多，以下是最常见的一些因素。

第一，调查并非采用简单随机抽样方式，而多采用多阶段抽样方式，其估计误差会比相同样本的简单随机抽样更大一些。

第二，调查结果的分析可能涉及不同的分组估计，有时候需要分 2 个组，有时候可能要分 5 个组甚至更多。

第三，还需要考虑非抽样误差的影响，因此样本量要比单纯考虑抽样误差时更大一些。

第四，调查结果的估计误差并不一定要严格限制在 5% 的范围内，适当扩大一些，例如 7% 甚至 10% 也是允许的。

　　第五，受调查经费以及其他条件的限制，样本量不能无限扩大，而是要控制在适当的范围之内。

　　综合上述因素，在常规的市场调查中，一个城市调查 1000 个样本是比较恰当的设计，其能够保证必要的估计精度，同时又避免了成本的扩大。

　　在调查设计中，可以创造性地运用各种方法来确定样本量。例如，案例 6-8 便体现出了利用经验数据以及运用序贯抽样的思想。

案例 6-8

某地方政府对乡镇工作群众满意度的评测调查设计

　　某地方政府欲对下属各乡镇工作的群众满意度进行评测，评测方法是在各乡镇随机抽选一部分居民，通过问卷调查的方法了解其对于本乡镇政府工作的满意情况。满意情况简单地分为"满意"与"不满意"两种情况，一个乡镇政府的群众满意度用选择"满意"的受访者的比例来进行计算。

　　根据统计部门的建议，地方政府确定评测的精度要求为在 95% 的置信度水平下，对每个乡镇的满意度估计误差低于 5%。根据这一要求，每个乡镇的样本量应当确定为 385 名居民。全市共有 300 个乡镇，调查的总样本量为 115500 人。

　　在第一年的调查结束之后，地方政府希望对评测方案进行改进，主要的要求是希望在精度不下降的前提下，减少总样本量，以便减少评测所需要的经费支出。

　　解决这一问题的思路，是从样本量计算公式入手。我们确定每乡镇 385 个样本的计算依据是如下公式：

$$n \geqslant \frac{t^2 \sigma^2}{(\Delta x)^2} = \frac{1.96^2 \cdot 0.25}{0.05^2} = 384.16$$

　　式中，t 和 Δx 是由调查的精度要求决定的，不能修改，所以需要从 σ^2 入手。我们此前设定 σ^2 时，因为缺乏总体的标准差信息，因此采用最大值，即 0.25 予以替代。但在第一年的调查完成之后，我们已经拥有了经验数值，可以使用经验数值来加以替代。

　　假定某乡镇去年的工作满意度为 80%，$\sigma^2 = p \cdot (1-p) = 0.16$，将其代入样本量计算公式，可得样本量为 $n \geqslant \dfrac{1.96^2 \cdot 0.16}{0.05^2} = 245.86$，取 246 人作为样本即可。因为各年度的满意度可能会存在差异，为了避免小幅波动导致估计精度不足，可以在上述样本量的基础上适当上浮一些，例如调查260人或者280人。在年度间满意度波动不大的情况下，这种方式可以使样本量得到有效的降低。

　　如果在不同年度间某些乡镇的工作满意度发生了较大的变化，例如由去年的90%下降至50%，则按照90%满意度计算出来的样本量就会不足，此时可以根据今年的调查结果，对这些乡镇进行补充调查，以满足精度要求。这种事后追加样本的方法，便是序贯抽样方法的一种体现。

　　市场调查中有时候还会遇到一种特殊的情况，即某个属性的出现是一个小概率事件，概率可能低至1%甚至更小。在这种情况下，如果要对该问题进行有效的研究，所需要的样本量就会非常大。

案例 6-9

收视率调查的样本量计算

　　电视节目的收视率调查是一项非常重要的调查工作，节目的收视率对于评价、改进节目以及指导广告商选择广告投放策略，都有非常大的作用。电视节目的收视率是按照观众看与不看该节目的比例来计算的，因此其研究属于比例估计的问题。

　　根据经验，在电视收看的"黄金时段"，电视机的开机率一般为50%左右，而大多数人家的有线电视往往能够收看50个以上的频道，因此在黄金时段的电视节目收视率平均值为1%。在非黄金时段，或者一些比较小众的节目，收视率低至0.1%甚至0.01%也并非偶然。

　　在收视率为1%的情况下，如果将估计的绝对误差设定在5%，则所获得的置信区间将是−4%～+6%，这样的估计对于收视率这个变量来说，无疑是毫无价值的。

　　在进行收视率调查时，需要将精度要求设定在更小的范围内，例如取黄金时段平均收视率的10%作为相对误差，则可得到允许的绝对误差等于1%×10%=0.1%。

　　按95%置信度计算，要达到上述精度的调查样本量应为：

$$n \geqslant \frac{t^2 \cdot \sigma^2}{(\Delta x)^2} = \frac{1.96^2 \cdot p(1-p)}{(0.1\%)^2} = \frac{1.96^2 \cdot 1\% \cdot 99\%}{(0.1\%)^2} = 38031.84$$

也就是说，样本量应当达到 4 万左右，才能保证精度的要求。

在上述计算时，σ^2 没有按最大值 0.25 计算，这是因为事先已经假定了 $p=1\%$，因此不需要再按最大值法计算了。

上述按相对误差作为精度要求计算样本量的方法，常用于比例非常低的属性变量的调查。例如，有些疾病的发病率可能低至千分之一甚至万分之一，要对该疾病的发病率作出有效的估计，需要调查的样本量往往会高达数百万人。

扫描二维码，获取本节微课视频。

微课视频	学习课件

6.4　一般参数估计问题

6.4.1　参数估计的概念

利用样本平均数估计总体平均数，是最常见的参数估计问题，除了这种问题之外，在统计实践中还有其他进行参数估计的情形。

所谓参数估计（Parameter Estimation），就是用样本统计量去估计总体参数的过程。

1. 点估计与区间估计

点估计（Point Estimate）是指用一个样本统计量的值来估计总体参数。例如，为了了解一个城市中所有居民的家庭平均收入，可以抽选 1000 户居民作为样本，计算样本的家庭平均收入，作为全市居民家庭平均收入的估计结果，这种估计方法就是点估计。其中，研究设计中所选择的 1000 户居民的家庭平均收入称为总体参数的估计量，而根据在一次特定调查中所获得的 1000 户居民数据所计算出来的结果，称为估计值。

知识点

点估计的数学定义

对于样本 $(X_1, X_2, \cdots, X_n)$，构造统计量 $\hat{\theta} = \Phi(X_1, X_2, \cdots, X_n)$ 来估计总体参数 θ，则称 $\hat{\theta}$ 为 θ 的一个点估计[①]。在点估计中，统计量 $\hat{\theta} = \Phi(X_1, X_2, \cdots, X_n)$ 称为估计量，根据一个特定样本 $(x_1, x_2, \cdots, x_n)$ 所计算出来的数值 $\hat{\theta} = \Phi(x_1, x_2, \cdots, x_n)$ 称为估计值。

区间估计（Interval estimation）是指用两个统计量所界定的范围来估计总体参数。在案例 6-6 中，我们计算出在 99% 的概率水平下，全体儿童体重的平均数应当处于 24.96 千克至 29.04 千克的区间内，这种估计方法，就属于区间估计。其中 (24.96, 29.04) 的区间，称为总体参数的估计区间，也称为置信区间。

知识点

区间估计的数学定义

设 θ 为未知参数，$\hat{\theta}_1$ 和 $\hat{\theta}_2$ 为两个统计量，且 $\hat{\theta}_1 \leqslant \hat{\theta}_2$，用区间 $[\hat{\theta}_1, \hat{\theta}_2]$ 来估计 θ 可能存在的范围，称为 θ 的一个区间估计[②]。

2. 均方误差与点估计的评价标准

在点估计中，由于样本的随机性，一次特定估计的估计值与总体参数并不会完全相等，而是存在着一定的误差。如果将点估计的过程重复多次，可以得到误差的平均水平。一个好的点估计应当是误差的平均水平较低的估计。为了评价点

---

① 《现代应用数学手册》编委会. 现代应用数学手册——概率统计与随机过程卷[M]. 北京：清华大学出版社，2000：148.

　　在这个定义中，点估计是作为一个名词，对应的是估计量的概念。而在许多统计学教材中，点估计是作为一个动词，指使用估计量估计总体参数的方法或者过程。在本教材的其他地方，均将点估计定义为一种方法或者过程。后续介绍的区间估计定义也有这样的区别，不再赘述。

② 《现代应用数学手册》编委会. 现代应用数学手册——概率统计与随机过程卷[M]. 北京：清华大学出版社，2000：173.

估计的优劣，可以引入均方误差 MSE(Mean Square Error)的概念：

$$\mathrm{MSE}(\hat{\theta})=E\,(\hat{\theta}-\theta)^2$$

MSE 反映出估计量 $\hat{\theta}$ 与总体参数 θ 的平均差异水平，显然，MSE 越小，说明点估计越精确。MSE 的大小受到两个因素的影响，一个因素是估计量 $\hat{\theta}$ 的数学期望是否等于总体参数 θ，另一个因素是 $\hat{\theta}$ 自身的方差。基于控制 MSE 的考虑，一个点估计可以用以下几个标准来进行评价。

（1）无偏性（Unbiasedness）。估计量的数学期望等于总体参数，即满足以下要求：

$$E(\hat{\theta})=\theta$$

可用于估计某个特定总体参数的统计量并不是唯一的。例如，我们习惯于用样本平均数 $\bar{x}$ 来估计总体平均数 μ，但这并不意味着能够用于估计 μ 的统计量只有一个，以下这些统计量也可以用来作为 μ 的估计量：

样本中的第 1 个数 x_1；

样本中前 5 个数的平均数 $\bar{x}^*=\dfrac{1}{5}\sum\limits_{i=1}^{5}x_i$；

修正的样本平均数 $\bar{x}^{**}=\dfrac{1}{n-1}\sum x_i$。

可以证明，前两个统计量 x_1 和 $\bar{x}^*$ 都满足无偏性的要求，但第三个统计量 $\bar{x}^{**}$ 的期望值 $E(\bar{x}^{**})=\dfrac{n}{n-1}\mu$，因此不满足无偏性的要求。

满足无偏性要求的估计量称为总体参数的无偏估计量。

（2）有效性（Efficiency）。估计量的方差在所有的无偏估计量中最小，满足这一条件的无偏估计量称为有效估计量。用数学语言表述为：对于总体参数 θ 的所有估计量 $\hat{\theta}_0,\hat{\theta}_1,\hat{\theta}_2,\cdots,\hat{\theta}_n$，若有：

$$D(\hat{\theta}_0)\leqslant D(\hat{\theta}_i)，对于所有的 i$$

则称 $\hat{\theta}_0$ 为总体参数 θ 的有效估计量。

在前面，我们说到 x_1 和 $\bar{x}^*$ 等都是总体平均数 μ 的无偏估计量，但它们均不满足方差最小的要求，因此不是有效估计量，只有样本平均数 $\bar{x}$ 为有效估计量。

（3）一致性（Consistency）。随着样本量的增加，点估计值会越来越接近于总体参数的真实值。用数学形式表述为：对于任意正数 ε，则有：

$$\lim_{n \to \infty} P(|\hat{\theta} - \theta| > \varepsilon) = 0$$

例如，用样本平均数估计总体平均数时，随着样本量的增大，样本平均数与总体平均数之间的差距会越来越小。当样本量趋向于无穷大时，样本平均数几乎完全等于总体平均数，因此样本平均数是一个满足一致性要求的估计量。

而如果用样本的第一个数 x_1 作为总体平均数的估计量，则无论样本量 n 为多大，其与总体平均数的平均差异是不会变化的，因此 x_1 不满足一致性的要求。

3. 置信度（Confidence ievel）与置信区间（Confidence interval）

在现实生活中，我们可以通过目测的方法，估计一位陌生人的年龄。在做这种估计时，我们所设想的年龄范围与估计的可靠性是密切相关的。例如，我们可以有 80% 的把握，认为这位陌生人的年龄在 20～22 岁；我们有 90% 的把握，认为其年龄在 19～23 岁；我们有 99% 的把握，认为其年龄在 16～25 岁。

在这个估计过程中，要提高估计的可靠性，就必须放弃估计的精度，提出一个更宽泛的估计范围。反之，如果要想使估计范围缩小，则估计的可靠性也会随之降低。

在进行区间估计时，总体参数的置信区间也是和一定的可靠性相联系的，这种与置信区间相对应的可靠性，称为置信度，也可称为置信水平或置信系数。

❄ 知识点

置信度与置信区间的数学定义

设 $[\hat{\theta}_1, \hat{\theta}_2]$ 为 θ 的一个区间估计，若对于给定的正数 $1-\alpha$ 及 θ 的任一可能值 θ'，满足：

$$P(\hat{\theta}_1 \leqslant \theta' \leqslant \hat{\theta}_2) \geqslant 1 - \alpha.$$

则称 $[\hat{\theta}_1, \hat{\theta}_2]$ 为 θ 的一个置信水平为 $1-\alpha$ 的置信区间[①]。

---

① 《现代应用数学手册》编委会. 现代应用数学手册——概率统计与随机过程卷[M]. 北京：清华大学出版社，2000：173.

　　置信区间应当表示为开区间或是闭区间，在不同的材料上有不同的处理。根据《现代应用数学手册—概率统计与随机过程卷》中的定义，显然应当将其作为闭区间，但在大多数统计学教材中，则是作为开区间处理。因为在连续分布中，随机变量取特定值的概率为 0，因此用开区间或者闭区间表述置信区间，并不会影响到置信度的大小。在本教材的其他地方，均采用开区间表述置信区间。

置信度的统计学含义可以这样理解：由于样本的随机性，通过某种方式构造出来的置信区间，可能会包含总体参数，也可能不会包含总体参数。如果将抽样过程重复多次，其中置信区间能够包含总体参数的概率，称为置信度。

在案例 6-4 中，已知一群儿童的平均体重 μ 为 25 千克，标准差为 5 千克，从中随机抽选 40 人，计算其平均体重 $\bar{x}$。根据已经学过的知识，我们知道 $\bar{x}$ 将有 99% 的概率会落在区间 22.96～27.04 千克。

反过来，如果我们要用 $\bar{x}$ 来估计这群儿童的真实平均体重 μ，可以构造出以下的置信区间：

$$\left(\bar{x}-2.58 \cdot \frac{5}{\sqrt{40}}\ ,\ \bar{x}+2.58 \cdot \frac{5}{\sqrt{40}}\right)$$

当 $\bar{x}$ 落在区间 22.96～27.04 千克时，上述的置信区间将能够包含真实的儿童平均体重 $\mu=25$，也就是说，这样的估计是正确的。但 $\bar{x}$ 也有 1% 的可能性会落在区间 22.96～27.04 千克之外，这时候根据上述构造出来的置信区间，将不会包含真实的儿童平均体重。

例如，如果因为随机性的原因，抽选到了太多体重偏轻的儿童，使 $\bar{x}=22$ 千克，则根据上式构造出来的置信区间为 (19.96，24.04)，而真实的儿童平均体重为 25 千克，显然置信区间并没有包含真实的总体参数，即估计结果是错误的。

在这个例子中，使用区间 $\left(\bar{x}-2.58 \cdot \frac{5}{\sqrt{40}}\ ,\ \bar{x}+2.58 \cdot \frac{5}{\sqrt{40}}\right)$ 来作为总体参数的置信区间，有 99% 的机会是正确的，有 1% 的机会是错误的，因此称这项估计的置信度为 99%。

6.4.2　参数估计的一般方法

从 6.2 节的讨论中，我们可以看到参数估计是从抽样分布出发，构造出用统计量描述的参数的置信区间。例如，假定存在以下的抽样分布：

$$t=f(x，P)\sim G$$

式中，t 为包含统计量和待估参数的函数；x 为统计量；P 为需要估计的总体参数；$f(x，P)$ 为某种函数形式；G 为某种分布。

我们可以用简单随机抽样条件下的样本平均数的抽样分布来类比，抽样分布的形式为：

$$z=\frac{\bar{x}-\mu}{\sigma/\sqrt{n}}\sim N(0，1)$$

式中，包含统计量和待估参数的函数为 z，统计量是样本平均数 $\bar{x}$，待估参数为总体平均数 μ，函数形式为 $\dfrac{\bar{x}-\mu}{\sigma/\sqrt{n}}$，其对应的分布为标准正态分布 $N(0，1)$。

参数估计的一般方法，就是利用上述分布规律，先找出对应于指定置信度的分布区间，构造出描述统计量函数取值区间的不等式形式，然后将已知数代入函数，通过普通的解不等式的方法，获得待估参数的取值区间。

例如在上例中，因为统计量函数 z 服从于标准正态分布，设定置信度为 95%，可以得到以下不等式：

$$-1.96<\frac{\bar{x}-\mu}{\sigma/\sqrt{n}}<+1.96$$

在不等式中，$\bar{x}$、σ 和 n 均为已知数，可以将其数值代入不等式，然后通过解不等式的方法，得到有关待估参数 μ 的置信区间。

6.4.3 常用的抽样分布

抽样分布是推断统计的基础。在过去 100 多年中，数学家们研究了各种统计量的抽样分布形式，并基于这些抽样分布提出了许多统计分析方法。在常见的推断统计中，研究人员所关心的总体参数为总体的平均数、比例和方差，根据分析中涉及的总体数量，又分为单总体情况与双总体情况。

为了对总体的平均数、比例和方差进行推断，需要使用到样本平均数、比例和方差的抽样分布，常用的抽样分布包括以下 8 类(图 6.5)：

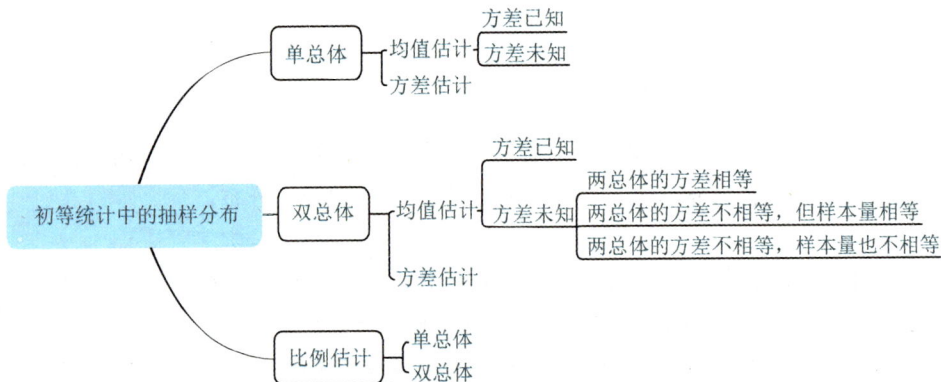

图 6.5　初等统计中常用的抽样分布

抽样分布是统计量的分布形式。抽样分布受到抽样方式以及总体分布的影响，因此其分布形式中往往包含着总体参数，形式上较为复杂。为了简化起见，一般会把抽样分布进行某种函数变换，将其转化为特定函数的分布，这个特定函数中间既包括了统计量，也包括了总体参数。

例如，在 6.1.3 节中讨论了样本平均数的抽样分布，指出其服从正态分布，期望值为总体平均数 μ，方差为总体方差 σ^2 与样本量 n 的商。即：

$$\bar{x} \sim N\left(\mu, \frac{\sigma^2}{n}\right)$$

采用标准化变换方法，可以将上述分布转化为以下形式：

$$z = \frac{\bar{x} - \mu}{\sigma/\sqrt{n}} \sim N(0, 1)$$

式中，z 为一个包含了统计量与总体参数的函数，其所服从的统计分布变为较为简单的标准正态分布形式。

初等统计中最常用的八类抽样分布，均采用了这样的形式进行转化，在不会引起混淆的情况下，我们将转化后的形式仍称为抽样分布，将统计量函数简称为统计量。

1. 单总体，方差已知，待研究参数为总体均值

在总体服从正态分布，或者样本量较大的情况下，有以下抽样分布：

$$z = \frac{\bar{x} - \mu}{\sigma/\sqrt{n}} \sim N(0, 1)$$

2. 单总体，方差未知，待研究参数为总体均值

在总体服从正态分布，或者样本量较大的情况下，有以下抽样分布：

$$t = \frac{\bar{x} - \mu}{s/\sqrt{n}} \sim t(n-1)$$

这种分布多用于小样本的情况。当样本量较大时，$n-1$ 个自由度的 t 分布接近于标准正态分布，可以套用第 1 种情况的公式进行计算。在小样本条件下，必须满足总体服从正态分布的要求，上述抽样分布才是成立的。

知识点

t 分布的数学定义

设 $X \sim N(0, 1)$，$Q \sim \chi^2(n)$，且 X 与 Q 相互独立，则有：

$$T = \frac{X}{\sqrt{Q/n}} \sim t(n)$$

称为 T 服从 n 个自由度的 t 分布，又称 Student 分布。

t 分布的概率密度函数为：

$$f(x,\,n) = \frac{\Gamma\left(\dfrac{n+1}{2}\right)}{\sqrt{n\pi}\cdot\Gamma\left(\dfrac{n}{2}\right)}\cdot\left(1+\frac{x^2}{n}\right)^{-\frac{n+1}{2}},\quad -\infty < x < +\infty$$

式中，$\Gamma(x)$ 为伽马函数（Gamma Function），定义为 $\Gamma(x) = \int_0^{+\infty} t^{x-1}\mathrm{e}^{-t}\mathrm{d}t$。

t 分布是以 0 为对称轴的对称分布，当 n 足够大时，t 分布与标准正态分布的概率密度曲线十分接近。当 $n\to\infty$ 时，t 分布与标准正态分布完全重合，称为以标准正态分布为渐近分布。图 6.6 为不同自由度的 t 分布的图形。

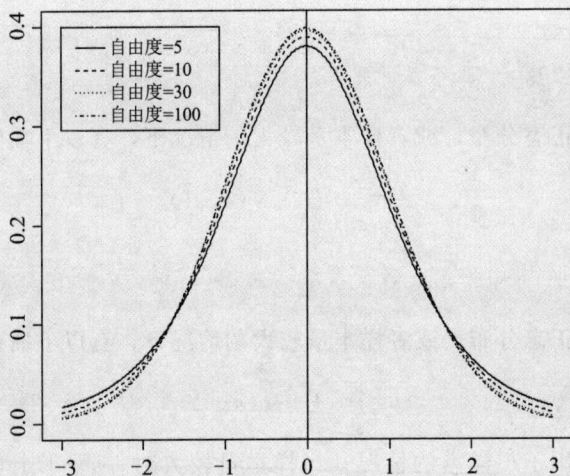

图 6.6　不同自由度的 t 分布

3. 单总体，待研究参数为总体方差

在总体服从正态分布时，有以下抽样分布：

$$K = \frac{(n-1)s^2}{\sigma^2} \sim \chi^2(n-1)$$

知识点

χ^2 分布的数学定义

设 X_1，X_2，…，X_n 为相互独立，且满足标准正态分布的随机变量，有：

$$K = \sum X_i^2 \sim \chi^2(n)$$

称为 K 服从 n 个自由度的 χ^2 分布。

χ 为希腊字母，音标为 [kai]，因此 χ^2 分布也可称为卡方分布。

χ^2 分布的概率密度函数为：

$$f(x,\ n) = \begin{cases} \dfrac{1}{2^{\frac{n}{2}} \cdot \Gamma\left(\dfrac{n}{2}\right)} \cdot x^{\frac{n}{2}-1} \mathrm{e}^{-\frac{x}{2}}, & x \geqslant 0 \\ 0, & x < 0 \end{cases}$$

χ^2 分布为随机变量的平方和的分布，因此图形只包括 $x \geqslant 0$ 的部分。图 6.7 为不同自由度的 χ^2 分布的图形。

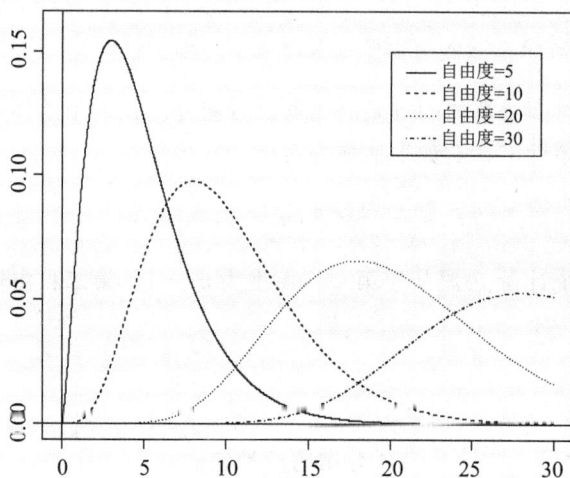

图 6.7 不同自由度的 χ^2 分布

4. 双总体，方差已知，待研究参数为两个总体的均值之差

这种情况是考察两个相互独立的总体，研究对象为两个总体的均值之差，而

不是任何一个总体的均值。在两个总体相互独立，均服从正态分布或者在大样本的条件下，有如下抽样分布：

$$z=\frac{(\bar{x}_1-\bar{x}_2)-(\mu_1-\mu_2)}{\sqrt{\dfrac{\sigma_1^2}{n_1}+\dfrac{\sigma_2^2}{n_2}}}\sim N(0,1)$$

如果两个总体的均值之差为 0，则表示两个总体的均值相等。

5. 双总体，方差未知，待研究参数为两个总体的均值之差

与前一项相比，区别在于两个总体的方差未知，需要用各自的样本方差替代，其抽样分布为：

$$t=\frac{(\bar{x}_1-\bar{x}_2)-(\mu_1-\mu_2)}{\sqrt{s_p^2\cdot\left(\dfrac{1}{n_1}+\dfrac{1}{n_2}\right)}}\sim t(n_1+n_2-2)$$

式中，$s_p^2=\dfrac{(n_1-1)\cdot s_1^2+(n_2-1)\cdot s_2^2}{n_1+n_2-2}$。当 $n_1=n_2$，或者假定 $s_1^2=s_2^2$ 时，上述抽样分布公式可以进行简化。

6. 双总体，待研究参数为两个总体的方差之比

这种情况是对两个总体的方差的比值进行研究。在两个总体相互独立，且均服从正态分布的条件下，有如下抽样分布：

$$F=\frac{s_1^2/\sigma_1^2}{s_2^2/\sigma_2^2}\sim F(n_1-1,n_2-1)$$

该分布表示统计量 F 服从于第一自由度为 n_1-1，第二自由度为 n_2-1 的 F 分布。

📖 **知 识 点**

F 分布的数学定义

设 $Y_1\sim\chi^2(n_1)$，$Y_2\sim\chi^2(n_2)$，且 Y_1 与 Y_2 相互独立，则有：

$$F=\frac{Y_1/n_1}{Y_2/n_2}\sim F(n_1,n_2)。$$

称为 F 服从于第一自由度为 n_1，第二自由度为 n_2 的 F 分布。

F 分布的概率密度函数为：

$$f(x, n_1, n_2) = \begin{cases} \dfrac{\left(\dfrac{n_1}{n_2}\right)^{\frac{n_1}{2}}}{B\left(\dfrac{n_1}{2}, \dfrac{n_2}{2}\right)} \cdot x^{\frac{n_1}{2}-1}\left(1+\dfrac{n_1}{n_2}x\right)^{\frac{n_1+n_2}{2}}, & x \geqslant 0 \\ 0, & x < 0 \end{cases}$$

$B(x, y)$ 为贝塔函数（Beta Function），定义为：

$$B(x, y) = \frac{\Gamma(x) \cdot \Gamma(y)}{\Gamma(x+y)}$$

图 6.8 为不同自由度的 F 分布的图形。

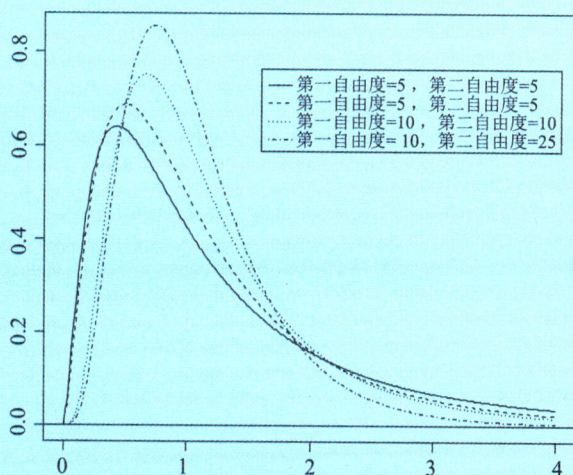

图 6.8　不同自由度的 F 分布

如果两个总体的方差比为 1，则可以认为两个总体具有同方差的特征。

7. 单总体，待研究参数为总体中具有某一属性的个体所占比例

这种情况是在单总体条件下，研究具有某一属性的个体所占比例，简称为比例。将总体比例用 π 表示，样本比例用 p 表示，在大样本下，抽样分布为：

$$z = \frac{p-\pi}{\sqrt{\pi(1-\pi)/n}} \sim N(0, 1)$$

比例估计是对具有 $0-1$ 属性的变量进行的研究，因此无法假定总体满足正态性要求。上述抽样分布必须是在大样本条件下才能够成立，在小样本情况下，需要用二项分布的原理来进行估计。

上述抽样分布需要使用总体方差 $\pi(1-\pi)$，因为总体比例 π 为未知数，所以一般使用样本方差 $p(1-p)$ 代替，抽样分布转化为：

$$z=\frac{p-\pi}{\sqrt{p(1-p)/n}}\sim N(0，1)$$

8. 双总体，待研究参数为两个总体的比例之差

用于双总体条件下，研究两个总体中某一属性的比例之差。在大样本下，抽样分布为：

$$z=\frac{(p_1-p_2)-(\pi_1-\pi_2)}{\sqrt{\dfrac{\pi_1(1-\pi_1)}{n_1}+\dfrac{\pi_2(1-\pi_2)}{n_2}}}\sim N(0，1)$$

式中，$\pi_1(1-\pi_1)$ 和 $\pi_2(1-\pi_2)$ 分别可以用 $p_1(1-p_1)$ 和 $p_2(1-p_2)$ 代替。

如果两个总体的比例之差为 0，则可以认为两个总体中某一属性的比例相等。

表 6.2 是上述 8 种情况的汇总。

表 6.2　常用抽样分布

序号	描述	统计量函数	分布	条件
1	单总体：均值，方差已知	$z=\dfrac{\bar{x}-\mu}{\sigma/\sqrt{n}}$	$N(0，1)$	正态总体，或大样本
2	单总体：均值，方差未知	$t=\dfrac{\bar{x}-\mu}{s/\sqrt{n}}$	$t(n-1)$	正态总体
3	单总体：方差	$K=\dfrac{(n-1)s^2}{\sigma^2}$	$\chi^2(n-1)$	正态总体
4	双总体：均值之差，方差已知	$z=\dfrac{(\bar{x}_1-\bar{x}_2)-(\mu_1-\mu_2)}{\sqrt{\sigma_1^2/n_1+\sigma_2^2/n_2}}$	$N(0，1)$	正态总体，或大样本
5	双总体：均值之差，方差未知	$t=\dfrac{(\bar{x}_1-\bar{x}_2)-(\mu_1-\mu_2)}{\sqrt{s_p^2(1/n_1+1/n_2)}}$ $s_p^2=\dfrac{(n_1-1)s_1^2+(n_2-1)s_2^2}{n_1+n_2-2}$	$t(n_1+n_2-2)$	正态总体
6	双总体：方差之比	$F=\dfrac{s_1^2/\sigma_1^2}{s_2^2/\sigma_2^2}$	$F(n_1-1，n_2-1)$	正态总体
7	单总体：比例	$z=\dfrac{p-\pi}{\sqrt{p(1-p)/n}}$	$N(0，1)$	大样本

续表

序号	描述	统计量函数	分布	条件
8	双总体：比例之差	$z=\dfrac{(p_1-p_2)-(\pi_1-\pi_2)}{\sqrt{\dfrac{p_1(1-p_1)}{n_1}+\dfrac{p_2(1-p_2)}{n_2}}}$	$N(0,1)$	大样本

6.4.4　利用常见抽样分布进行参数估计

利用 6.4.3 节中所列出的 8 种常见抽样分布，可以对一些总体的均值、方差等参数进行估计。在 6.2 节中，已经讨论过方差已知条件下单总体的均值估计问题，在此选择另外几种情况进行举例说明，其他抽样分布的应用可以类比。

1. 方差未知条件下的单总体均值估计

在方差未知的条件下，单总体均值估计需要使用 t 分布。由于在自由度比较大的情况下，t 分布与标准正态分布十分接近，因此在大样本的条件下，可以用样本标准差 s 代替总体标准差 σ，并使用正态分布进行均值估计。在小样本条件下，如果总体服从正态分布，则可使用以下抽样分布：

$$t=\frac{\overline{x}-\mu}{s/\sqrt{n}}\sim t(n-1)$$

t 分布为对称分布，当设定区间估计的置信度为 $1-\alpha$ 时，需通过查表的方法求出对应于右侧概率为 $\dfrac{\alpha}{2}$ 的 t 分布边界值 $t_{\frac{\alpha}{2}}$。在置信度 $1-\alpha$ 下，$-t_{\frac{\alpha}{2}}<t<t_{\frac{\alpha}{2}}$，如图 6.9 所示。

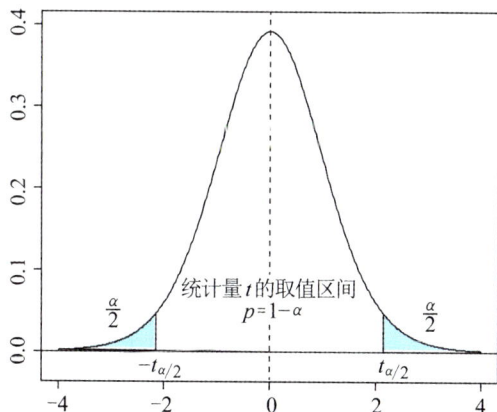

图 6.9　t 分布下置信度与统计量取值区间关系示意图

知识点

在 Excel 和 R 中求 t 分布、χ^2 分布、F 分布的区间点

利用概率密度函数可以计算出对应于特定概率的分布区间边界值，但这种计算非常复杂，在传统上往往是通过查统计表的方法来获得概率与区间边界值的对应关系。随着计算机的普及，大多数的统计分布都可以在常用软件中求出概率值与区间点的对应关系。

在 Excel 中，用函数 tinv()、chiinv()、finv() 分别可以求 t 分布、χ^2 分布、F 分布的概率值与区间点对应关系。

其中：

tinv(p, df) 可计算对应于自由度为 df，双侧概率为 p 的 t 分布边界点。所谓双侧概率，指两侧对称的区间之和为 p，即从左边界点至负无穷大与从右边界点至正无穷大的区间概率之和等于 p。由于两个边界点具有对称性，函数返回值为右边界值，表现为正数。

chiinv(p, df) 可计算对应于自由度为 df，右侧概率为 p 的 χ^2 分布边界点。所谓右侧概率，是指由该区间点至正无穷大的区间概率为 p。

finv(p, $df1$, $df2$) 可计算对应于第一自由度为 $df1$，第二自由度为 $df2$，右侧概率为 p 的 F 分布边界点。

在 R 软件中，用函数 qt()、qchisq()、qf() 分别求 t 分布、χ^2 分布、F 分布的概率值与区间点对应关系，其语法分别为 qt(p, $df=a1$)、qchisq(p, $df=a1$)、qf(p, $df1=a1$, $df2=a2$)，其中的 p 值均指左侧概率。

案例 6-10

方差未知条件下的单总体均值估计

已知某地出产的西瓜重量服从正态分布，现从一批西瓜中随机抽取 15 个，称量其重量如下（单位：千克）。

10.7	11.9	10.3	7.3	12.2
11.1	12.6	8.2	12.2	11.4
8.7	11.3	9.6	9.6	10.5

试在 95% 的置信度下，估计西瓜平均重量的置信区间。

分析：本题是在单总体条件下对总体均值的估计，总体方差未知，应使用抽样分布：

$$t = \frac{\bar{x} - \mu}{s/\sqrt{n}} \sim t(n-1)$$

计算样本平均数 $\bar{x} = 10.51$，样本标准差 $s = 1.5682$，$n = 15$。

在 Excel 软件中使用函数"=tinv(0.05，14)"可求出自由度为 14，双侧概率为 0.05 的 t 分布边界值为 2.1448。合并上述数据，可得在 95% 的置信度下，有：

$$-2.1448 < \frac{10.51 - \mu}{1.5682/\sqrt{15}} < 2.1448$$

解上述不等式，可得：

$$9.64 < \mu < 11.38$$

即西瓜平均重量的 95% 置信区间为（9.64，11.38）

2. 单总体方差估计

单总体方差估计是使用样本方差对总体方差进行估计，使用抽样分布：

$$K = \frac{(n-1)s^2}{\sigma^2} \sim \chi^2(n-1)$$

χ^2 分布不是对称分布，要求置信度为 $1-\alpha$ 的置信区间时，需要查表分别求右侧概率为 $\frac{\alpha}{2}$ 和 $1-\frac{\alpha}{2}$ 的 χ^2 分布边界值，记为 $\chi^2_{\alpha/2}$ 和 $\chi^2_{1-\alpha/2}$。在置信度 $1-\alpha$ 下，有 $\chi^2_{1-\alpha/2} < K < \chi^2_{\alpha/2}$。

例如，如果要求置信度为 95% 的置信区间，需要查对应于右侧概率为 0.025 和 0.975 的 χ^2 分布边界值，统计量 K 的取值区间为这两个边界值之间的范围，如图 6.10 所示。

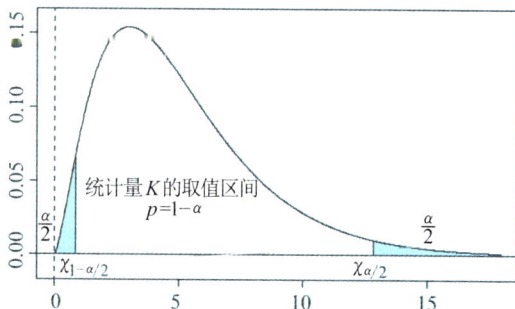

图 6.10　χ^2 分布下置信度与统计量取值区间关系示意图

案例 6-11

单总体方差估计

已知某地出产的西瓜重量服从正态分布，现从一批西瓜中随机抽取 15 个，称量其重量如下（单位：千克）。

10.7	11.9	10.3	7.3	12.2
11.1	12.6	8.2	12.2	11.4
8.7	11.3	9.6	9.6	10.5

试在 95% 的置信度下，估计西瓜方差的置信区间。

计算样本方差 $s^2 = 2.4592$，样本量 $n = 15$，在 Excel 中分别输入 "=chiinv(0.025, 14)" 和 "=chiinv(0.975, 14)" 可以求出 14 个自由度，右侧概率分别为 0.025 和 0.975 的 χ^2 分布边界值为 26.1189 和 5.6287。在 95% 的置信度下，可构造以下不等式：

$$5.6287 < \frac{14 \times 2.4592}{\sigma^2} < 26.1189$$

解不等式，可得：

$$1.3182 < \sigma^2 < 6.1167$$

即西瓜方差的 95% 置信区间为（1.3182，6.1167）。

3. 方差已知条件下两个总体均值之差的估计

两个总体均值之差的估计，是将均值之差当成一个变量来进行估计，不需要计算出两个总体各自的均值，只需要求出其均值之差即可。

案例 6-12

方差已知条件下两个总体均值之差的估计

有甲、乙两班学生同时参加统计学考试。已知两班学生成绩均服从正态分布，方差分别为 20 和 30。从甲班随机抽选 10 名学生，计算平均分为 80 分；从乙随机抽选 12 名学生，计算平均分为 82 分。试在 95% 的置信度下，估计两班学生成绩差距的置信区间。

分析：该问题涉及两个总体均值之差的估计，方差已知，应当使用以下的抽样分布：

$$z = \frac{(\bar{x}_1 - \bar{x}_2) - (\mu_1 - \mu_2)}{\sqrt{\dfrac{\sigma_1^2}{n_1} + \dfrac{\sigma_2^2}{n_2}}} \sim N(0, 1)$$

计算两班学生成绩的样本平均数之差为 $\bar{x}_1 - \bar{x}_2 = 80 - 82 = -2$，方差与样本量均为已知，95％置信度对应的正态分布边界值为 1.96。可知在置信度为 95％的条件下，有以下不等式：

$$-1.96 < \frac{-2 - (\mu_1 - \mu_2)}{\sqrt{\dfrac{20}{10} + \dfrac{30}{12}}} < 1.96$$

解不等式可得：

$$-6.16 < \mu_1 - \mu_2 < 2.16$$

即两班学生成绩之差的 95％置信区间为 $(-6.16, 2.16)$。

4. 两个总体方差比的估计

两个正态总体的方差比是指一个总体与另一个总体方差的比值。当方差比为 1 时，表明两个总体的方差相等，在许多统计分析中均需要有总体方差相等的前提。

总体方差比采用样本方差比进行估计，二者的关系有如下抽样分布：

$$F = \frac{s_1^2 / \sigma_1^2}{s_2^2 / \sigma_2^2} \sim F(n_1 - 1, n_2 - 1)$$

F 分布不是对称分布，因此需要查表分别获得对应于右侧概率 $\frac{\alpha}{2}$ 和 $1 - \frac{\alpha}{2}$ 的 F 分布边界值，在置信度为 $1 - \alpha$ 的条件下，统计量 F 的取值区间界于 $F_{1-\alpha/2}$ 至 $F_{\alpha/2}$ 之间（图 6.11）。

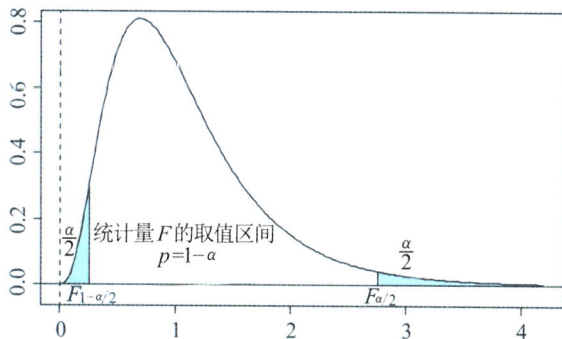

图 6.11　F 分布下置信度与统计量取值区间关系示意图

案例 6-13

两个总体方差比的估计

为研究某学校中男女学生每天学习时间的差异，在该学校分别抽选了30名男生和20名女生进行调查，得出男生学习时间的样本方差为4.2，女生学习时间的样本方差为3.6，试在95%的置信度水平下，估计男女生学习时间的方差比。

分析：该问题涉及对两个总体方差比的区间估计，将男生的样本量和样本方差设为 n_1 和 s_1^2，女生的样本量和样本方差设为 n_2 和 s_2^2，利用以下抽样分布：

$$F = \frac{s_1^2/\sigma_1^2}{s_2^2/\sigma_2^2} \sim F(n_1-1, n_2-1)$$

查表得第一自由度为29，第二自由度为19，右侧概率分别为0.025和0.975的 F 分布边界值为2.40和0.45。可得在95%置信度下，有如下不等式：

$$0.45 < \frac{4.2/\sigma_1^2}{3.8/\sigma_2^2} < 2.40$$

解不等式，可得：

$$0.46 < \frac{\sigma_1^2}{\sigma_2^2} < 2.47$$

即在95%的置信度下，该学校男女生学习时间方差比的置信区间为（0.46，2.47）。

5. 单总体的比例估计

比例估计是对总体中具有某种属性的单位所占比例的估计。在大样本条件下，总体比例可以用样本比例进行估计，并用样本方差替代总体方差，抽样分布为：

$$z = \frac{p - \pi}{\sqrt{p(1-p)/n}} \sim N(0, 1)$$

案例 6-14

单总体的比例估计

在某学校随机抽查 150 名学生，发现有 60 人喜欢玩某种电子游戏。试在 90% 的置信度下，估计该学校喜欢玩此电子游戏的学生所占的比例。

分析：本问题为单总体的比例估计问题，样本量 $n=150$，样本比例 $p=60/150=0.4$，正态分布下 90% 置信度的边界值为 1.64，可得如下不等式：

$$-1.64<\frac{0.4-\pi}{\sqrt{0.4\times0.6/150}}<1.64$$

解不等式，可得：

$$0.3344<\pi<0.4656$$

可知在 90% 的置信度下，该学校喜欢玩此电子游戏的学生所占比例的置信区间为 $(33.44\%, 46.56\%)$。

在进行比例估计时，样本方差为 $p(1-p)$。当 $p=0$ 或者 $p=1$ 时，方差 $p(1-p)=0$，意味着样本没有变异，因此无法用原来的抽样分布公式计算估计量的误差，需要引入其他方法予以研究。

当 $p=0$ 时，π 值的置信区间下限为 0，上限用以下公式计算：

$$\hat{\pi}_U=\frac{F_{1-\alpha}(2, 2n)}{n+F_{1-\alpha}(2, 2n)}$$

当 $p=1$ 时，π 值的置信区间上限为 1，下限用以下公式计算：

$$\hat{\pi}_L=\frac{n}{n+F_{1-\alpha}(2, 2n)}$$

案例 6-15

样本比例为 0 时的区间估计

在一批产品中随机抽取 100 件，发现其中不合格品为 0 件，计算：

$$\hat{\pi}_U=\frac{F_{1-\alpha}(2, 2n)}{n+F_{1-\alpha}(2, 2n)}=\frac{F_{0.95}(2, 200)}{100+F_{0.95}(2, 200)}=\frac{3.04}{100+3.04}=0.0295$$

因此，可以估计该批产品中不合格品率的 95% 置信区间为 $(0, 0.0295)$。

1. 已知某学校学生的平均年龄为 20 岁，标准差为 1 岁，从学生中随机抽选 100 人，求其平均年龄。试计算该平均数的 95％概率分布区间。

2. 从某厂生产的饼干中，随机抽选 30 块，测量其质量数据如下（单位：克）。

5.27，5.35，5.38，5.39，5.39，5.39，5.40，5.40，5.42，5.42

5.42，5.44，5.45，5.46，5.47，5.47，5.48，5.48，5.49，5.49

5.50，5.53，5.54，5.55，5.56，5.57，5.58，5.58，5.59，5.63

试在 95％的置信度水平下，估计这批饼干的平均质量。

3. 已知某总体的标准差为 100，现对该总体做简单随机抽样，欲使对其总体平均数的估计误差在 95％的置信度水平下不高于 5（即 $\Delta x \leqslant 5$），试问样本量应为多少。

4. 某城市从所销售的住宅中抽选了 30 套，统计每套住宅的单价如下（单位：元/平方米）。

3400	3500	3700	3900	4100
4500	4900	6200	6200	6400
6600	7300	8300	8400	8600
8600	8800	9000	9200	9600
9900	10000	10200	10400	11300
11500	11800	12100	12400	13000

(1)试在 90％的置信度水平下，估计该城市所有住宅的平均单价。

(2)欲在 95％的置信度水平下，使估计误差不超过±200 元，样本量应当为多少？

5. 已知某市儿童中近视眼的发生率约为 3％，欲对该发生率作出较为精确的估计，希望在 95％的置信度水平下，使估计的相对误差不大于 10％，试问样本量应为多少。

6. 在一群兔子随机抽取 20 只，得到质量数据如下（单位：克）。

2702	3808	3768	2810	3653
3540	2041	3472	2350	3920
3300	2066	3390	2092	3479
2596	3047	2803	2421	2667

试在 95% 的置信度水平下，估计所有兔子的平均质量。

思政训练模块

党的二十大报告中提出了"全面推进乡村振兴""繁荣发展文化事业和文化产业""推进健康中国建设"等目标。结合社会实践活动，设计并开展一次与国情相关的抽样调查（例如调查农村居民消费水平、青少年阅读情况、社区卫生服务体系建设情况等），利用本章所学知识计算样本量及估计误差。

第 7 章　假设检验

学习目标

　　了解假设检验的作用，理解两类错误的含义及相互关系；能够按照假设检验的步骤进行假设检验的设计与计算，熟悉关于均值和方差的假设检验方法；了解非参数统计的含义；掌握列联表分析的技巧。

关键术语

　　假设检验，弃真错误，取伪错误，原假设，备择假设，显著性水平，接受域，拒绝域，临界值，非参数统计，列联表分析。

本章要点

1. 假设检验的原理，两类错误的概念及相互关系。
2. 假设检验的步骤，确定原假设及备择假设的原则。
3. 利用 8 种常用抽样分布进行均值和方差的假设检验。
4. 非参数统计的含义。
5. 列联表分析方法。

7.1　检验原理

7.1.1　假设检验的概念

　　假设检验(Hypothesis Testing)是推断统计的另一种重要形式，其原理是对总体先作出某种假设，然后通过对样本的观察来判断假设是否成立。

例如，有人认为习惯于使用左手的人数学成绩会优于习惯使用右手的人，为了验证这种判断是否正确，可以分别随机地抽选 20 名习惯使用左手的学生和 20 名习惯使用右手的学生，计算各自数学成绩的样本平均数。如果前者的样本平均数明显高于后者，则可以认为原来的判断是成立的；反之，如果两组的样本平均数没有明显差异，就不能认为原判断成立。

由于样本具有随机性，因此一次假设检验是存在着一定风险的。有可能原假设成立，但由于样本抽选的原因，不能证明其成立；也有可能原假设并不成立，但同样由于样本抽选的原因，导致检验结果显示其成立。

假设检验中确定原假设不成立，称为"拒绝原假设"。在没有证据显示原假设不成立的时候，一般不称为"原假设成立"或者"接受原假设"，而是称为"不能拒绝原假设"。采用这种表述方法的原因在于"不能拒绝原假设"并不意味着原假设是正确的，而只是研究者目前所掌握的信息不足以作出拒绝原假设的判断。

比如说，原假设认为左手习惯和右手习惯的学生在数学成绩方面没有差异，如果仅仅观察 2 名学生，那么得到的结论显然是不够充分的。因为 2 名学生之间没有差异而接受原假设，存在着极大的风险，如果表述为"不能拒绝原假设"，就显得更为稳妥了。

假设检验一般来证明某个原理或者某种效应，例如在医药研究中，用以证明某种药物对患者有效。在这种检验中，原假设一般设定为药物无效，而拒绝原假设就意味着药物是有效的。因为拒绝原假设可以得出原理成立或者效应存在，所以也称为该检验显著。

任何一次假设检验都存在犯两种错误的可能性，分别称为弃真错误和取伪错误。所谓弃真错误，是指原假设为真，而在检验中却拒绝了原假设；所谓取伪错误，是指原假设为假，但在检验中却未能拒绝原假设。

弃真错误和取伪错误的含义可以用表 7.1 来反映。

表 7.1　假设检验结果的各种状态

		检验结果	
		拒绝	不能拒绝
实际状况	真	弃真错误 也称 I 类错误或 α 错误	正确
	伪	正确	取伪错误 也称 II 类错误或 β 错误

7.1.2 假设检验的步骤

根据所提出的原假设以及所选择的检验统计量的不同，假设检验可以有许多种形式。但无论是哪种形式的假设检验，其基本过程是相同的，均包括五个步骤。在此，我们以一个现实中的例子来介绍假设检验的步骤。

案例 7-1

章鱼保罗是神迹吗

在 2010 年南非世界杯期间，有一个关于章鱼保罗的故事。人们在比赛开始之前，在投喂给保罗的食物中分别画上两支参赛队所属国家的国旗，观察其选择具有哪个国旗标识的食品，用来作为比赛结果的预测。在全部 8 次试验中，保罗每一次的选择都与事后的比赛结果相吻合，从而被视为一种神迹。

那么，章鱼保罗的选择到底是有规律的，还是一种随机行为，我们可以用假设检验的方法来进行验证。一个假设检验的过程如图 7.1 所示。

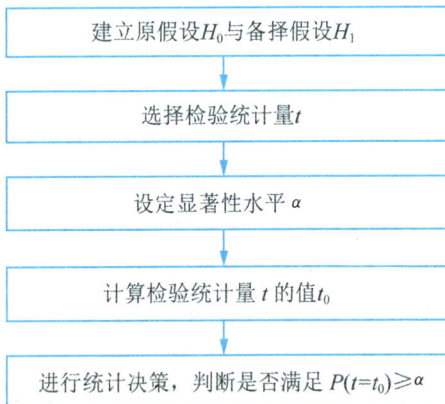

建立原假设H_0与备择假设H_1

选择检验统计量t

设定显著性水平α

计算检验统计量t的值t_0

进行统计决策，判断是否满足$P(t=t_0) \geq \alpha$

图 7.1　假设检验的步骤

1. 提出原假设和备择假设

所谓假设，是指需要进行验证的统计结论。

原假设（Null Hypothesis）是作为统计分析前提的假设，备择假设（Alternative Hypothesis）是在原假设不成立的情况下所接受的假设。

在案例 7-1 中,我们假定章鱼保罗的选择并不具有预测效果,它对于国旗的选择完全是一种随机行为,用统计语言表述如下:

$$H_0:章鱼保罗的选择是随机的,即 p = 50\%;$$

$$H_1:章鱼保罗的选择不是随机的,即 p \neq 50\%。$$

2. 选择适当的检验统计量 T

检验统计量就是在检验过程中用来检验原假设是否成立的统计量,在原假设成立的情况下,统计量 T 将会满足某种特征。

在案例 7-1 中,我们将保罗预测成功的次数 M 作为检验统计量。

3. 规定显著性水平 α

显著性水平 α 规定了在检验中犯弃真错误的最大容忍概率。根据原假设计算统计量 T 取观察值 T_0 的概率,如果这个概率低于 α,则拒绝原假设;如果概率不低于 α,那么就选择不能拒绝原假设。

假设检验的基本思路是:如果原假设导致一个小概率事件发生,则原假设可能是错误的。这其中,小概率事件如何定义,就是一个关键点。显著性水平就是对小概率的界定,在显著性水平确定的情况下,所有发生概率低于显著性水平的事件,就被视为小概率事件;反之,所有发生概率不低于显著性水平的事件,则不属于小概率事件。

显著性水平不能随意地缩小,因为在一次特定的实验中,弃真错误的概率与取伪错误的概率是此消彼长的。如果设定了较小的弃真错误概率,则会扩大取伪错误的概率。

案例 7-2

对比弃真错误与取伪错误

已知男生的平均身高要高于女生。在夜间无法分辨学生的长相和衣着时,单纯通过观察其身高来猜测其性别,就有可能会把一部分个子较高的女生错判为男生,也可能把一部分个子较矮的男生错判为女生。

现假定原假设是某学生为女生,并设定如果观察其身高超过 1.70 米,就拒绝原假设。这样就会有一部分身高高于 1.70 米的女生出现弃真错误,另有一部分身高低于 1.70 米的男生出现取伪错误。

如果想缩小弃真错误，可以将判断的边界提高到 1.72 米，这样被错判为男生的女生数量将会减少，但被错判为女生的男生数量则会增加。

这就是弃真错误与取伪错误此消彼长的例子。

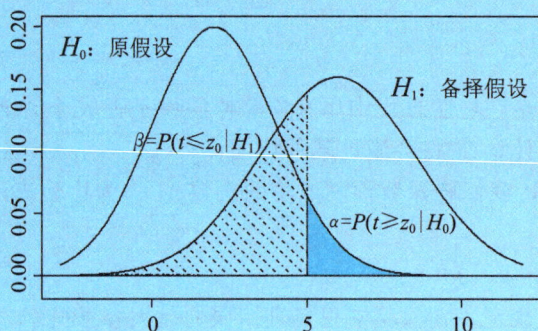

图 7.2 假设检验中两类错误的关系示意图

在一般的假设检验中，习惯于将 α 设定在 0.05 的水平上，即允许存在 5% 的弃真错误。在有些时候，也可以把 α 设定为 0.20、0.10 和 0.01 等不同水平。

4. 计算检验统计量 T 的值 T_0

根据检验中获得的数据，计算统计量 T 的值，记为 T_0。

在案例 7-1 中，通过观察章鱼保罗的行为，可以得到 $T_0 = 8$。

5. 作出统计决策

作出统计决策的方法是计算在原假设成立的情况下，统计量 T 取值为 T_0 的概率。如果这个概率低于显著性水平 α，则作出"拒绝原假设"的判断；反之，如果这个概率不低于 α，则作出"不能拒绝原假设"的判断。用数学形式表述如下：

$$P(T = T_0 \mid H_0) \begin{cases} \leq \alpha & \text{拒绝原假设} \\ > \alpha & \text{不能拒绝原假设} \end{cases}$$

在案例 7-1 中，原假设认为章鱼保罗的选择是随机的，即每次选择正确的概率为 50%，在 8 次实验中全部选择正确的概率为 50% 的 8 次方，即 0.003906。由于概率小于 0.05，因此拒绝原假设，即认为章鱼保罗的选择不是随机的，而是存在着某种内在的机制。

就章鱼保罗这个例子而言，其选择并非随机这样一个判断只是基于统计计算得出的，并不是真实的情况。从计算结果来看，这个检验存在着 4‰ 的犯弃真错误的概率。可以这样说，在观察 1000 条章鱼的同类行为时，会有 4 条章鱼的行为可能出现与保罗相似的结果，这仅仅属于一种偶然性。这个例子也说明，即便是严格的假设检验，也存在着一定的出错概率。

7.1.3　假设检验的设计原理

在假设检验的五个步骤中，前三个步骤是假设检验的设计过程，第四个步骤是实证过程，第五个步骤是统计分析过程。假设检验方法的差异，就在于前三个步骤的差异，在此分别加以介绍。

1. 原假设的选择

假设检验的原假设和备择假设是一对相互对立的命题，例如原假设认为章鱼保罗的选择是随机的，备择假设则认为其选择不是随机的。在一对相互对立的命题中，选择何者为原假设，何者为备择假设，是有其考虑的。设定原假设的原则包括两条：

原则一：将不希望拒绝的命题作为原假设

假设检验是根据已经获得的信息来对原假设作出"拒绝"或者"不能拒绝"的判断，其中，"不能拒绝"在许多情况下并不意味着原假设是真实的，而仅仅是因为所需要的信息不足，无法作出拒绝的判断。

例如，已知学校里男生的身高和女生的身高分别满足正态分布，其中男生的平均值高于女生。若希望通过身高来猜测一名学生是男生还是女生，则假设检验的过程如图 7.3 所示。

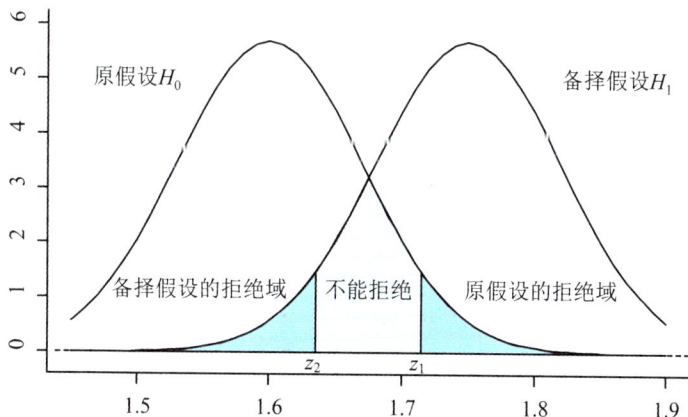

图 7.3　在两种假设下都不能拒绝的区域

如果将原假设设定为该学生是女生，即假设 H_0，则当学生的身高超过某一水平，如 z_1 时，拒绝原假设。也就是说，如果该学生的确是女生，则其身高高于 z_1 的概率小于 5%，属于小概率事件，根据假设检验的原理，拒绝原假设。

反之，如果将原假设设定为该学生是男生，则当学生的身高低于某一水平，如 z_2 时，拒绝原假设。也就是说，如果该学生的确是男生，则其身高低于 z_2 的概率小于 5%，属于小概率事件。

从图 7.3 中可以看到，除了两个相对的命题各自的拒绝域之外，还有一个很大的区间属于二者共同拥有的接受域，也就是说，当这个学生的身高处于 z_2 至 z_1 之间时，无论原假设认为其是男生或者是女生，结论都将是"不能拒绝原假设"。

出现这种情况的原因，在于仅仅通过身高这样一个指标来推测学生的性别是不够的，身高能够提供的区分度非常有限，容易出现二者均无法拒绝的情况。在这时，无论设定哪个命题为原假设，该假设都不会被拒绝。

在实践中，有许多时候研究人员所能够得到的检验信息都是有限的，在这种情况下，设定哪个命题为原假设，就决定了最终作出的统计结论是哪个。因此，当存在两个不容易分辨的对立命题时，研究人员需要将不愿意拒绝的那个命题作为原假设。

案例 7-3

工厂质检人员的选择

某工厂接收到一批原材料，供货方声称该材料达到了 A 标准，而检验人员则怀疑该材料可能未达到 A 标准。如果检验人员有恰当的设备和足够的时间对这些材料进行检验，精确地区分出材料的品质，则原假设无论如何设定都不会影响到检验结果。但如果因为条件的限制，检验人员只能做一些相对比较简单的检验，那么设定哪个判断为原假设，就将影响到工厂的决策。反过来，检验人员也应当根据工厂在生产和管理上的考虑，来进行原假设的选择。

假如工厂更加看重维护与供货商的合作关系，对于原材料质量的要求并不特别苛刻，则检验人员可以将原假设设定为产品已达到 A 标准，这样在检验信息不充分的情况下，不会拒绝这一假设，因此也不会作出退货的决策。

　　假如工厂对于原材料质量的要求非常严格，宁可得罪供货商，也不愿意冒险接受不合格的材料。则检验人员需要将原假设设定为产品未达到 A 标准，这样如果没有足够的证据推翻原假设，则检验人员就将维持原假设，并作出拒收这批材料的决策。

原则二：将已知信息较多的命题作为原假设

　　原假设选择的第一条原则反映出了假设检验中的价值取向，是具有指导意义的原则。但在实践中，很多时候检验人员并没有明确的价值倾向，此时原假设的选择就需要从实际出发，选择已知信息较多的命题作为原假设。

　　回顾假设检验的过程，可以看到，假设检验的结论取决于第五个步骤中的统计分析，该分析是计算当原假设 H_0 为真的情况下，统计量 t 表现为 t_0 的概率，即 $P(t=t_0 \mid H_0)$。如果此概率小于预先设定的显著性水平 α，则拒绝原假设，反之，则作出"不能拒绝原假设"的判断。

　　在这个过程中，概率 $P(t=t_0 \mid H_0)$ 的计算是一个关键的因素，如果关于 H_0 的信息不足，就无法计算出概率 p，从而难以作出统计决策。

　　例如，假定我们已知某学校女生的身高分布，但却不知道男生的身高分布。这时候，如果要根据身高来猜测学生的性别，原假设只能设定学生为女生，因为这样才能够计算出满足该学生身高条件的概率是多少，比如说女生中身高超过 z_1 的占 5%，则当该学生的身高超过 z_1 时，可以作出拒绝原假设的判断。如果把原假设设定为男生，而我们又无法计算男生中身高低于 z_1 的比例是多少，那么就无法作出统计判断了。

　　观察以下一组假设检验问题中原假设与备择假设的选择，可以看出原假设都属于已知信息较多的命题：

案例 7-4

总体均值检验

　　某城市政府承诺某年度新开盘商品房的房屋均价不高于每平方米 5000 元。已知房屋价格服从正态分布，标准差为 200 元。现观察 16 处楼盘，得到其每平方米价格平均数为 5200 元，问能否说明该城市政府没有兑现承诺。

　　分析：该问题的核心是通过样本数据，检验总体均值是否大于 5000 元。

因为房屋价格服从正态分布，可知样本平均数服从正态分布 $N\left(\mu, \dfrac{\sigma^2}{n}\right)$。如果将原假设设定为总体均值 μ 等于 5000 元，则上述分布形式为已知分布，可以计算任一区间的概率。反之，如果将原假设设定为总体均值 μ 大于 5000 元，则上述分布中的 μ 只能是 $(5000, +\infty)$ 区间内的一个未知参数，从而无法计算各个区间的概率。

鉴于此，在解此问题时，需要将原假设设定为市政府实现了承诺，即：

$$H_0: \mu = 5000$$
$$H_1: \mu > 5000$$

案例 7-5

总体分布检验

观察到一组数据：

509.53	416.83	591.61	353.97	518.16
381.09	506.19	478.74	542.70	509.52
466.23	465.71	505.25	485.70	519.51
510.09	569.69	552.43	502.69	438.83

能否认为这批数据服从正态分布？

分析：如果假设这批数据服从正态分布，则可以根据其均值和标准差，构造出一组符合正态分布的数据，与原数据进行对比，从而观察原数据与理论分布是否相吻合（如 7.3.1 介绍的 Pearson 拟合优度检验）。但如果假设这批数据不服从正态分布，则其分布形式为未知，无法构造出理论分布来进行对比，检验也就无从下手。

鉴于此，在解此问题时，需要将原假设设定为数据服从正态分布，即：

$$H_0: \text{数据服从正态分布}$$
$$H_1: \text{数据不服从正态分布}$$

案例 7-6

相关性检验

观察到一群学生的学号与考试成绩数据如表 7.2 所示。

表 7.2　学生的学号与考试成绩间的关系

学号	1	2	3	4	5	6	7	8	9	10
成绩	71	73	86	71	55	89	70	69	78	75

学生的学号与考试成绩之间是否存在相关性。

分析：如果假设学生的学号与成绩之间存在相关性，则需要考虑相关的形式，例如，二者是正相关还是负相关，是线性相关还是非线性相关。二者之间的相关模式可能有无数种，分析者无法确定应当用哪种相关模式去进行检验。而反过来，如果假设二者不存在相关性，则可以在随机的条件下建立起分布函数，再观察此分布下原数据中的对应关系出现的概率，从而作出统计推断。

鉴于此，在解此问题时，需要假设二者不相关，即：

H_0：二者不相关

H_1：二者相关

原假设设定的两条原则中，原则一属于更基本的原则，但在实践中可能难以用上，反而是原则二符合假设检验可操作性的要求，因此更为常用。

2. 检验统计量的选择

检验统计量的选择并没有特别的规律。从理论上说，使用信息越多的统计量，用于检验时效率越高。例如，要猜测一名学生的性别，仅仅通过身高来判断是不够的，许多时候只能作出"不能拒绝原假设"的结论。但如果综合学生的身高、体态、服装、相貌等因素，则判断的准确性就会大幅度提高。

统计分析的情况也是如此，仅仅使用样本平均数来进行判断，与通过样本平均数和样本标准差共同判断，后者的准确性明显要高于前者。

在实践中，分析人员往往是采用已知分布的统计量来作为检验统计量，例如，在进行单总体的均值检验时，可以利用 $z = \dfrac{\bar{x} - \mu}{\sigma/\sqrt{n}} \sim N(0, 1)$ 这样一个抽样分布知识，将统计量 z 作为检验统计量，这样因为已知 z 的分布形式，就可以很容

易地计算出 $z \geqslant z_0$ 或者 $z \leqslant z_0$ 的概率。

有时也会出现相反的情况，即分析人员先设计出一个检验统计量，然后再用数学方法或者模拟计算的方法去获得这个检验统计量的分布特征，用以进行检验。例如在 7.3.3 节中介绍的游程检验方法，因为本身缺乏诸如均值、方差这样现成的统计量，无法构造出常见的检验统计量，分析人员便创造性地提出了"游程"这样一个变量，再推导游程变量的分布规律，用于进行假设检验。

在一些复杂的假设检验中，有时候可以采用几个不同的检验统计量，这些检验统计量的检验结果可能相同，也可能不同，在某个检验统计量得出"不能拒绝"的结论时，另一个统计量有可能会得出"拒绝"的结论，这也是合理的情况，因为每种检验方法都有其局限性，而总体的情况又是千差万别的。

3. 显著性水平 α 的确定

在许多假设检验问题中，都有设定 $\alpha = 0.05$ 的情况，这并非说明 5% 是一个有特殊含义的概率，将 α 设定在 5% 的水平上，只是一种约定俗成，是在难以选择其他显著性水平的情况下所作出的妥协。

在介绍假设检验的步骤时，我们曾说到弃真错误与取伪错误是此消彼长的。当缩小弃真错误的时候，犯取伪错误的概率就会上升。一味地缩小弃真错误的概率，并不能说明检验更加精确，因为这意味着较高的取伪错误。

弃真错误概率 α 的取值，应当考虑到对取伪错误概率 β 的影响。当弃真错误带来的损失更大时，就应当缩小 α，而接受相对较大的 β；反之，当取伪错误带来的损失更大时，就应当适当地加大 α，以获得较小的 β。

案例 7-7

裁判的选择

在一次足球比赛中，裁判发现球员甲触球后，足球出现了某种异常的运动轨迹。根据经验，裁判怀疑球员甲存在上肢触球的嫌疑，他需要作出一个判断，决定是否判罚球员甲犯规。

在这个判断过程中，裁判建立的原假设是球员甲不存在上肢触球的行为，从以往的经验来看，当球员未发生上肢触球时，足球出现上述异常运动轨迹的概率是 8%，属于一个比较小概率的事件。裁判是否判罚球员甲犯规，取决于他设定的显著性水平 α。

　　如果裁判设定 $\alpha = 10\%$，因为异常轨迹出现的概率是 8%，低于 α 的水平，因此拒绝原假设，即认为球员甲存在上肢触球。

　　如果裁判设定 $\alpha = 5\%$，那么上述的概率高于 α 的水平，不能认为是小概率事件，从而不能判定球员甲存在上肢触球。

　　那么，裁判该如何选择自己的标准呢？这将取决于裁判的判罚倾向。

　　假如当时球场上的对抗性很强，球员犯规频繁，裁判希望通过严厉的判罚来控制球场节奏，则其可以将 α 设置在较高的水平上，例如将其设定为 10%。这样球员甲将受到处罚，而其他的球员会因此而产生出畏惧心理，不敢随便犯规。

　　假如当时球场上的对抗性很弱，双方球队都缺乏进取心，裁判希望球员能够更加主动一些，增强比赛意识，则其可以将 α 设置在较低的水平上，例如将其设定为 5% 甚至 1%。这样一来，大多数貌似犯规的行为都不会受到处罚，球员将会受到鼓励，敢于主动出击。

　　从上述的例子可以看出，α 的设定并非只有 5% 这一种情况，而是要根据检验的目的加以调整。如果考虑到弃真错误与取伪错误的损失，可以构建以下的模型：

$$L = P(H_0) \cdot \alpha \cdot L_\alpha + P(H_1) \cdot \beta \cdot L_\beta$$
$$\beta = f(\alpha)$$

　　式中，L 指一次假设检验过程的期望损失；$P(H_0)$ 和 $P(H_1)$ 分别代表总体中符合原假设与备择假设的子总体所占的比重；例如，原假设认为某学生为女生，备择假设认为某学生为男生，则 $P(H_0)$ 表示学校中女生所占的比例，$P(H_1)$ 表示学校中男生所占的比例；α 和 β 分别代表弃真错误和取伪错误的概率；从第二个式子可以看出，二者具有相互联系，β 可以用 α 的函数来表示。一般情况下，弃真错误的概率与取伪错误的概率必然是此消彼长的，所以 β 与 α 之间应当表现为一种负相关的关系；L_α 和 L_β 分别代表当发生弃真错误和取伪错误时，将会遭受的损失。

　　α 的设定，就是要使损失函数 L 最小。根据微积分的知识，可以通过对函数 L 求 α 的导数来求出极值点，对应于该极值点的 α 就是最佳的显著性水平。

　　上述的模型属于理想状态，在现实中，该模型中的各个元素往往都是难以获得的。例如，两类假设的先验分布可能并不存在，弃真错误和取伪错误导致的损失可能难以度量，α 与 β 之间的函数关系也难以表述出来，因此，要通过对函数求极值的方法来确定 α 是非常困难的。

正因为 α 的设定存在着困难，统计分析人员往往会按习惯将 α 设定在 5% 的水平上。

扫描二维码，获取本节微课视频。

微课视频	学习笔记

7.2 利用常用抽样分布的假设检验

7.2.1 假设检验的一般方法

在第 6 章中，我们讨论了如何利用常用抽样分布进行参数估计，假设检验的情况与之类似，也是借助于抽样分布来进行统计判断。在日常工作中，人们涉及的假设检验问题同样包括了对均值、方差和比例的检验，同时又可以分为单总体、双总体等情况，因此第 6 章中介绍的 8 类抽样分布同样是常见假设检验问题的理论基础。

假定存在以下分布：

$$t = f(x, P) \sim G$$

式中，t 为包含统计量和待检验参数的统计量；x 为统计量；P 为需要检验的总体参数；$f(x, P)$ 表示某种函数形式；G 为某种分布。

参数估计的方法，是在分布 G 中找到满足概率 $1-\alpha$ 的区间，构造出关于此区间的不等式，再通过解不等式的方法，求出待估参数 P 的置信区间。而假设检验，则是直接将原假设 H_0 中设定的参数 P 的值代入统计量 $t = f(x, P)$，计算出 $t = t_0$，再观察 t_0 是否处于概率为 $1-\alpha$ 的区间内。如果 t_0 处于该区间内，则得出"不能拒绝原假设"的结论，反之，如果 t_0 处于该区间外，则得出"拒绝原假设"的结论(图 7.4)。

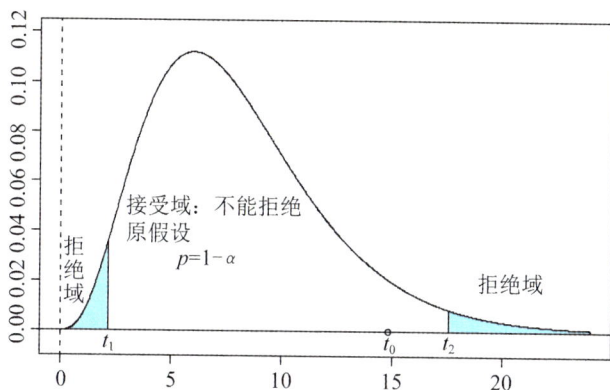

图 7.4　拒绝域与接受域

假设检验中得出"不能拒绝原假设"结论的区间，也称为假设检验的接受域；得出"拒绝原假设"结论的区间，称为拒绝域。接受域与拒绝域的边界值，称为临界值（critical value）。

与参数估计不同的是，假设检验的接受域并不一定取处于分布中间位置的区域，而是可能选择分布的中间、左侧、右侧等各种情况，对应于拒绝域可能存在于分布的两侧，也可能存在于分布的某一侧。拒绝域位于分布两侧的检验，称为双侧检验，也称双尾检验；拒绝域位于分布某一侧的检验，称为单侧检验，也称单尾检验。单侧检验又可具体分为左侧检验和右侧检验（图 7.5～图 7.7）。

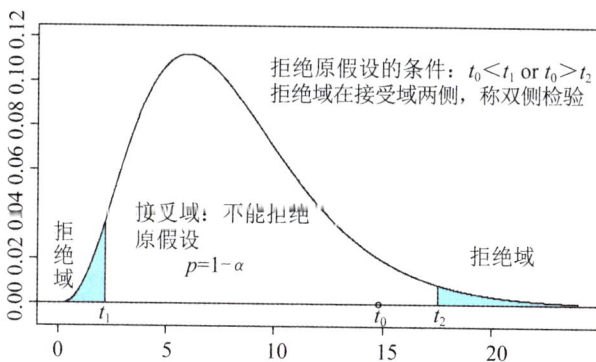

图 7.5　双侧检验

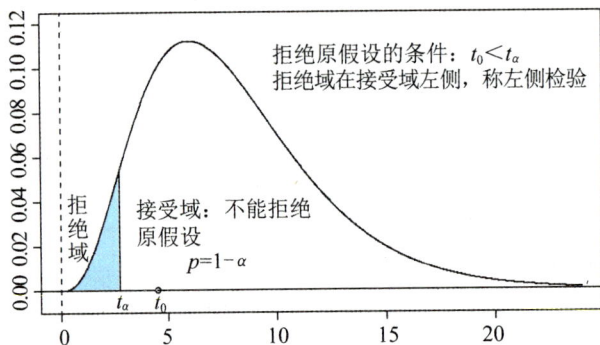

图 7.6　左侧检验

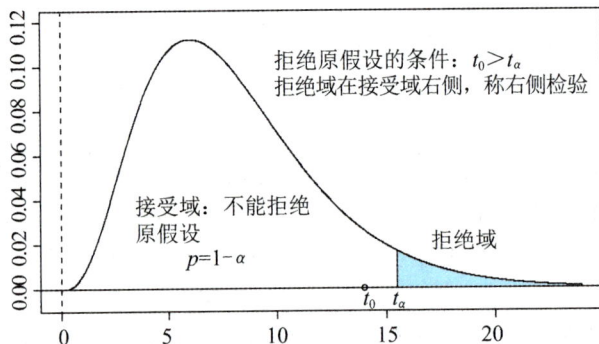

图 7.7　右侧检验

一个检验是取单侧还是双侧，以及在单侧检验中取左侧还是右侧，并不取决于原假设，而是取决于备择假设 H_1。例如，原假设认为一群人的平均收入 μ 为5000 元，从中抽选 100 个样本，计算得到样本平均数 $\bar{x}$，并通过样本平均数的值对原假设进行检验，此时可以建立三个不同的备择假设：

$$H_{1A} : \mu \neq 5000$$

$$H_{1B} : \mu > 5000$$

$$H_{1C} : \mu < 5000$$

根据样本平均数的抽样分布特征可知，当原假设成立时，样本平均数 $\bar{x}$ 应当是以总体平均数为期望值的正态分布，其有很大的概率处于总体平均数 μ 的附近。$\bar{x}$ 越接近于 5000 元，就说明原假设 $H_0 : \mu = 5000$ 成立的可能性越大，但当 $\bar{x}$ 远离 5000 元的时候，是否应当拒绝原假设，取决于备择假设的选择。

当备择假设为 H_{1A} 时，无论 $\bar{x}$ 是远远大于 5000，或者远远小于 5000，都说明原假设成立的概率很小，备择假设 $\mu \neq 5000$ 的可能性更大。此时，原假设的拒绝域是在分布的两侧，即应当进行双侧检验。

当备择假设为 H_{1B} 时，如果 $\bar{x}$ 比 5000 要大得多，例如 $\bar{x}=8000$，则说明原假设成立的概率很小，备择假设 $\mu > 5000$ 成立的概率较大，此时应当作出拒绝原假设的结论。但如果 $\bar{x}$ 比 5000 小很多，例如 $\bar{x}=2000$，此时虽然 $\mu = 5000$ 的结论难以成立，但 $\mu > 5000$ 是更不可能的结论，两相权衡，只能作出不能拒绝原假设的结论。

可以看出，此时拒绝域是在分布的右侧，即若定义 $\tilde{x}$ 为边界点，只有在 $\bar{x} > \tilde{x}$ 的时候，才作出拒绝原假设的结论，而在 $\bar{x} \leqslant \tilde{x}$ 时，无论取值多少，都不能作出拒绝原假设的结论。

同理，当备择假设为 H_{1C} 时，只有在 $\bar{x}$ 非常小的情况下，才能作出拒绝原假设的结论，拒绝域位于分布的左侧，检验为左侧的单侧检验。

案例 7-8

备择假设的设定对检验结果的影响

在案例 7-1 中，我们讨论了章鱼保罗是否为神迹的问题。在对该问题进行假设检验时，我们设定的原假设和备择假设为：

$$H_0 : p = 50\%$$
$$H_1 : p \neq 50\%$$

其中，p 指章鱼保罗选择正确的概率。

对于这组假设而言，无论章鱼保罗是连续 8 次选择正确，还是连续 8 次选择错误，我们的结论都是拒绝原假设，即保罗的选择并不是随机的。

但如果我们把问题改为"是否能够根据保罗的选择进行投注"，那么需要检验的问题就变成了以下：

$$H_0 : p = 50\%$$
$$H_1 : p > 50\%$$

此时，如果保罗连续 8 次选择正确，我们可以得出拒绝原假设的结论，认为保罗的确是一只能够预测比赛结果的章鱼，在进行足球彩票投注时，可以参考保罗的选择。

但如果保罗连续 8 次选择错误，虽然原假设 $p = 50\%$ 依然是不正确的，但 $p > 50\%$ 的可能性更小，作为一名足彩的投注者，绝对不会按照保罗的选择进行投注。

可以看出，在后一次检验中，我们所进行的是一次右侧检验，即检验的拒绝域是在分布的右侧，当保罗正确选择的次数 M 特别大时，我们得出"拒绝原假设"的结论；但当 M 特别小的时候，我们并不作出这样的结论，而是认为"不能拒绝原假设"。

7.2.2　假设检验实例

以下，我们通过一些实例来体会利用常用抽样分布进行假设检验的方法，其中使用到的抽样分布详见 6.4.3 节，在此不再重复。

1. 方差已知条件下，总体平均数的假设检验

这是在已知方差的情况下，对总体平均数的假设检验，前提是总体服从正态分布，或者是大样本。

案例 7-9

房价变动的均值检验

假定某城市的房价服从正态分布，2013 年的均价 $\mu_0 = 10200$ 元，标准差 $\sigma = 1000$ 元。在 2014 年开盘的楼盘中抽选 16 处，测得均价为 $\bar{x} = 10800$ 元。试在 $\alpha = 0.05$ 的水平下，检验楼盘均价是否有显著上升。

根据假设检验的步骤进行计算。

（1）建立原假设。原题中要求检验的内容为楼盘均价是否有显著上升，因此原假设可以设置为均价有所上升，也可以设置为均价没有上升。如果设置为上升，则需要确定上升到哪个水平，但事实上楼盘价格上升有若干种可能性，所以无法建立起单一的假设。为了能够建立起有效的假设条件，应当把原假设设置为楼盘均价没有上升，如果原假设被拒绝，则接受备择假设：楼盘均价存在显著上升。

建立原假设的方式如下：

$$H_0: \mu_1 = \mu_0 = 10200$$

$$H_1: \mu_1 > \mu_0$$

知识点

原假设是否需要与备择假设互补

在本题中，如果楼盘均价没有上升，则可能存在两种情况，一是楼盘均价没有变化，即 $\mu_1 = \mu_0$；二是楼盘均价有所下降，即 $\mu_1 < \mu_0$。从更严谨的角度来说，当把备择假设设定为 $\mu_1 > \mu_0$ 时，与之相反的原假设应当是 $\mu_1 \leqslant \mu_0$。但如果这样设定原假设，则在计算检验统计量时，就无法确定 μ_1 的值，造成逻辑上的困扰。

在假设检验中，一般需要将待检验的参数假设为一个确定的数值，以便建立起相应的分布，以计算检验的显著性。为此，就应当将原假设设定为 $\mu_1 = \mu_0$。

由于确定拒绝域与原假设无关，只与备择假设有关，因此原假设如何设定，并不会影响检验结果。

(2) 选择检验统计量。根据 6.4.3 节的知识，当总体为正态总体，方差已知的情况下，有以下抽样分布：

$$z = \frac{\bar{x} - \mu}{\sigma / \sqrt{n}} \sim N(0, 1)$$

为了能够利用这一抽样分布作为检验的基础，需选择 $z = \dfrac{\bar{x} - \mu}{\sigma / \sqrt{n}}$ 作为检验统计量。

(3) 设定显著性水平。根据题意，将显著性水平设定为 $\alpha = 0.05$。

(4) 计算检验统计量的值。根据题意，将已知条件代入检验统计量 $z = \dfrac{\bar{x} - \mu_1}{\sigma / \sqrt{n}}$，其中，$\bar{x} = 10800$，$\sigma = 1000$，$n = 16$，$\mu_1$ 为 2014 年的楼盘均价，没有真实的数值。但我们在第　步骤中已经假定了其与 2013 年的均价相同，即 $\mu_1 = 10200$。这样，计算检验统计量所需的数值就已经全部获得了，计算结果如下：

$$z_0 = \frac{10800 - 10200}{1000 / \sqrt{16}} = 2.4$$

(5) 进行统计判断。在计算出 z_0 值之后，需要确定本检验是左侧检验还是右侧检验，也就是分析拒绝域是 z_0 左侧的部分，还是右侧的部分，这取决于备择假设的内容。

知识点

左侧检验还是右侧检验

在本例中，备择假设为 $H_1: \mu_1 > \mu_0$，即 μ_1 的值大于 10200，而检验统计量 z 的值却是按 $H_0: \mu_1 = \mu_0 = 10200$ 计算的。

如果实际情况是备择假设正确，则统计量 $z = \dfrac{\bar{x} - \mu_1}{\sigma / \sqrt{n}} = \dfrac{\bar{x} - 10200}{\sigma / \sqrt{n}}$ 相当于使用了一个较小的 μ_1 代替了真实的 μ_1，这样计算出来的 z_0 就会比原假设的 z_0 更大。

也就是说，z_0 越大，就说明原假设越难以成立。我们可以在分布曲线上设定一个边界值 z_1，当 z_0 的值大于 z_1 时，我们便选择拒绝原假设，因此，该检验属于右侧检验。

对于第 6 章介绍的 8 类常用抽样分布，参数的备择假设与拒绝域的方向都是相同的，也就是说：

当备择假设为 $p \neq \tilde{p}$ 时，拒绝原假设的条件为 $t_0 < t_1$ 或 $t_0 > t_2$，检验为双侧检验；

当备择假设为 $p < \tilde{p}$ 时，拒绝原假设的条件为 $t_0 < t_\alpha$，检验为左侧检验；

当备择假设为 $p > \tilde{p}$ 时，拒绝原假设的条件为 $t_0 > t_\alpha$，检验为右侧检验。

对于这 8 种常用抽样分布，可以直接根据假设条件来确定检验的方向。但在其他的假设检验中，并不一定具有这样的规律，需要根据具体情况来进行分析。

由于 z 服从标准正态分布，可以通过查表的方法计算 $z \geq 2.4$ 的概率。在 Excel 中用表达式"= NORMSDIST(2.4)"可求出边界值 2.4 对应的左侧概率为 0.9918。因为所做的检验为右侧检验，因此需要计算边界值 2.4 对应的右侧概率。由 $P(z \leq 2.4) = 0.9918$，因此可知 $P(z \geq 2.4) = 0.0082$，小于显著性水平的要求，因此拒绝原假设（图 7.8）。

拒绝原假设意味着 2014 年的楼盘均价不等于 2013 年的水平，而是比 2013 年有显著的提高。

通过案例 7-9 可以看到，利用抽样分布做假设检验的技巧在于将抽样分布中样本统计量的表达式作为检验统计量，利用已知条件和假设条件计算其数值，再

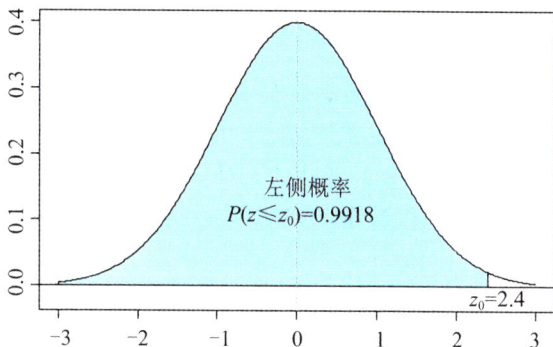

图 7.8　正态分布边界值与左侧概率

通过查表的方法得到统计量取该数值的概率，用以进行统计判断。

2. 方差未知条件下，总体平均数的假设检验

这是在方差未知条件下，对总体平均数的假设检验，前提是总体服从正态分布，或者大样本。

案例 7-10

地方政府是否实现了对房价的承诺

某地政府承诺某年度房屋均价不高于 5800 元，现调查了该城市的 10 处楼盘，得到房屋价格如下。

5920 元	6200 元	6320 元	5740 元	6310 元
5580 元	5250 元	5790 元	6030 元	5990 元

计算 10 个楼盘的均值为 5913 元，试问该地政府是否实现了承诺。

同样按照假设检验的五个步骤来进行计算。

(1)建立原假设。

原假设为 H_0：实现了承诺，即 $\mu = 5800$；

备择假设为 H_1：$\mu > 5800$。

(2)选择检验统计量。由于数据中没有提供总体的标准差，所以本项检验为方差未知条件下的总体平均数检验，应当使用 t 分布进行检验。选择前面介绍过的抽样分布中的统计量 $t = \dfrac{\bar{x} - \mu}{s/\sqrt{n}}$ 作为检验统计量。

（3）设定显著性水平。根据题意，将显著性水平设定为 $\alpha = 0.05$。

（4）计算检验统计量的值。首先计算 $s = 336.8$，再将其他变量以及原假设中设定的 $\mu = 5800$ 代入检验统计量的表达式，计算得 $t_0 = 1.061$。

（5）进行统计判断。已知统计量 t 服从于 $n-1$ 个自由度的 t 分布，在 Excel 中使用表达式 "$=$ TDIST$(1.061, 9, 1)$" 计算其概率。其中，1.061 是待查询的 t 分布区间点，9 代表自由度，1 表示单侧检验。

计算的结果为 0.1582，大于 0.05，因此结论为"不能拒绝原假设"，即不能认为当地房价已经超过了 5800 元。

知识点

用 Excel 和 R 求 t 分布、χ^2 分布、F 分布的概率值

统计软件中可以查询各类分布下对应于特定区间点的概率值。

在 Excel 中，用函数 tdist()、chidist()、fdist() 分别可以求 t 分布、χ^2 分布、F 分布的区间点与概率值的对应关系。

其中：

tdist$(x, df, tails)$ 可以求对应于区间点 x，自由度为 df 的 t 分布概率。tails$=1$ 时为单尾概率，即从点 x 至正无穷大的概率；$tails=2$ 时为双尾概率，即从点 $-x$ 至负无穷大，以及点 x 至正无穷大的概率。

Chidist(x, df) 可以求对应于区间点 x，自由度为 df 的 χ^2 分布概率，返回值为 χ^2 分布中点 x 至正无穷大的概率。

Fdist$(x, df1, df2)$ 可以求对应于区间点 x，第一自由度为 $df1$，第二自由度为 $df2$ 的 F 分布概率，返回值为 F 分布中点 x 至正无穷大的概率。

在 R 软件中，用函数 pt()、pchisq()、pf() 分别求 t 分布、χ^2 分布、F 分布的区间点与概率的对应关系，其语法分别为 pt$(p, df=a1)$、pchisq$(p, df=a1)$、pf$(p, df1=a1, df2=a2)$，其中的 p 值均指左侧概率。

3. 总体方差检验

这是在正态总体条件下，对总体方差的检验。

案例 7-11

总体方差的检验

已知某设备生产的产品重量的方差额定值为 $\sigma_0^2 = 50$，在经过一次检修之后，从其生产的产品中抽选 40 件，测得样本方差为 $s^2 = 62$，试以 0.05 的显著性检验产品方差是否发生了显著的变化。

建立原假设与备择假设：

$$H_0：\sigma_1^2 = \sigma_0^2 = 50$$

$$H_1：\sigma_1^2 \neq \sigma_0^2$$

选择检验统计量为 $K = \dfrac{(n-1)s^2}{\sigma^2}$，将已知条件及原假设代入统计量，计算得：

$$K = \frac{(40-1) \cdot 62}{50} = 48.36$$

已知统计量 K 服从 39 个自由度的 χ^2 分布，根据备择假设可知检验为双侧检验，查表得 $\chi_{0.025}^2(39) = 58.12$，$\chi_{0.975}^2(39) = 23.65$，$K$ 值处于两个临界值之间，因此结论为不能拒绝原假设。

知识点

假设检验的两种判定方法

假设检验中确定是否拒绝原假设，有两种不同判定方法。

方法一：根据统计量的分布及显著性水平 α，计算检验的临界值，确定拒绝域。当统计量的值 t_0 处于拒绝域时，拒绝原假设。

拒绝域的确定需要区分单侧检验与双侧检验，对于双侧检验的情况，一般是设定每侧概率为 $\dfrac{\alpha}{2}$。

方法二：根据统计量 t 的值 t_0，计算在原假设条件下 t_0 所对应的概率 p。

在单侧检验时，概率 p 的计算较为简单，左侧检验时，$p = P(t < t_0)$，右侧检验时，$p = P(t > t_0)$。

在双侧检验时，情况较为复杂，需要区别统计量的不同分布形式进行计算。

当统计量 t 服从标准正态分布或 t 分布时，由于分布为对称分布，因此可定义：

$$p = P(t < -|t_0|) + P(t > |t_0|) = 2 \cdot P(t > |t_0|)$$

当统计量为 χ^2 分布或 F 分布时，分别计算 $p_1 = P(t < t_0)$ 和 $p_2 = P(t > t_0)$，并定义：

$$p = 2 \cdot \min(p_1, p_2)$$

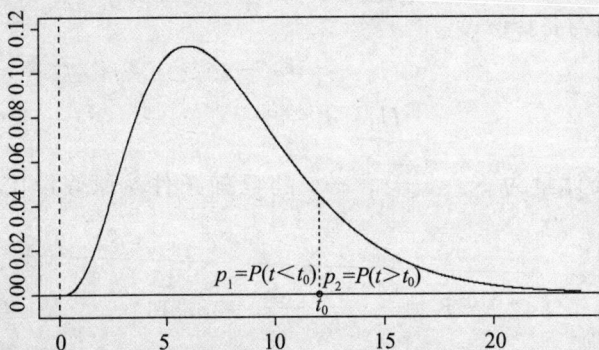

图 7.9 分别计算 $p_1 = P(t < t_0)$ 和 $p_2 = P(t > t_0)$

在计算出了 p 值之后，将 p 值与显著性水平 α 进行比较，若 $p < \alpha$，拒绝原假设。

4. 两个总体均值之差的检验

两个总体的均值之差检验，前提是两个总体均服从正态分布，或者样本为大样本。当检验要求是判断两个总体均值是否相等时，相当于假设均值之差为 0。

案例 7-12

是否男性比女性更喜欢某部电视剧

随机抽选 100 名男性和 100 名女性调查对某电视剧的喜爱程度，得到各自的样本均值为 $\bar{x}_1 = 2.58$ 和 $\bar{x}_2 = 2.72$，又知男性和女性各自的总体标准差为 $\sigma_1 = 0.5$ 和 $\sigma_2 = 0.4$，试在 0.05 的显著性水平下，分析是否男性比女性更喜欢这部电视剧。

建立原假设和备择假设：

$$H_0: \mu_1 = \mu_2$$
$$H_1: \mu_1 > \mu_2$$

根据方差已知条件下两总体均值之差的抽样分布，选择检验统计量为：

$$z = \frac{(\bar{x}_1 - \bar{x}_2) - (\mu_1 - \mu_2)}{\sqrt{\dfrac{\sigma_1^2}{n_1} + \dfrac{\sigma_2^2}{n_2}}}$$

根据原假设，得 $\mu_1 - \mu_2 = 0$，将已知条件代入检验统计量，求得：

$$z_0 = -2.19$$

因为备择假设为 $\mu_1 > \mu_2$，即 $\mu_1 - \mu_2 > 0$，可知检验为右侧检验。查表求标准正态分布条件下对应于 $z_0 = -2.19$ 的右侧概率，则有：

$$p(z > -2.19) = 0.9856$$

因此不能拒绝原假设，即不能认为男性比女性更喜欢这部电视剧。

知识点

注意单侧检验的方向

在案例 7-12 中，由于 z_0 是一个小于 0 的数，分析者很容易将检验方向误认为是左侧，从而得出拒绝原假设的结论。而事实上，本例中的备择假设是 $\mu_1 > \mu_2$，即 $\mu_1 - \mu_2 > 0$，如果备择假设是正确的，则在计算 z_0 时使用 $\mu_1 - \mu_2 = 0$ 相当于使用了一个偏小的被减数，z_0 会被高估。因此，判断是否接受备择假设的标准，是 z_0 是否偏大。当 z_0 值大于某个临界值时，应当接受备择假设。由此可见，该检验属于右侧检验，而非左侧检验。

这个例子容易引起混淆的原因，在于样本中得到的男性均值是小于女性均值的，而需要检验的结论却是男性是否比女性更喜欢此电视剧。

从统计学教学的惯例来说，当样本 1 的均值低于样本 2 时，所提出的检验要求也应当是总体 1 是否明显低于总体 2，而不会反过来要求检验总体 1 是否高于总体 2。由于这样的惯例，学习者容易形成一种心理暗示，即在一个分布中，拒绝域永远是概率更小的一侧。

在实际的科研工作中，人们往往是先提出假设，例如总体 1 的均值大于总体 2 的均值，然后再通过实验来进行验证。实验的结果有可能会是样本 1 高于样本 2，也可能会是样本 1 低于样本 2，此时确定拒绝域的方向不能简单地从样本 1 与样本 2 的关系出发，而应当检查最初的备择假设。

前面讨论了四种利用常用分布进行假设检验的情况，其他情况可以模仿这些案例，在此不再赘述。

扫描二维码，获取本节微课视频。

微课视频	学习笔记
	_____
	_____
	_____
	_____

7.3　非参数统计

7.2节以及第 6 章中介绍的假设检验和参数估计方法，都是先设定了总体的分布形式，然后再对分布的均值、方差等参数进行推断统计。在总体分布已知的情况下，均值、方差等参数可以描述出总体的分布状态。尤其是当总体为正态分布时，一旦均值与方差能够确定，则总体的分布形式也就唯一地确定下来了。

对总体参数的推断统计，统称为参数统计方法。借助于有关抽样分布的理论，参数统计方法可以对总体参数进行较为精确的估计或者假设检验，在实践中有广泛的应用。

然而，参数统计方法也有其缺陷，那就是其需要对总体分布加以限制，尤其是在大多数情况下需要假设总体服从正态分布，这样就限制了检验方法的应用范围。在社会经济统计中，许多经济变量都不一定满足正态分布的要求，在这种情况下，参数统计方法就无法得到应用，或者在应用中会产生出较大的误差。

非参数统计(Nonparametric Statistics)是一类不涉及总体参数的统计方法，因为其不需要假定总体的分布形式，尤其是不需要假定总体服从正态分布，因此其适用范围较广。非参数统计也可称为与分布无关(Distribution Free)的统计方法。

在非参数统计中，使用较多的是关于秩(rank)的概念。所谓秩，就是把数据按照从小到大的顺序排列之后，每个观测值所处的位置。

非参数检验是现代统计学中最为活跃的一部分内容，方法繁多，在本课程中无法一一说明。以下只介绍一些比较有特色的非参数检验方法，作为一种入门知识，帮助读者了解非参数统计的特征。

7.3.1　Pearson 拟合优度检验

Pearson 拟合优度检验主要用于检验一组样本的分布是否与理论上的分布相吻合，其内容陈述如下：

在 r 个不重叠的类中，所观察到的计数 O 与在零假设条件下的期望值 E 之间的差距服从 $r-1$ 个自由度的 χ^2 分布，即：

$$Q = \sum_{i=1}^{r} \frac{(O_i - E_i)^2}{E_i} \sim \chi^2(r-1)$$

为理解这一方法，可以先观察一道例题。

案例 7-13

> **匿名手稿是否为某作家所著**
>
> 　　已知一位作家的作品中使用 A、B、C、D 四种语法句式的比例分别为 75%、12%、9% 和 4%。现某人获得一份匿名手稿，并怀疑该手稿为上述作家所著。某人抽取手稿中的 500 个句子，统计 A、B、C、D 四种语法句式分别为 355、72、57、16 句。试在 5% 的显著性水平下，分析该手稿是否为上述作家所著。

按照假设检验的步骤，首先建立原假设：

H_0：该手稿为上述作家所著

H_1：该手稿非上述作家所著

如果原假设成立，则从该作家的写作习惯来看，手稿中 A、B、C、D 四种句式的数量分别应当为 375、60、45、20 句，计算理论数量与观察数量之间的差异，如表 7.3 所示。

表 7.3　理论数量与观察数量之间的比较

句式	观察值 O_i	理论值 E_i	$O_i - E_i$	$(O_i - E_i)^2$	$(O_i - E_i)^2 / E_i$
A	355	375	-20	400	1.0667
B	72	60	12	144	2.4000
C	57	45	12	144	3.2000
D	16	20	-4	16	0.8000
合计	500	500	—	—	7.4667

我们首先计算观察值与理论值之间的差值。由于差值具有正负号，存在正负抵消的情况，因此将其进行平方，以消除正负号的影响。随后，为避免理论值对于离差的影响，可以用离差平方除以理论值，得到表中最后一列的结果。

根据上述的分析，设定检验统计量为：

$$Q = \sum \frac{(O_i - E_i)^2}{E_i}$$

可以看到，该统计量恰好为 Pearson 拟合优度检验中的统计量，其中 $r=4$，查表得在 3 个自由度下，$Q=7.4667$ 对应的 χ^2 值为 0.0584，大于 0.05 的显著性水平，因此得出"不能拒绝原假设"的结论。

Pearson 拟合优度检验可以用来检验抽样调查中获得的样本是否符合随机性的要求，如果样本中某些变量的分布与总体中的分布不吻合，则可以怀疑样本缺乏随机性。

7.3.2 符号检验

符号检验用于检验只存在＋、－两种符号的序列中，符号的出现是否具有倾向性。例如，在给居民住宅打电话时，接电话的人可能是男性，也可能是女性，要观察是否男性接电话的可能性更大，则可以使用符号检验。

符号检验的原假设为两种符号出现的概率相等，即 $H_0: p_+ = p_-$。备择假设则可以是两种符号的概率不等，或者某种符号的概率大于另一种符号，分别对应于检验中的双侧检验与单侧检验。

在实验中计算两种符号实际出现的数量 S_+ 和 S_-，利用二项分布计算 S_+ 或 S_- 出现的概率，并与显著性水平进行对比。

在 $n>20$ 的情况下，二项分布可以用正态分布进行近似，则符号检验的抽样分布为：

$$Z_{+,R} = \frac{S_+ \pm 0.5 - 0.5n}{0.5\sqrt{n}} \sim N(0, 1)$$

其中，上述中的±取决于备择假设。当备择假设为 $p_+>0.5$ 时，取 $S_+ - 0.5$；当备择假设为 $p_+<0.5$ 时，取 $S_+ + 0.5$。当备择假设为 $p_+ \neq 0.5$ 时，观察 S_+ 是否大于 $0.5n$，大于 $0.5n$ 则取 $S_+ - 0.5$，小于 $0.5n$ 则取 $S_+ + 0.5$。

知识点

连续性修正

用正态分布对符号数 S_+ 的概率分布进行近似处理，存在着一个问题，即正态分布是实数域上的连续分布，而符号数 S_+ 的取值只能是非负整数。用实数域的分布来研究整数变量时，应当将整数变量视为实数值经过四舍五入处理后的结果。例如当观察到 S_+ 的值为 10 时，可以认为真实的 S_+ 可能是 (9.5, 10.5) 区间内的一个实数，只是因为不能取小数值，所以经过四舍五入后，表现为整数 10。

在这种情况下，如果按照正态分布计算，显著性水平为 0.05 的右侧临界值为 9.8，而 S_+ 的值为 10，是否可以认为 S_+ 处于拒绝域中呢？

如果真实的 $S_+=9.5$，显然其并不在拒绝域中，不能得出拒绝原假设的结论。如果真实的 $S_+=10.5$，则其的确处于拒绝域中，应当得出拒绝原假设的结论。

我们知道，假设检验的要求是在较严格的条件下拒绝原假设，接受备择假设。如果检验结果存在疑问，则应当选择更为保守的结论，即暂时不拒绝原假设。这就意味着，在 S_+ 可能等于 9.5，也可能等于 10.5 的情况下，我们应当选择 $S_+=9.5$，作出不能拒绝原假设的结论。

基于上述分析，在使用实数域的分布对整数变量进行假设检验时，需要将整数变量的值加 0.5 或者减 0.5，加或者减取决于检验的方向。这种处理称为连续性修正。

当检验为左侧检验时，连续性修正的方法为整数变量加 0.5；

当检验为右侧检验时，连续性修正的方法为整数变量减 0.5；

当检验为双侧检验时，连续性修正的要求是整数变量向分布的中心方向缩短 0.5，具体采用加 0.5 还是减 0.5，要依整数变量与分布中心的相对关系而定。

符号检验可以用于配对样本的统计分析，所谓配对样本，就是两个总体的样本在采集时具有一一对应的关系，例如，抽选 100 对夫妇的样本，相当于在男性和女性两个总体中各抽选 100 个样本，同时每个总体中的样本都可以在另一总体中找到对应的样本。

案例 7-14

是否家庭中丈夫承担的家务劳动更少

欲研究家庭中夫妻双方承担家务劳动的差异,以丈夫的家务劳动时间减去妻子的家务劳动时间,并观察差值的正负号。现调查 60 个家庭,计算后得到正号数 $S_+ = 24$,负号数 $S_- = 36$,试在 0.05 的显著性水平下,检验是否家庭中丈夫承担家务劳动更少。

建立原假设和备择假设:

$$H_0: p_+ = p_-$$
$$H_0: p_+ < p_-$$

因为样本量 $n > 20$,使用正态分布统计量:

$$z = \frac{S_+ + 0.5 - 0.5n}{0.5\sqrt{n}}$$

代入已知条件,得到:

$$z_0 = -1.42$$

检验为左侧检验,查标准正态分布函数,得 $P(z < 1.42) = 0.078$,因此不能拒绝原假设,即不能认为丈夫承担的家务劳动更少。

7.3.3 游程检验

游程检验又称连贯检验或串检验,用于考察一个序列中两种符号的出现次序是否随机。

案例 7-15

学生的行走顺序有规律吗

一个班的学生外出春游,其行走的顺序为

FMMFFFMMFFFFMFMMMFFFMMFFFFFMMMF

其中 F 表示女生,M 表示男生。

观察上述序列,希望判断该班学生所形成的序列是否为随机序列。

如果序列不是随机序列,则可以存在两种倾向之一:

H_1:序列有成群的倾向,即同性的学生倾向于走在一起;

H_2:序列有混合的倾向,即异性的学生倾向于走在一起。

　　要对这一问题进行假设检验，首先需要找到一个统计量能够反映出队列的状态。定义一种符号连续出现的段为一个游程，以案例 7-6 来说，从左向右分别有 F、MM、FFF、MM、FFFF、M、F、MMM、FFF、MM、FFFFF、MMM、F 共 13 个游程。

　　可以想象，当序列具有成群倾向时，队列中的游程数会偏少；反之，当序列具有混合倾向时，队列中的游程数会偏多。在序列为随机时，游程数应当介于中间状态。通过计算游程数出现的概率，就可以进行假设检验。

　　游程检验的原假设 H_0 为序列随机，根据游程数的多少，备择假设可以确定为成群倾向或者混合倾向。

　　在两种符号的数量之和较小时，游程检验通过专门的游程检验表来计算概率。当两种符号的数量之和 $N=m+n>20$ 时，如果原假设成立，则游程总数目 U 近似服从正态分布，其中：

$$\mu=\frac{2mn}{m+n}+1,\ \sigma^2=\frac{2mn(2mn-m-n)}{(m+n)^2\cdot(m+n-1)}$$

　　在上例中，有男生人数 $m=13$，女生人数 $n=18$，游程数 $U=13$，设定备择假设为：

$$H_2:\text{序列有成群的倾向}$$

计算统计量：

$$t=\frac{U+0.5-\left(\frac{2mn}{m+n}+1\right)}{\sqrt{\frac{2mn(2mn-m-n)}{(m+n)^2\cdot(m+n-1)}}}=-0.9750$$

　　本检验为左侧检验，标准正态分布的概率值为 0.1648，不能拒绝原假设，即男女生的排列是随机的，并不存在序列成群的倾向。

7.3.4　上下游程检验

　　上下游程（Runs Up and Down）检验也称为升降串检验，是利用观察值前后大小变化来进行游程检验的一种方法。

　　将数据按获得的先后顺序进行排列，将每个观察值与排在其前面的观察值进行比较。如果观察值比前面的数值大，则记为＋号；如果观察值比前面的数值小，则记为－号。通过这样产生出来的＋、－构成一个新的游程序列。

　　例如：序列 7、15、1、2、5、8，经处理后，可转化为＋、－、＋、＋、＋。其中，$N=6$，游程数 $V=3$。

上下游程检验同样可以使用专门的统计表查找检验的临界值，在 $N > 25$ 的情况下，游程数 V 近似服从正态分布，其均值和方差分别为：

$$\mu = \frac{2N-1}{3}, \ \sigma^2 = \frac{16N-29}{90}$$

对游程数 V 进行连续性修正后，再进行标准化处理，则可根据标准正态分布函数来进行检验。

游程检验和上下游程检验都是针对具有顺序的数据进行的，用以判断一个序列的生成是否随机。如果序列不是随机生成的，而是人为编造的，编造者出于担心不够真实的考虑，往往会故意把数据互相混合，结果反而会暴露出造假的迹象。

非参数统计的方法众多，除了上述介绍的这些之外，还有用于单样本的 Kolmogorov-Smirnov 检验、Wilcoxon 符号秩检验，用于两个独立样本的 Mann-Whitney-Wilcoxon 检验、Wald-Wolfovitz 游程检验，K 个相关样本的 Cochran-Q 检验、Friedman 检验，K 个独立样本的 Kruskol-Wallis 检验等，这些检验的方法有些需要用到形式较为复杂的统计量，在应用上也有一些特定的前提，但其基本原理是一致的。

扫描二维码，获取本节微课视频。

微课视频	学习笔记

7.4　列联表分析

7.4.1　列联表的概念

列联表（Contingency Table）是两个分类变量间相互关系的表现形式，也可称为交叉分类表。分类变量是社会经济研究中很重要的一类变量，例如人的性别、籍贯、职业、兴趣爱好、所学专业等，都属于分类变量。统计研究中经常要涉及分类变量间相关关系的研究，比如不同职业的人在选择手机的品牌方面有没有差异，开不同颜色汽车的人在服装颜色的选择上是否有各自的特征。

　　列联表分析就是对两个分类变量之间相关关系的测量，通过列联表分析，可以推测两个分类变量之间存在或者不存在相关性，因此列联表分析也属于一种假设检验方法。

案例 7-16

学生的来源与口味是否相关

　　某班有 50 名学生，分别来自东、中、西部，口味分别偏重于甜、咸和辣，分别统计各地学生的口味情况，以表 7.4 表示。

表 7.4　某班学生来源与口味间的对比

人数		口味		
		甜	咸	辣
学生来源	东部	10	4	2
	中部	5	8	2
	西部	4	6	9

　　仔细观察数据表，可以发现学生来源与其口味之间存在着一定的关联性，东部学生更多地偏向甜味，中部学生更多偏向咸味，西部学生更多偏向辣味。但这种关联又是不确定的，因为同样是东部学生，除了有 10 人偏向甜味之外，还有 4 人偏向咸味，2 个偏向辣味。其他地区的学生也同样存在着这种口味非确定的特征。

7.4.2　列联表分析的步骤

　　与一般的假设检验相同，列联表分析也分为五个步骤。

1. 提出原假设和备择假设

　　在例 7.7 中，因为无法确定学生来源与学生的口味之间存在着哪种形式的相关，因此需要将原假设设定为二者不存在相关性。

　　建立原假设与备择假设如下：

H_0：两个变量之间不存在相关性

H_1：两个变量之间存在相关性

2. 设定检验统计量

检验统计量的确定要从列联表的特征入手。先分别计算原列联表的行和与列和，可以得到如下结果（表7.5）。

表7.5　学生来源与口味的关联分析

人数		口味			
		甜	咸	辣	合计
学生来源	东部	10	4	2	16
	中部	5	8	2	15
	西部	4	6	9	19
	合计	19	18	13	50

如果原假设成立，则意味着不论是东部、中部还是西部的学生，偏好各种口味的比例都是相同的。也就是说，在东部的 16 名学生中，偏好甜味的应当占 19/50，即理论上应当为 $16 \times \dfrac{19}{50} = 6.08$ 人。

换一个维度来分析也可以，如果原假设成立，则偏好甜味的 19 名学生应当按照东、中、西部学生的比例进行分配，此时东部学生中应当分配到的数量为 $19 \times \dfrac{16}{50} = 6.08$ 人。

按照相同的规则计算，可以得到每一个格子中的理论人数（表7.6）。

表7.6　学生来源与口味的关联（理论人数）

人数		口味			
		甜	咸	辣	合计
学生来源	东部	6.08	5.76	4.16	16
	中部	5.70	5.40	3.90	15
	西部	7.22	6.84	4.94	19
	合计	19	18	13	50

以实际人数与理论人数进行对比，在原假设成立的情况下，二者之间的差额应当比较小。反之，如果二者之间存在较大的差额，则说明原假设不成立，即按

照原假设计算出来的理论数值并不能反映真实的情况。

基于上述分析，可以建立起列联表分析的检验统计量，如下：

$$Q = \sum_{i=1}^{r} \sum_{j=1}^{c} \frac{(O_{ij} - E_{ij})^2}{E_{ij}}$$

式中，O_{ij} 表示观察值；E_{ij} 表示理论值；i 和 j 分别表示行和列，行列的数量分别为 r 和 c。统计量 Q 的含义是以观察值减去理论值，计算二者的差距。为避免符号带来的影响，差值进行了平方处理，又为了消除掉理论值对差值的影响，差值平方要除以理论值。

将所有行与列对应的数据全部相加，则可以得到一个用于反映观察值与理论值差距的统计量。该统计量的值越大，说明二者的差距越大，则原假设越不成立；反之，该统计量的值越小，则原假设越不能被拒绝。

根据统计理论可以证明，在原假设成立的情况下，检验统计量 Q 近似服从于 $(r-1)(c-1)$ 个自由度的 χ^2 分布。又因为 Q 值越大反映原假设越不能成立，所以该检验为右侧检验，当 Q 大于临界值时，拒绝原假设。

3. 确定显著性水平

根据惯例，确定显著性水平为 $\alpha = 0.05$。

4. 计算检验统计量的值

根据统计量的函数形式，将观察值与理论值分别代入公式，可以求得 $Q_0 = 11.33$。

为了方便计算起见，原式也可以转化为：

$$Q = n \cdot \left(\sum_{i=1}^{r} \sum_{j=1}^{c} \frac{O_{ij}^2}{O_{.j} \cdot O_{i.}} - 1 \right)$$

式中，$O_{.j}$ 和 $O_{i.}$ 分别表示对应的行和与列和，用此公式计算出来的 Q_0 值与上述结果相同。

5. 计算检验统计量并进行统计决策

查表得 4 个自由度，显著性为 0.05 的 χ^2 值为 9.49，Q_0 值大于临界值，因此得出拒绝原假设的结论，即认为学生来源与其口味之间的确存在着相关关系。

7.4.3 列联表分析的其他问题

1. 独立性检验与拟合优度检验

在案例 7-7 中，列联表分析的目的是检验两个分类变量之间是否存在相关关系。通过假设二者无相关关系，可以计算出各个交叉点的期望值，并根据观察值与期望值的离差构造出统计量 Q 进行检验。

两个变量不存在相关关系，也可称为两个变量相互独立，因此这种检验方法也称为列联表分析中的独立性检验。

列联表分析除了可以进行独立性检验之外，还可以对先验分布进行检验。所谓先验分布，是指两个分类变量之间存在着相关性，并存在先验的相关数据，列联表分析的目的在于检验样本是否与先验的相关方式相吻合，这种检验称为列联表分析中的拟合优度检验。

拟合优度检验的方法与独立性检验完全相同，唯一的区间在于独立性检验中期望值 E_{ij} 是通过行和与列和的乘积来计算的，而拟合优度检验中期望值 E_{ij} 是利用先验概率计算的。在获得了 E_{ij} 之后，其余的运算步骤是相同的，检验统计量 Q 同样服从 $(r-1)(c-1)$ 个自由度的 χ^2 分布。

2. 列联表分析中的相关测量

利用 χ^2 分布只能反映出两个变量是否相关，但在二者存在相关的情况下，无法反映出相关性的强弱。在列联表分析中，有时会使用以下一些函数来反映变量相关性的强弱

(1) φ 相关系数：

$$\varphi = \sqrt{\frac{Q}{n}}$$

用于测量 2×2 列联表中的相关强度，取值范围为 0 至 1，其值越大，表明两个变量间的相关性越强。

(2) 列联相关系数：

$$c = \sqrt{\frac{Q}{Q+n}}$$

当两个变量相互独立时，$c=0$。c 值越大，表示两个变量间的相关性越强。不过，其可能的最大值受到行数 r 和列数 c 的影响，这使得不同大小的列联表无

法进行对比。

（3）V 相关系数：

$$V = \sqrt{\frac{Q}{n \cdot \min\ [(r-1),\ (c-1)]}}$$

这是对 φ 相关系数的一种修正，能够使 φ 相关系数适应于行列数大于 2 的情况。

3. 列联表分析中的数量单位问题

列联表分析是一种对频数进行的检验，列联表中的 O_{ij} 指的是独立样本的个数，而不能是其他的数量单位，这一点是要特别注意的。此外，在对样本进行加权处理的数据分析中，观察值 O_{ij} 的权重会影响到检验的显著性。例如，如果将列联表中的所有观察值都乘权重 2，则 Q 值将扩大至原来的 4 倍，原来不显著的结果将会因此而变成显著。

案例 7-17

不同专业的学生选择餐厅是否有差异

某天晚餐，四个专业的学生到三家自助餐厅用餐，花费情况如表 7.7 所示。

表 7.7　不同专业学生的花费　　　　　　　单位：元

专业		餐厅名称		
		A 餐厅	B 餐厅	C 餐厅
	工商	150	120	40
	会计	75	180	120
	金融	75	120	280
	经济	125	150	320

已知 A 餐厅的人均消费为 25 元，B 餐厅为 30 元，C 餐厅为 40 元；每名学生只在一家餐厅用餐。试用列联表分析方法，在 0.05 的显著性水平下，检验不同专业学生的用餐选择是否存在差异。

分析：本题属于列联表分析问题，但列联表中的数据并非样本的频数，而是花费数据。进行检验之前，需要先将花费转化为人数，以各列的数据分别除以人均消费额，得到以人数计量的列联表如表 7.8 所示。

表7.8 转化后的列联表　　　　　　　　　　　　单位：人

| | | 餐厅名称 | | |
		A餐厅	B餐厅	C餐厅
专业	工商	6	4	1
	会计	3	6	3
	金融	3	4	7
	经济	5	5	8

　　在此基础上计算各个格子的期望值，并计算统计量 $Q_0 = 7.670$。因为对应于显著性为 0.05，6个自由度的 χ^2 分布临界值为 12.59，Q_0 小于临界值，因此不能拒绝原假设，即认为不同专业的学生在用餐选择方面并没有显著的差异。

　　扫描二维码，获取本节微课视频。

微课视频	学习笔记
	＿＿＿＿＿＿＿＿＿＿＿＿＿＿＿＿＿＿
	＿＿＿＿＿＿＿＿＿＿＿＿＿＿＿＿＿＿
	＿＿＿＿＿＿＿＿＿＿＿＿＿＿＿＿＿＿
	＿＿＿＿＿＿＿＿＿＿＿＿＿＿＿＿＿＿

🛠 思考与练习

　　1. 已知 2011 年某市住宅的均价为 8000 元，标准差为 2000 元。2012 年随机抽查了 50 个楼盘，得到平均价格为 8500 元。试在 $\alpha = 0.05$ 的水平下，检验 2012 年住宅价格相对于 2011 年是否有显著提高。

　　2. 已知某校学生的体重服从正态分布，平均体重 $\mu_0 = 65$，标准差 $\sigma = 10$。在学校食堂伙食改善之后，从学生中抽选 25 人，测得其平均体重为 $\bar{x} = 70$，试在 0.05 的显著性水平下，分析学生体重是否有显著提高。

　　3. 某商店出售一批大米，要求平均每袋大米的质量为 15 千克，现从中抽取 9 袋大米，测得质量如下（单位：千克）。

　　14.7，15.0，14.9，15.4，15.2，15.3，14.8，15.1，15.5

　　假定大米的质量服从正态分布，试检验这批大米的质量是否合格。

4. 某研究机构认为，2013 年市场上轿车的均价比 2012 年下降了 2 万元。现观察 2012 年的 100 辆轿车和 2013 年的 80 辆轿车，得到下列数据(表 7.9)。

表 7.9　轿车数据

年份	轿车样本数(辆)	平均价格(万元)	标准差(万元)
2012	100	18.1	2.4
2013	80	16.8	2.8

现假定两个年份轿车价格的方差相等，试在 $\alpha = 0.05$ 的显著性水平下，检验该研究机构提出的论断是否正确。

5. 观察到几类不同职业居民购买轿车的数据如表 7.10。

表 7.10　居民购买轿车的数据　　　　　　　　单位：辆

		选择车型		
		普通型	运动型	旅行型
居民 职业	机关干部	21	5	4
	教师	9	13	6
	工人	41	32	6
	自由职业者	4	3	1

试利用列联表分析方法，在 $\alpha = 0.05$ 的显著性水平下，分析不同职业居民对于轿车类型的选择是否具有倾向性。

思政训练模块

1. 党的二十大报告中指出，当前我国存在的问题包括"城乡区域发展和收入分配差距仍然较大"。在同学中开展一次调查，将样本按城乡家庭区分，利用"两个独立样本均值之差的检验"，分析城镇生源学生和农村生源学生在家庭收入、住房、日常消费等方面的差异。

2. 将两个年度中同一月份的数据进行配对，可以形成由 12 对数据组成的配对样本。对配对样本进行符号检验，可以对比两个年度的某一指标是否存在差异。

在中国国家统计局网站中检索"月度数据"，搜集过去两年的某些经济景气指标(如价格指数、工业产品销售率、城镇调查失业率、货物周转量、制造业采购经理指数等)，用上述方法进行比较，判断整体经济形势的走向。

第 8 章　相关性分析

学习目标

　　了解相关的概念，能够识别不同类型变量间相关性测定的方法；掌握 Pearson 相关系数、Spearman 等级相关系数的计算方法；能够借助计算机完成单因素方差分析；能够借助计算机完成多元线性回归，并对回归结果进行统计检验。

关键术语

　　Pearson 相关系数，Spearman 相关系数，方差分析，组间方差，组内方差，关系强度，线性回归，非线性回归，残差，最小二乘法，极大似然估计，模型拟合优度检验，模型显著性检验，系数显著性检验。

本章要点

1. 相关性的概念，不同类型变量间的相关性需使用不同方法进行。
2. Pearson 相关系数的计算及含义，Spearman 等级相关系数的计算。
3. 单因素方差分析方法及相关概念。
4. 线性回归及其统计检验。

8.1　相关性概述

8.1.1　相关性的概念

　　在此前各章中讨论的都是单个变量的问题，例如第 3 章介绍的是单个变量的分布形态，包括其平均水平、离散程度等，第 5 章介绍的是单个变量在时间轴上的表现方式，第 6 章介绍对单个变量的估计，第 7 章介绍对单个变量的某种属性的检验。在统计中，除了要研究单个变量的特征之外，还需要研究变量之间的关系，这构成了统计学中的一个重要内容，即相关性分析。

相关是指变量间存在的关联关系，与相关相对立的概念为无关，或称独立。狭义的相关性特指变量间不确定的相关关系，与之相对的概念为函数关系，即变量间确定的相互关联关系。

例如，学习时间与学习成绩之间有一定的关联关系，付出较多的学习时间，往往可以获得较好的学习成绩。但是，这种关联关系并非确定的，有些学生付出的时间较多，而成绩却并不理想；有些学生付出时间较少，却能够取得更好的成绩。这种既有关联又不确定的关系，就称为相关关系。

再如，在商店里购买商品，商品数量与金额之间存在着严格的对应关系，一件商品价格为 20 元时，10 件商品所需要付出的金额即为 200 元。根据这种关系可以构造出一个数学公式：

$$金额 = 20 \times 数量$$

这种确定性的关联关系，称为函数关系。

8.1.2　相关的类型

根据相互关联的变量统计尺度的不同，相关关系可以分为四种不同的类型。

1. 分类变量与分类变量之间的相关

例如，一个班的学生分别来自河北、四川、浙江，学生的口味分别为偏咸、偏辣、偏甜。学生籍贯与口味之间存在着一定的相关性，这种相关性表现为两个分类变量之间的相关。

分类变量之间的相关性，可以用列联表分析方法进行检验。

2. 分类变量与数值变量之间的相关

例如，某企业生产的产品分别使用红、黄、蓝、绿四种颜色的包装盒进行包装，在不同地区进行销售时，各种颜色的销售量存在一定的差异。颜色属于分类变量，销售量则属于数值变量，这两种变量之间的相关，需要使用方差分析方法来进行检验。

3. 顺序变量与顺序变量之间的相关

例如，受教育程度和事业成就都属于不可量化的变量，如果要以 20 名学生为样本，观察这两个变量间的相关性，可以先将学生按受教育程度进行排序，获得相应的序号，然后再将学生按事业成就进行排序，获得另一组序号。对这两组序号进行相关分析，则属于顺序变量与顺序变量之间的相关分析，其使用的方法为 Spearman 等级相关。

4. 数值变量与数值变量之间的相关

两个数值变量之间的相关是最为常见的相关分析，例如观察一个国家的科研投入与经济增长速度之间的关联，或者化肥使用量与粮食产量之间的关联，所涉及的变量都是数值变量。数值变量间的相关分析采用 Pearson 相关分析方法，一般在未进行特别说明的情况下，人们所说的相关分析均是指 Pearson 相关分析。

8.2　相关系数

相关系数用于反映两个变量间的相关性。如果两个变量均为数值变量，采用 Pearson 相关系统计算。如果两个变量为顺序变量，则采用 Spearman 等级相关系数或 Kendall τ 相关系数来反映。

8.2.1　Pearson 相关系数

1. Pearson 相关系数的计算

Pearson 相关分析的结果以 Pearson 相关系数表示。因为 Pearson 相关系数是应用最广泛的相关系数，所以一般在不特别说明的情况下，相关系数均是指 Pearson 相关系数。

观察以下 1995 年至 2013 年中国职工平均工资与国内游客总数的数据，并对数据分别进行中心化处理，即每组数据均减去自身的算术平均数，得到中心化变换结果。

表 8.1　职工平均工资与国内游客总数的对比

年份	职工平均工资（元）		国内游客总数（百万人次）	
	原始数据	中心化变换	原始数据	中心化变换
1995	5348	−15572	629	−766
1996	5980	−14940	640	−755
1997	6444	−14476	644	−751
1998	7446	−13474	695	−700
1999	8319	−12601	719	−676
2000	9333	−11587	744	−651
2001	10834	−10086	784	−611
2002	12373	−8547	878	−517
2003	13969	−6951	870	−525
2004	15920	−5000	1102	−293
2005	18200	−2720	1212	−183
2006	20856	−64	1394	−1
2007	24721	3801	1610	215
2008	28898	7978	1712	317
2009	32244	11324	1902	507
2010	36539	15619	2103	708
2011	41799	20879	2641	1246
2012	46769	25849	2957	1562
2013	51483	30563	3262	1867

　　以中心化变换之后的职工平均工资作为横坐标，变换后的国内游客总数作为纵坐标，可以绘制出以下的散点图。从图中可以看出，两个变量具有明显的正相关性，即职工工资水平的上升与国内游客总数的上升具有同向关系。

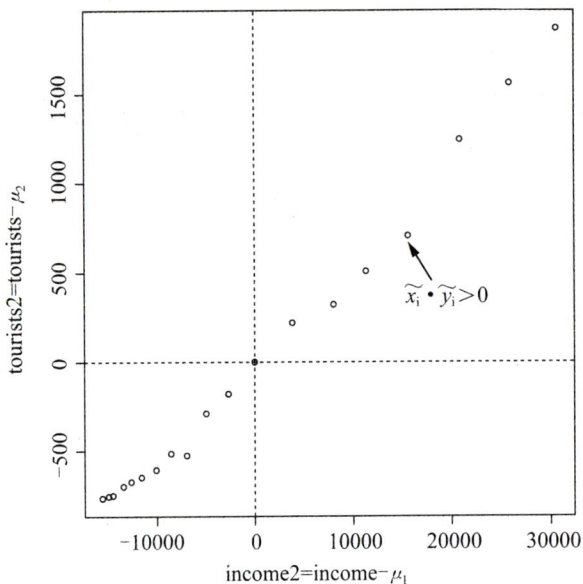

图8.1　职工平均工资与国内游客总数的相关分析

在图中还可以看到，当两个变量具有正相关关系的时候，数据点主要集中于第 1 和第 3 象限，满足 $(x_i - \bar{x})(y_i - \bar{y}) > 0$ 的特征。可以想象，如果两个变量具有负相关关系，则数据点将主要集中于第 2 和第 4 象限，从而满足 $(x_i - \bar{x})(y_i - \bar{y}) < 0$ 的特征。

由此可以看出，如果构造一个统计量，用于计算 $\sum (x_i - \bar{x})(y_i - \bar{y})$，则当此统计量的值大于 0 时，说明变量间存在着正相关性；当统计量的值小于 0 时，说明变量间存在着负相关性。为了避免数据尺度对统计结果带来的影响，需要分别除以 x 和 y 各自的标准差，以保证统计量的可比性。

Pearson 相关系数正是基于这样的原理所设计出来的，其公式如下：

$$r = \frac{\sum (x_i - \bar{x})(y_i - \bar{y})}{\sqrt{\sum (x_i - \bar{x})^2} \cdot \sqrt{\sum (y_i - \bar{y})^2}}$$

此公式也可以用统计函数来加以表示，具体表现为：

$$r = \frac{\mathrm{cov}(x, y)}{\sigma_x \cdot \sigma_y}$$

其中 $\mathrm{cov}(x, y)$ 称为 x 和 y 的协方差，σ_x 和 σ_y 分别为 x 和 y 的标准差。

知识点

> #### 用 Excel 和 R 求相关系数
>
> 在 Excel 中，可以用函数 CORREL(array1，array2)计算两组变量间的相关系数。
>
> 在 R 软件中，用函数 cor. test(x，y)计算相关系数。
>
> 其中：
>
> cor. test(x，y，method＝"pearson")可计算变量 x 与 y 的 Pearson 相关系数；
>
> cor. test(x，y，method＝"spearman")可计算变量 x 与 y 的 Spearman 相关系数；
>
> cor. test(x，y，method＝"kendall")可计算变量 x 与 y 的 Kendall 相关系数

2. 相关系数的解读

从 Pearson 相关系数的导出过程可以看到，Pearson 相关系数反映的是两个数值变量间的线性相关关系。如果两个变量间存在着非线性的相关关系，尤其是存在着非单调关系的时候，Pearson 相关系数并不能很好地反映出这种相关性的程度。

在将相关性局限于线性相关的情况下，Pearson 相关系数具有以下特征。

(1)相关系数为正时，说明数据间存在正相关。

(2)相关系数为负时，说明数据间存在负相关。

(3)相关系数的绝对值越大，说明相关性越强。

(4)相关系数的绝对值越接近于 0，说明变量间的相关性越弱。

(5)相关系数值最大为＋1，最小为－1。相关系数为＋1 或－1 时，表示两组数据之间存在完全的相关性，即函数关系。

3. 相关系数的检验

相关系数接近 1 的程度除受相关性影响外，还受样本量 n 的影响。在样本量 $n＝2$ 时，即便两个总体之间并不存在相关性，两个样本点之间也可以作出一条直线，从而使相关系数等于 1。在样本量较小时，从两个不存在相关性的总体中抽选出来的样本有可能会偶然地表现出一定的相关性。但随着样本量的扩大，样

本间的相关系数就会越来越小。

要确定两组变量之间是否具有显著的相关性，需要进行统计检验。检验的原假设为变量间不存在相关性，即：

$$H_0 : r = 0$$

在检验中，如果 r 值足够大，可以在指定的显著性水平下拒绝原假设，则可以认为变量间存在显著的相关性；反之，如果 r 值较小，达不到显著性要求，则应当认为无法确定变量间存在显著的相关性。

表 8.2 为相关分析中的临界值表，在特定的 n 和 α 水平下，如果样本的 r 值大于临界值，则认为存在显著的相关性。

表 8.2 相关分析的临界值表

样本量	显著性(α)		样本量	显著性(α)		样本量	显著性(α)	
$n-2$	0.05	0.01	$n-2$	0.05	0.01	$n-2$	0.05	0.01
1	0.997	1.000	16	0.468	0.590	35	0.325	0.418
2	0.950	0.990	17	0.456	0.575	40	0.304	0.393
3	0.878	0.959	18	0.444	0.561	45	0.288	0.372
4	0.811	0.917	19	0.433	0.549	50	0.273	0.354
5	0.754	0.874	20	0.423	0.537	60	0.250	0.325
6	0.707	0.834	21	0.413	0.526	70	0.232	0.302
7	0.666	0.798	22	0.404	0.515	80	0.217	0.283
8	0.632	0.765	23	0.396	0.505	90	0.205	0.267
9	0.602	0.735	24	0.388	0.496	100	0.195	0.254
10	0.576	0.708	25	0.381	0.487	125	0.174	0.228
11	0.553	0.684	26	0.374	0.478	150	0.159	0.208
12	0.532	0.661	27	0.367	0.470	200	0.138	0.181
13	0.514	0.641	28	0.361	0.463	300	0.113	0.148
14	0.497	0.623	29	0.355	0.456	400	0.098	0.128
15	0.482	0.606	30	0.349	0.449	1000	0.062	0.081

从临界值表中可以看到，如果将显著性设置在 0.05 的水平上，当样本量为 3 时，两组变量之间的相关系数绝对值要大于 0.997，才能认为两个总体是具有相关性的；而当样本量达到 1000 的时候，只要相关系数绝对值大于 0.062，就可以认为两个总体有相关性。

8.2.2　Spearman 等级相关系数

Spearman 等级相关是用于衡量两个顺序尺度变量之间相关性的工具，对于存在单调、非线性相关的数值变量，Pearson 相关分析难以反映出变量间的相关性，而 Spearman 等级相关则具有较好的识别能力。

观察 10 名学生的受教育程度与事业成就之间的关联如表 8.3，其中每一列的序号为该学生在此评价项目中的排名。

表 8.3　10 名学生受教育程度与事业成就之间的相关分析

学生编号	受教育程度(U)	事业成就(V)	$D=U-V$	D^2
1	1	5	-4	16
2	2	3	-1	1
3	5	9	-4	16
4	9	6	3	9
5	4	8	-4	16
6	6	4	2	4
7	3	2	1	1
8	7	1	6	36
9	10	7	3	9
10	8	10	-2	4
合计				112

将受教育程度用 U 表示，事业成就用 V 表示，计算 $D=U-V$，可以得到两个变量之间的差距，由于差异既有正值，也有负值，为进行比较的需要，应将 D 值进行平方处理，获得没有符号影响的差值平方

从变量的定义中可以看出，如果变量 U 与变量 V 之间具有正向的相关关系，则意味着 U 越大的时候，V 也越大，则 D^2 也会较小。反之，如果 U 与 V 之间具有负向的相关关系，则 U 越大的时候，V 反而越小，D^2 的取值将会较大。如果 U 与 V 之间没有显著的相关性，则 D^2 可能取较大的数值，也可能取较小的数值，$\sum D^2$ 会取一个中间数值。

根据上述分析，定义 Spearman 等级相关系数如下：

$$R = 1 - \frac{6 \sum D_i^2}{n(n^2 - 1)}$$

Spearman 等级相关系数的含义与 Pearson 相关系数相似，当取值大于 0 时，表示变量间存在正相关，当取值小于 0 时，表示变量间存在负相关。相关系数越接近于 0，表明二者间的相关性越弱。Spearman 等级相关系数的显著性同样需要进行检验，大多数的统计软件均能够提供检验的结果。

🔹 知 识 点

用 R 求 Spearman 等级相关

在 R 软件中输入：

x<－c(1,2,5,9,4,6,3,7,10,8)

y<－c(5,3,9,6,8,4,2,1,7,10)

cor. test(x,y,method＝"spearman")

可得到结果：

    Spearman's rank correlation rho

data：x and y

S＝112,p－value＝0.3677

alternative hypothesis：true rho is not equal to 0

sample estimates：

   rho

0.3212121

8.2.3 Kendall τ 相关系数

Kendall τ 相关系数也可称为 Kendall 秩相关系数，也是一种基于顺序关系的相关性度量指标。其计算原理是将所有的样本点进行配对，然后观察每一对样本点的关联形态。

例如，对样本点 (x_i, y_i) 和 (x_j, y_j)，计算 $(x_i - x_j)(y_i - y_j)$ 的值，如果该值大于 0，说明这两个点的坐标具有同向变化的特征，称为两点具有协同 (concordant) 性；反之，如果该值小于 0，说明两个点的坐标具有反向变化的特征，称两点不协同 (discordant)。

变量间存在正相关性时，样本点之间协同的点对会比较多，不协同的点对会比较少；反之，当变量间存在负相关性时，样本点之间不协同的点对会比较多，协同的点对会比较少。而如果变量间不存在相关性，则协同点对和不协同点对的数量会比较接近。这样，通过观察协同点对和不协同点对的数量，就可以推测变量间的相关性。

设样本点数量为 n，协同对的数量为 U，不协同对的数量为 V，用下列三个公式均可计算出 Kendall τ 相关系数：

$$\text{Kendall } \tau = \frac{4U}{n(n-1)} - 1$$

$$\text{Kendall } \tau = 1 - \frac{4V}{n(n-1)}$$

$$\text{Kendall } \tau = \frac{2(U-V)}{n(n-1)}$$

Kendall τ 相关系数的取值也在 $+1$ 至 -1 之间，含义与 Pearson 相关系数类似，并可进行假设检验，以判断相关的显著性。

扫描二维码，获取本节微课视频。

微课视频	学习笔记

8.3　方差分析

8.3.1　基本概念

方差分析(Analysis of Variance，ANOVA 分析)是对比多组样本间均值是否相等的方法，用于判断若干组样本是否来自同一个总体。

在仅对两组样本进行比较时，一般可以使用 t 检验的方法。但如果需要对比的组数较多，两两对比的工作量比较大，则需要采用方差分析的方法。

案例 8-1

产品包装颜色对销售量是否有影响

某厂使用四种不同颜色对产品进行包装，经过在五个城市的试销，获得销售数据如表8.4（单位：万盒），试分析包装颜色对于销售量是否有影响。

表8.4 不同包装颜色产品的销售情况

城市	红色	绿色	黄色	蓝色
北京	28.8	29.1	30.8	27.7
上海	24.0	31.5	28.3	39.5
广州	22.7	26.3	27.1	20.2
天津	31.8	25.4	22.1	21.2
重庆	36.1	38.6	30.4	21.3
平均	28.68	30.18	27.74	25.98

从表中可以看到，四种不同颜色包装的产品在五个城市的平均销售量有所不同，其中绿色包装平均销售量最高，为30.18万盒，蓝色包装最低，为25.98万盒。

如果简单地对比平均数，可以认为各组之间存在着差异。但具体到每个组内部，可以看到同样存在着差异，例如同为红色包装，在北京市场的销售量为28.8万盒，在上海市场的销售量为24.0万盒。

在这种情况下，就需要分析不同包装之间的差异与同一包装在不同城市之间的差异是否属于同一种差异。如果相比不同城市间的差异，不同包装的差异并不明显，则可以说包装颜色对于销售并没有显著的影响。反之，如果不同包装的差异明显大于各种颜色在不同城市间的差异，那么就可以认为包装颜色对于销售是有显著影响的。

方差分析就是根据这样的原理，判断不同组的数据是否具有显著差异性，简单说，就是观察组与组之间的差异是否可以用组内的差异来进行解释。如果组间差异可以用组内差异解释，则说明分组对于所观察的变量没有影响；反之，如果组间差异不能完全被组内差异解释，就说明分组对于所观察的变量具有影响。

8.3.2 方差分析的步骤

方差分析属于一种假设检验方法，其步骤与前面介绍过的假设检验的方法是一致的。以上一部分的数据示例进行说明如下。

1. 提出原假设与备择假设

H_0：各组平均数相等，即：

$$\mu_1 = \mu_2 = \cdots = \mu_k$$

H_1：至少有一组的平均数与其他组不相等。

2. 确定检验统计量

方差分析的思路是比较观察值的组间方差和组内方差。如果组间方差明显大于组内方差，则可以认为各组的平均数不相等；反之，如果组间方差没有明显地大于组内方差，则不能说明各组的平均数不相等。

基于这样的思路，提出检验统计量 $F = \dfrac{\text{组间方差}}{\text{组内方差}}$。

将组间方差记为 MSA，组内方差记为 MSE，则有 $F = \dfrac{\text{MSA}}{\text{MSE}}$。

再定义组间平方和：

$$\text{SSA} = \sum \sum (\overline{x_j} - \overline{\overline{x}})^2 = \sum n_j (\overline{x_j} - \overline{\overline{x}})^2$$

组内平方和：

$$\text{SSE} = \sum_j \left[\sum_i (x_{ij} - \overline{x_j})^2 \right]$$

式中，x_{ij} 表示第 j 组的第 i 个数据；$\overline{x_j}$ 表示第 j 组的组平均数，n_j 表示第 j 组的样本量；$\overline{\overline{x}}$ 表示所有各组的总平均数。

进一步地可以计算：

$$\text{MSA} = \frac{\text{SSA}}{k-1}, \quad \text{MSE} = \frac{\text{SSE}}{n-k}$$

式中，n 表示总样本量；k 表示组数；$k-1$ 和 $n-k$ 分别称为组间方差与组内方差的自由度（Degree of Freedom）。

3. 确定显著性水平

按照惯例，一般取 $\alpha = 0.05$。

4. 计算统计量 F 的值

根据上述的公式，可以计算得：

组间平方和 SSA(Sum of Squares for factor A) $= 46.3935$

组内平方和 SSE(Sum of Squares for Error) $= 547.056$

总离差平方和 SST(Sum of Squares for Total)＝SSA＋SSE＝593.4495

将 SSA 和 SSE 分别除以各自的自由度，可以得到：

$$MSA=15.4645，MSE=34.1910$$

因此 $F_0 = \dfrac{MSA}{MSE} = 0.4523$。

5. 进行统计判断

在原假设成立的情况下，如果假定原数据满足以下条件：

(1)所有各组均服从正态分布。

(2)所有各组的方差相同。

(3)所有样本相互独立。

则有：

$$F \sim F(k-1, n-k)$$

称为 F 服从于第一自由度为 $k-1$，第二自由度为 $n-k$ 的 F 分布。

该检验为右侧检验，因为 F 值反映的是组间差异与组内差异的对比，组间差异越大，说明原假设中各组平均数相等的假定越不可能成立，应当得出拒绝原假设的结论，由此可知拒绝域为分布的右侧。

查统计函数表，得第一自由度为 3，第二自由度为 16 的 F 分布中，0.4523 对应的概率值为 0.7192，大于 0.05，因此可得出不能拒绝原假设的结论。

或者查统计函数表，得第一自由度为 3，第二自由度为 16 的 F 分布中，对应于 0.05 概率值的边界值为 3.2389，而 $F_0 = 0.4523 < 3.2389$，同样可以得出拒绝原假设的结论。

组间平方和 SSA 与总离差平方和 SST 之间的比值称为关系强度，用 R^2 表示，即：

$$R^2 = \frac{SSA}{SST}$$

我们知道，离差平方和反映的是变量之间的差异性，总离差平方和就是所有样本之间差异性的体现。组间平方和 SSA 反映的是因为分组而导致的差异，其与总离差平方和的比值越大，说明分组的影响越大，也就是说数据之间的差异主要是由于分组。

📖 **知识点**

在 Excel 中做方差分析

软件 Excel 没有直接提供进行方差分析的工具，但通过加载"分析工具库"，可以获得"数据分析"模块，其中包含了进行方差分析的功能(图 8.2)。

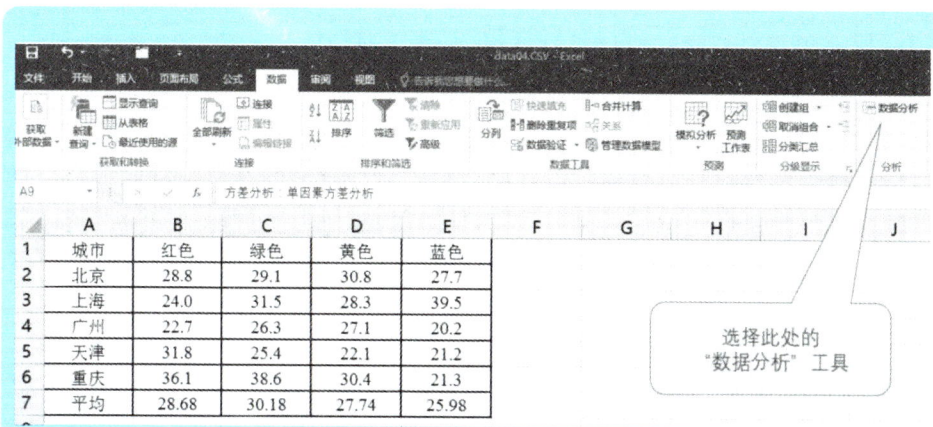

图 8.2　Excel 中数据分析工具的选择

单击"数据分析"，选择其中的"方差分析：单因素方差分析"项目。在"输入区域"一栏中选定需要进行分析的数据区域"B1：E6"，在"分组方式"中选择"列"，将"标志位于第一行"选定，表示数据区域中的第一行是分组的标签，最后设定显著性水平 α 值为 0.05（图 8.3）。

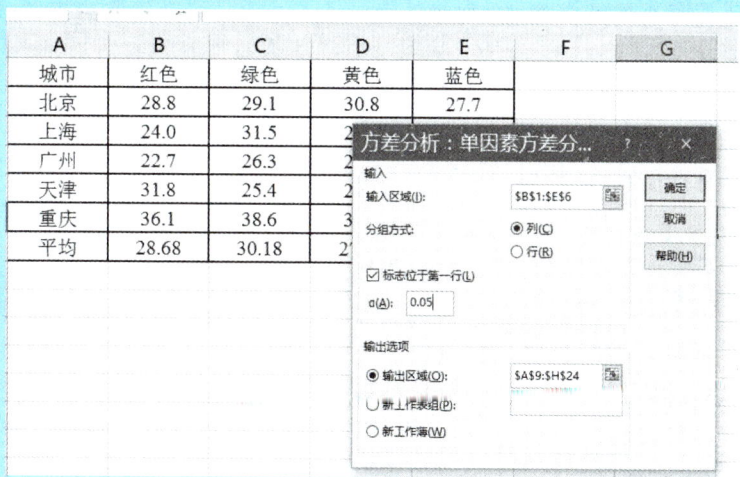

图 8.3　单因素方差分析对话框

选择结束后，单击"确定"，则会在指定的输出区域产生出方差分析的结果。该结果包括两个表格，分别如表 8.5、表 8.6 所示。

表 8.5　输出表格 1：SUMMARY

组	观测数	求和	平均	方差
红色	5	143.4	28.68	30.617
绿色	5	150.9	30.18	27.927
黄色	5	138.7	27.74	12.243
蓝色	5	129.9	25.98	65.977

表 8.6　输出表格 2：方差分析

差异源	SS	df	MS	F	P-value	F crit
组间	46.3935	3	15.4645	0.452297	0.719229	3.238872
组内	547.056	16	34.191			
总计	593.4495	19				

　　SUMMARY 表的内容是对进行方差分析的各组进行描述统计，反映观测数、总和、平均数、方差等数据，研究者可以通过对 SUMMARY 表格的观察，确定选择进行方差分析的数据是否正确、是否存在某些异常。

　　最重要的内容是表格 2，即方差分析表。表中各列的内容依次如下。

　　差异源：分为组间、组内、总计三栏，是后续各项内容的标题。

　　SS：各个误差源的平方和，从上往下依次为组间平方和、组内平方和、总平方和，后续各列的内容也是如此排列。

　　df：自由度。

　　MS：方差，从表中可以看到组间方差为 15.4645，组内方差为 34.191。

　　F：统计量 F 的取值，是 MSA 除以 MSE 的结果。

　　P-value：F 所对应的 F 分布概率值。进行方差分析时，观察该概率值是否小于设定的显著性水平，如果小于显著性水平，则得出拒绝原假设的结论，反之则反是。在本例中，概率值为 0.7192，大于 0.05，因此结论为不能拒绝原假设。

　　F crit：显著性检验的边界值，与显著性水平相关。由于在前面的设定中已经将显著性水平定为 0.05，因此该值为对应 0.05 概率值的边界值。进行方差分析时，观察 F 值与该边界值的关系，如果 F 值大于该边界值，则得出拒绝原假设的结论。在本例中，F 值小于该边界值，因此结论同样为不能拒绝原假设。

　　在 R 软件中，用函数 aov() 进行方差分析，具体操作参见软件的说明。

8.3.3　对方差分析基本假设的讨论

方差分析是建立在统计量 F 服从 F 分布的基础上的，但 F 服从 F 分布必须满足三个条件：一是所有各组均服从正态分布，二是所有各组的方差相同，三是所有样本相互独立。

如果上述三个条件不能满足，则统计量 F 将不服从给定自由度的 F 分布，方差分析也就无法进行了。在此，需要对这三个条件进行讨论。

1. 正态性要求

该条件假定进行方差分析的各个组均服从正态分布。以案例 8-1 的数据来看，采用红色包装的商品在五个城市的销售量分别为 28.8、24.0、22.7、31.8、36.1，正态性要求是指这五个销售量的数值应当服从正态分布。

一组数据是否服从正态分布，可以通过正态分布检验的方法来验证，例如 Shapiro-wilk 检验、Epps-Pulley 检验等，较为简单的方法是使用图形来进行观察，一些统计软件中可以提供数据的 Normal P-P 图，能够进行较为直观的正态性检验。对于小样本的情况，例如像案例 8-1 那样每个组只有 5 个样本点，受随机性的影响，即便总体是服从正态分布的，样本也可能会出现比较大的偏差，这时候用统计方法来检验其正态性就不太容易了。

不过，样本是否服从正态分布对于方差分析的影响并不大，所以在一般情况下，只要数据表现为较为对称的单峰分布，就可以认为其满足正态性要求。

正态性要求也可以从所研究的问题出发来进行分析，根据前面对正态分布的讨论，可以知道一个变量服从正态分布的前提是该变量受到许多个因素的影响，而这些因素中间没有哪个因素是更为重要的。如果所研究的变量具有这样的特征，则可以假定其数值满足正态性要求。

2. 同方差性

即要求各个组的方差相同，有时也称为方差齐性假设。由于随机性的影响，在总体方差相同的情况下，各组的样本方差仍然可能不相同，此时就需要进行检验。

许多统计软件在进行方差分析时，都可以设定方差相同或者方差不相同的情况，如果不能保证数据具有同方差性，可以在软件中设定方差不相同，则软件会进行方差的修正，提供出修正后的分析结果。

3. 样本独立性

样本独立性要求是指用于方差分析的样本应当相互独立，不能存在相关性。样本是否独立，从数据上是难以体现出来的，需要从问题本身进行分析。例如，在进行行业分析时，同一个行业中几家大企业的市场份额必然存在此消彼长的关联关系，在此时假定这些企业的市场份额相互独立，就是一种错误的假定。但在进行消费者行为分析时，一组两两互不相识的消费者，其消费行为是不可能存在关联的，假定其具有独立性就是合理的。

这里介绍的方差分析只涉及一个因素，如案例 8-1 中的颜色。如果涉及 2 个因素，则可以进行双因素的方差分析。双因素方差分析又可分为有交互影响和无交互影响两种，前者除了要分别研究两个因素之外，还要研究两个因素共同作用的结果，后者则是假定两个因素是相互独立的，不会产生出交互作用。

扫描二维码，获取本节微课视频。

微课视频	学习笔记

8.4　回归分析

回归分析是对变量间关联关系的更为精确的研究。利用 Pearson 相关系数能够反映出两个变量之间存在关联，但具体到这种关联的方式，就无法描述出来。例如，已知变量 A 和变量 B 之间的相关系数为 0.9，我们可以说这两个变量具有较强的正相关性，但当变量 A 的数值增加 1 的时候，变量 B 的数值会增加多少，是无法在相关系数中体现出来的。回归分析的方法，是建立起变量间的函数关系，精确地描述当一个或者一组变量发生某种变化的时候，另外一个或者一组变量会如何变化。

例如，如果我们能够建立起如下的函数关系：

$$y = 3 + 5x_1 + 8x_2$$

那么我们就可以说，当 x_1 和 x_2 各增加 1 的时候，y 会增加 13。如果假定 x_1 代表化肥的使用量，x_2 代表劳动力投入，y 代表粮食产量，则上述函数可以说明当化肥增加 1 个单位，同时劳动力投入增加 1 个单位，粮食产量将会增加 13 个单位。

回归分析能够在变量间建立起精确的关联关系，从而可以用来评估一些因素对另外一些因素的影响情况，也可以用于对某些变量进行预测，因此是使用较为广泛的一种统计方法。

8.4.1　回归分析中的概念

1. 自变量与因变量

回归分析反映的是一种因果关系，即一些变量对另外一些变量的影响。其中，作为原因的变量称为"自变量"或者"解释变量"，作为结果的变量称为"因变量"或者"被解释变量"。

比如，粮食产量是由粮食播种面积、化肥使用量、劳动力投入等因素影响的，那么粮食产量就是因变量，而粮食播种面积、化肥使用量、劳动力投入等就是自变量。

再如，有研究者发现学生的学习成绩与其每天的学习时间具有关联，很显然，学习时间是前提，学习成绩则是结果，因此在研究时应当将学习时间作为自变量，而将学习成绩作为因变量。

一组相关的变量之间的因果关系，有时候是比较清晰的，比如父母的身高会影响到子女的身高，其因果关系是确定无疑的。但有些时候，因果关系可能会存在较为复杂的情况，比如，一家企业的研发投入与其市场占有率之间，何者为因，何者为果，就不一定能够轻易地分辨出来，有可能是因为企业重视研发，所以能够占领市场，也可能是因为企业的市场占有率高，才有足够的资金用于科技研发。

尽管在颠倒因果关系的前提下，也能够进行回归分析，但所得到的回归结果是没有意义的。因此在进行回归分析之前，需要对所研究的问题进行深入剖析，分清因果关系，再建立模型。

2. 一元模型与多元模型

从理论上说，回归分析中的自变量和因变量都可以有多个，以反映一组变量对另外一组变量之间的影响。但传统的回归分析一般只研究一个因变量的情况，自变量的数量则可以有多个。

在一个因变量的情况下，如果只有一个自变量，则为一元模型，有多个自变量，则称为多元模型。

统计中也会涉及多个因变量的情况。如果多个因变量相互之间没有关联关系，只与自变量存在着关系，则可以将这种情况分为多个回归模型来加以研究。如果因变量除了与自变量存在关系之外，相互之间也有关联关系，则需要使用结构方程模型的方法来进行研究，这就超出本教材的范围了。

3. 线性模型与非线性模型

因变量能够表现为自变量的线性组合的回归模型，称为线性模型。所谓线性，在一元的条件下就是自变量与因变量的关系在坐标图上可以表现为一条直线，其函数形式如下：

$$y = \beta_0 + \beta_1 x$$

多元线性模型的形式：

$$y = \beta_0 + \beta_1 x_1 + \beta_2 x_2 + \cdots + \beta_k x_k$$

它的几何表现是一个多维空间中的平面。

非线性模型是指因变量与自变量表现为曲线关联的模型，例如以下这些形式都属于非线性模型。

（1）指数模型：

$$y = \beta_0 \cdot \beta_1^x$$

（2）对数模型：

$$y = \beta_0 + \beta_1 \lg x$$

（3）二次曲线模型（抛物线模型）：

$$y = \beta_0 + \beta_1 x + \beta_2 x^2$$

（4）幂指数模型：

$$y = \beta_0 x^{\beta_1}$$

（5）Logistic 模型：

$$y = \frac{1}{1 + e^{-(\beta_0 + \beta_1 x_1 + \beta_2 x_2 + \cdots + \beta_p x_p)}}$$

（6）带有交叉效应的模型：

$$y = \beta_0 + \beta_1 x_1 + \beta_2 x_2 + \beta_3 x_1 x_2$$

这种模型反映出自变量之间存在着交叉影响，除了 x_1 和 x_2 对因变量 y 产生影响外，二者的乘积也对 y 构成影响。交叉效应可以有不同的形式，需要根据所研究问题进行设定。

许多非线性模型都可以转化为线性模型来进行处理，例如，在对数模型中，如果引入辅助变量 z，令 $z=\lg x$，则对数模型可以转化为：

$$y=\beta_0+\beta_1 z$$

这样就可以运用线性回归的方法来进行研究了。

8.4.2　线性回归方法

我们用一个关于粮食生产的例子来讨论线性回归方法。如表 8.7 为 40 个县的粮食生产数据，研究者希望分析影响粮食总产量的因素，共选择了劳动力投入、机械动力、化肥使用量、地膜使用量、粮食播种面积等五个指标作为影响因素。

线性回归的目的，就是要寻找出那些对粮食总产量有显著影响的因素，并计算每个因素的影响程度。

表 8.7　40 个县的粮食生产数据

序号	劳动力投入（万人）	机械动力（万千瓦）	化肥使用量（万吨）	地膜使用量（吨）	粮食播种面积（千公顷）	粮食总产量（万吨）
1	10.9	162.4	4.87	62.1	65.44	47.78
2	13.5	80.3	1.65	267.0	111.86	35.30
3	10.4	45.9	1.13	77.8	67.45	16.10
4	9.7	117.1	3.62	246.0	93.40	45.54
5	5.3	16.8	0.72	78.1	31.52	8.32
6	12.6	24.2	1.81	107.7	45.08	14.71
7	8.1	11.3	1.18	129.6	36.32	35.18
8	35.5	50.5	6.31	504.5	258.90	209.97
9	1.9	9.5	0.10	45.4	50.52	8.80
10	7.6	8.9	1.10	265.8	91.13	41.84
11	13.5	33.6	3.12	199.4	79.00	48.04
12	12.2	12.6	0.97	642.1	35.01	14.86
13	11.6	9.9	0.66	140.7	30.21	14.24
14	9.8	8.4	1.53	99.3	36.83	17.99
15	4.8	5.0	0.47	54.2	29.51	15.23

续表

序号	劳动力投入(万人)	机械动力(万千瓦)	化肥使用量(万吨)	地膜使用量(吨)	粮食播种面积(千公顷)	粮食总产量(万吨)
16	4.2	2.9	0.19	9.3	13.35	6.36
17	15.5	29.8	1.09	250.6	28.59	12.06
18	11.5	60.8	2.35	83.4	73.86	31.75
19	31.6	46.9	3.67	478.7	89.09	55.95
20	28.8	56.4	3.73	468.1	140.89	70.36
21	26.6	24.9	2.85	244.7	96.07	40.94
22	21.2	30.3	4.21	169.5	121.15	40.64
23	33.7	15.4	2.97	332.4	118.42	39.55
24	21.4	15.2	2.94	240.7	89.64	36.10
25	14.5	14.0	2.19	283.1	65.92	39.84
26	14.3	28.7	1.46	345.7	73.61	41.52
27	3.4	2.8	0.05	5.0	16.14	8.74
28	6.2	6.9	1.12	1.3	39.02	18.50
29	31.0	11.7	2.03	427.0	123.86	42.42
30	27.9	21.8	1.76	175.9	110.91	36.31
31	20.4	9.4	1.53	269.91	90.61	28.87
32	23.2	7.0	2.20	223.34	108.62	52.57
33	2.1	2.0	0.02	34.66	7.29	2.45
34	9.1	5.3	0.50	163.40	27.12	10.03
35	3.9	1.0	0.14	15.32	13.20	5.02
36	9.3	4.2	0.42	363.84	42.18	10.49
37	5.4	4.2	0.57	589.51	30.03	9.06
38	1.3	4.6	0.26	364.45	10.12	4.76
39	1.3	6.0	0.45	566.81	21.17	15.11
40	0.5	2.1	0.13	28.62	11.91	5.49

1. 线性回归模型的基本假设

多元线性回归模型的形式表示为：

$$y = \beta_0 + \beta_1 x_1 + \beta_2 x_2 + \cdots + \beta_k x_k + \varepsilon$$

式中，y 为因变量，如例子中的粮食总产量；x_1，x_2，$\cdots$，x_k 为自变量，k 为自变量的数量，在本例子，共选择了 5 个影响因素，因此 $k=5$；β_0 为常数项，也称为截距项，β_1，β_2，$\cdots$，β_k 为各个自变量的系数，所有的 β 都称为参数，是回归中需要进行估计的数；ε 为残差项，是一个随机变量。ε 的含义是指对于同一组 $(x_1，x_2，\cdots，x_k)$，对应的 y 值并不一定相等。例如，即使有两个县在劳动力、机械动力等各个因素上的投入都完全相同，其粮食产量也不一定会相同，而是会存在一定的差异，这些差异表现为一个随机变量，用 ε 表示。ε 反映出模型中许多因素的合成。

模型中不可能包括所有的解释变量，一些不太重要的解释变量虽然没有被包括在模型中，但仍然会对因变量产生影响，这种影响由 ε 反映。例如，一个地区的粮食种植结构也会影响到粮食产量，而这个变量并没有包含在模型中。

自变量和因变量都可能存在一定的观测误差，这种误差的影响会体现在 ε 中。例如，某县在统计化肥使用量时，因为统计人员的疏忽，少计算了 1 万吨的数量，从而导致在回归分析中粮食产量与化肥使用量的关联出现了偏差。

模型设定的关系可能并不准确，例如某些自变量对因变量的影响可能不是线性的，ε 能够反映这种模型设定带来的误差。例如，化肥的使用对于产量的影响并不是线性变化的，随着化肥使用量的增加，等量的化肥能够带来的增产效果是逐渐下降的，采用线性模型来进行研究必然存在着一定的误差。

除此之外，其他原因带来的误差也会在 ε 中得到体现。

为了能够对回归模型中的参数进行有效的估计，需要对回归模型做一些基本假定：自变量为确定型变量，不是随机变量，自变量之间互不相关；对于任意一组 $(x_1，x_2，\cdots，x_k)$，残差项 ε 的期望值为 0，方差相同；残差项在各样本点之间相互独立；残差项与自变量不相关；残差项服从正态分布。

线性回归模型的参数估计一般采用两种方法，在此仅对这两种方法进行简单介绍，不做详细的推导。

2. 最小二乘法

最小二乘法在第 5 章中已经介绍过，其原理是构造样本点与模型估计值之间的离差平方和，形式如下：

$$Q = \sum_{i=1}^{n} (y_i - \hat{y}_i)^2$$

找到一组 β，满足 $Q = \mathrm{Min}Q$，这样的一组 β 就是符合要求的参数。可以看出，上述离差平方和计算公式中的 $y_i - \hat{y}_i$ 其实就是多元回归模型中的残差项 ε_i，因此最小二乘法的本质就是使残差的平方和最小。

在多元条件下，对 Q 分别求各个 β 的偏导数，并令偏导数为 0，形成一组方程。这组方程的解就是参数 β 的估计值。

如果用矩阵形式来表示多元回归方程，可以写作：

$$Y = XB + N$$

式中，$Y = \begin{bmatrix} y_1 \\ y_2 \\ \vdots \\ y_n \end{bmatrix}_{n \times 1}$ 是因变量矩阵；

$$X = \begin{bmatrix} 1 & x_{11} & x_{12} & \cdots & x_{1k} \\ 1 & x_{21} & x_{22} & \cdots & x_{2k} \\ \vdots & \vdots & \vdots & \ddots & \vdots \\ 1 & x_{n1} & x_{n2} & \cdots & x_{nk} \end{bmatrix}_{n \times (k+1)}$$ 是自变量矩阵，其中第一列为常数项；

$B = \begin{bmatrix} \beta_0 \\ \beta_1 \\ \beta_2 \\ \vdots \\ \beta_k \end{bmatrix}_{(k+1) \times 1}$ 为系数矩阵，也是需要估计的参数矩阵；$N = \begin{bmatrix} \varepsilon_1 \\ \varepsilon_2 \\ \vdots \\ \varepsilon_n \end{bmatrix}_{n \times 1}$ 为残差

矩阵。

多元线性回归模型的参数估计表示为：

$$\hat{B} = (X'X)^{-1}X'Y$$

3. 极大似然估计法

极大似然（Maximum Likelihood）估计法的基本原理如下：

对于自变量 $(x_1, x_2, \cdots, x_k)$，因变量 y 是一个随机变量，其分布形式由 $(x_1, x_2, \cdots, x_k)$ 及回归模型中的各个参数决定。对于一组特定的 $(x_1, x_2, \cdots, x_k)$ 和对应的 y，可以构造出一个仅包含了未知参数 B 的概率密度函数：

$$f(y, x, B)$$

对于所有的样本点，可以构造出联合概率密度函数：

$$L(X,\ Y,\ B)=\prod_{i=1}^{n}f(y^{(i)},\ x^{(i)},\ B)$$

极大似然估计就是要找出一组 B 值，使联合概率密度 $L(X,\ Y,\ B)$ 的值达到最大。

用通俗的语言说，针对不同的 B 值，每一个 y 值出现的概率有所不同。极大似然估计的原理，就是要找到一组最恰当的 B 值，使样本中所有的 y 值出现的联合概率达到最大。

例如，对于回归模型：

$$y=\beta_0+\beta_1 x_1+\beta_2 x_2+\cdots+\beta_k x_k+\varepsilon$$

$$\varepsilon\sim N(0,\ \sigma_\varepsilon^2)$$

当自变量的取值为 $(x_1^{(i)},\ x_2^{(i)},\ \cdots,\ x_k^{(i)})$ 时，因变量 y 有如下分布：

$$y^{(i)}\sim N(\beta_0+\beta_1 x_1^{(i)}+\beta_2 x_2^{(i)}+\cdots+\beta_k x_k^{(i)},\ \sigma_\varepsilon^2)$$

其概率密度函数为：

$$f(y^{(i)})=\frac{1}{\sqrt{2\pi\sigma_\varepsilon^2}}e^{-\frac{1}{2\sigma_\varepsilon^2}(y^{(i)}-\beta_0-\beta_1 x_1^{(i)}-\beta_2 x_2^{(i)}-\cdots-\beta_k x_k^{(i)})^2}$$

对于所有的 y，有联合概率密度：

$$L(y)=\prod_{i=1}^{n}f(y^{(i)})$$

通过求偏导数的方法，可以求出使 $L(y)$ 达到最大的 $\hat{B}=(\hat{\beta}_0,\ \hat{\beta}_1,\ \hat{\beta}_2,\ \cdots,\ \hat{\beta}_k)$，这就是原模型的极大似然估计结果。

在日常的统计工作中，研究者并不需要使用上述的计算模型去对模型参数进行估计，而是可以使用计算机软件来完成估计工作。研究者只需要了解软件中所使用的是哪种估计方法。对于线性模型而言，最小二乘法和极大似然估计法的结果是完全相同的，一般都采用最小二乘法进行估计。但如果是非线性模型，则最小二乘估计的结果与极大似然估计的结果可能存在着一定的差异，在实践中多采用极大似然估计法。

8.4.3　线性回归的统计检验

利用 Excel、R、SPSS 等软件都可以对数据进行线性回归，具体方法需参考各软件的说明，在此不予详细介绍。从理论上说，利用最小二乘法或者极大似然估计法，可以对任何一组数据进行回归计算，估计出一组参数，但这些参数是否有意义，还需要进行统计检验。回归中的统计检验主要有三个方面，即拟合优度检验、方差检验、系数显著性检验。

以下我们结合对前表的回归结果进行介绍。

1. 拟合优度检验

拟合优度检验的目的在于观察回归方程对变量间因果关系的解释程度。数据中因变量与总平均数之差的平方和称为总体平方和，用 TSS 表示。TSS 可以分解成两个部分，一部分是由于回归模型而带来的，称为回归平方和，记作 ESS；另一部分是由残差项带来的，称为残差平方和，记作 RSS。三者的关系可以用式子表示如下：

$$\text{TSS} = \sum (y_i - \bar{y})^2 = \sum (y_i - \hat{y}_i)^2 + \sum (\hat{y}_i - \bar{y})^2 = \text{RSS} + \text{ESS}$$

定义

$$R^2 = \frac{\text{ESS}}{\text{TSS}} = 1 - \frac{\text{RSS}}{\text{TSS}}$$

为回归的拟合优度，也可称为决定系数。从定义中可以看出，拟合优度的实质是指在因变量的总变化中，有多大比例能够用回归模型来加以解释。这个比例越高，说明回归方程的解释能力越强。

在回归模型中增加新的自变量，一般能够提高回归模型的解释能力，从而提高 R^2 的值。为了避免因为增加自变量而高估了 R^2，有时需要计算调整后的拟合优度：

$$R_a^2 = 1 - \frac{n-1}{n-k-1}(1-R^2)$$

用软件 SPSS 对前表数据进行线性回归分析，可以获得如图 8.4 所示的拟合优度检验结果。

Model Summary

Model	R	R Square	Adjusted R Square	Std. Error of the Estimate
1	.928[a]	.862	.841	13.48479

a. Predictors：(Constant)，粮食播种面积，机械动力，地膜使用量，劳动力投入，化肥使用量

图 8.4　SPSS 中的拟合优度结果

从上图可以看到，本项拟合的 $R^2 = 0.862$，$R_a^2 = 0.841$，均接近于 1 的水平，说明回归的拟合优度较高。

拟合优度检验不能明确地给出接受或者拒绝的结论，对于 R^2 应当达到哪个水平才能合格，并没有一个权威的标准。有研究者指出，近年来许多回归分析对于 R^2 不够重视，有些研究的 R^2 甚至小于 0.10[①]。

过低的 R^2 说明模型中遗漏了许多重要的解释因素，此时即便模型是有效的，也只能说明所选择的这些自变量是影响因变量的部分因素，而无法证明因变量的变化主要是由这些自变量导致的。在回归分析中，人们总是希望能够找到影响因变量的主要原因，如果所选择的自变量解释能力不足，这样的回归是不成功的。

2. 模型方差检验

模型方差检验也称为模型显著性检验，目的在于检验回归模型是否有意义。如果回归模型无意义，则意味着因变量 y 的变化不是由自变量（x_1，x_2，$\cdots$，x_k）影响的，而是由截距项和残差项影响的，模型的实际形式为：

$$y = \beta_0 + \varepsilon$$

模型方差检验的原假设为：

$$H_0: \beta_1 = \beta_2 = \cdots = \beta_k = 0$$

检验统计量与方差分析中的检验统计量相类似，是分别用回归平方和与残差平方和各自除以自由度之后，再进行对比，统计量 F 服从于第一自由度为 k，第二自由度为 $(n-k-1)$ 的 F 分布。

若检验结果显示拒绝原假设，则说明在各个系数中至少有一个不等于 0，即回归模型是有意义的。

SPSS 中的模型方差检验结果如图 8.5。

ANOVA[b]

Model		Sum of Squares	df	Mean Square	F	Sig.
1	Regression	38559.142	5	7711.828	42.410	.000[a]
	Residual	6182.543	34	181.840		
	Total	44741.686	39			

a. Predictors：(Constant)，粮食播种面积，机械动力，地膜使用量，劳动力投入，化肥使用量

b. Dependent Variable：粮食总产量

图 8.5　SPSS 中的回归模型方差检验

---

① Gary Goertz，James Mahoney. 两种传承：社会科学中的定性与定量研究[M]. 刘军，译. 上海：格致出版社，2016：49.

从图 8.5 中可以看到，回归的 ESS＝38559，RSS＝6182，各自的自由度为 $k=5$，$(n-k-1)=34$，F＝42.41。查表可知第一自由度为 5，第二自由度为 34 的 F 分布中，区间点 42.41 对应的概率值为 1.16×10^{-13}，这是一个远远小于 0.05 的数。在软件的输出结果中用 Sig 一项表示，由于只取 3 位有效数字，因此其结果为 0.000，可得出拒绝原假设的结论。

在方差分析中拒绝原假设，意味着模型是有效的。

3. 系数显著性检验

模型的方差分析可以证明模型有效，但只是说明在所有的 β_i 中，至少有一个显著不等于 0，至于有没有其他的参数等于 0，方差分析无法回答。

在方差分析获得显著性结论之后，需要对每个系数进行单独的显著性检验，检验的原假设为：

$$H_0: \beta_i = 0, \quad i = 0, 1, 2, \cdots, k$$

SPSS 的输出结果中，系数显著性检验的内容如图 8.6。

Coefficients[a]

Model		Unstandardized Coefficients		Standardized Coefficients	t	Sig.
		B	Std. Error	Beta		
1	(Constant)	−7.016	4.220		−1.663	.106
	劳动力投入	−1.432	.438	−.420	−3.272	.002
	机械动力	−.230	.103	−.223	−2.235	.032
	化肥使用量	12.592	3.745	.549	3.362	.002
	地膜使用量	.016	.014	.084	1.178	.247
	粮食播种面积	.576	.098	.837	5.880	.000

a. Dependent Variable：粮食总产量

图 8.6　SPSS 中系数显著性检验结果

图 8.6 中的"B"一列是各个系数的值，"Sig."一列则是对应于各系数的显著性。Sig.＜0.05 意味着系数显著，即其对应的自变量对因变量有显著的影响；Sig.≥0.05 意味着系数不显著，即其对应的自变量对因变量并没有显著影响，应当从自变量的列表中剔除。

从上述的结果可以看到，劳动力投入、机械动力、化肥使用量、粮食播种面积这 4 个因素对因变量粮食总产量都是有显著影响的，而地膜使用量则没有显著影响。

各个统计软件在进行回归时的输出结果形式上有所不同，但基本上都包括上述三个部分。除了这些部分之外，回归结果还包括了残差检验、正态 $Q-Q$ 图等。

8.4.4　计量经济学

1. 计量经济学的概念

计量经济学是经济学的一个分支学科，是以揭示经济变量之间所存在的数量关系为内容的一个学科，根据挪威经济学家 R. Frish 的定义，计量经济学是经济理论、统计学和数学三者的结合。

广义的计量经济学包括所有用数量工具研究经济现象的方法，其中既包括了回归分析方法，也包括了投入产出法、时间序列分析法等。狭义的计量经济学是以揭示经济现象中的因果关系为研究目的的方法，对应的正是统计中的回归分析法。人们一般讨论计量经济学的时候，使用的都是狭义的概念。

计量经济学的研究方法与回归分析有相似之处，也有自己的特点。从相似之处来说，计量经济学所建立的因果模型，实际上就是统计学中的多元回归模型，其估计方法同样包括了最小二乘法、极大似然估计法等，参数估计完成之后的统计检验也与统计学中的内容完全相同。其有别于统计学中一般的回归分析之处有这样几个方面。

第一，统计学中进行回归分析的目的在于揭示自变量对因变量的影响，对于回归系数较为重视，需要通过回归系数来计算自变量变化一个单位时，因变量变化的程度。计量经济学主要关注的是自变量与因变量之间是否存在显著关联，对系数显著性比较重视，而对系数本身的数值并不特别关注。

计量经济学研究中的许多变量并不具有确定的经济含义，例如使用量表对消费者的心理进行测量，得到的测量值能够反映出消费者某种心理活动的差异，但该数值并不能与客观实际中的某些变量相关联。在这种情况下，计算自变量变化对因变量的影响程度，是没有意义的，研究者的目的只是希望证明自变量对因变量有影响，从而能够验证某种经济理论的正确性。

第二，回归分析在应用于自然科学研究时，保证样本的独立性是比较容易的。例如研究土壤成分对于作物产量的影响，研究人员可以选择一些相互不存在影响的地块进行实验，从而保证样本相互独立。但在社会科学研究中，样本之间的相互影响是无所不在的，看似独立的样本，在实际上可能分属于不同的企业、地区、职业分类等，从而存在着各种各样的分组，具有组内的相关性。

此外，自然科学实验中的各种控制条件，如温度、气压、酸碱度等，都是相互独立，可以分别进行调整。但在社会科学中，诸如国内生产总值、财政收入、教育投入、居民可支配收入等变量是互相关联的，不可能在控制其中一个变量的条件下使其他变量发生变化。

计量经济学作为回归方法在经济分析中的应用，不可避免地要受到这些特点的影响，从而需要有一些不同于普通回归分析的特殊研究角度。计量经济学中的异方差检验、序列相关检验、共线性检验等，就是针对这些角度而提出来的研究方法。

2. 计量经济学检验

计量经济学检验是在统计检验的基础上，结合经济学研究的一些特点，对回归模型进行的进一步检验。计量经济学检验主要包括三项内容。

(1)异方差检验。多元线性回归的基本假设之一是残差项相对于不同的 x 具有相同的方差，这一假设是最小二乘估计能够获得有效估计量的前提。如果这一假设不成立，则在进行最小二乘估计时，会出现参数估计量方差变大、变量显著性检验异常以及模型预测失效等情况。

残差项方差不相同的情况，称为异方差。在经济学研究中，出现异方差是较为常见的。例如，分析一些家庭的收入与支出之间的关系时，低收入家庭的支出波动幅度较小，高收入家庭的支出波动幅度较大，这就属于异方差现象。

异方差可以使用图示法、等级相关系数法、Glejser 检验、Bartlett 检验、Goldfeld-Quandt 检验等方法进行检验，不过，所有这些检验只能证明异方差存在，而无法证明异方差不存在。

在存在异方差的情况下，可以用加权最小二乘法(WLS)代表普通最小二乘法(OLS)进行模型估计，获得消除了异方差影响的估计结果。

📖 知识点

> **加权最小二乘估计**
>
> 对于模型 $Y = XB + N$，若有 $E(N) = 0$，$\mathrm{cov}(NN') = \sigma^2 W$，$W =$
> $$\begin{bmatrix} w_1 & & & \\ & w_2 & & \\ & & \ddots & \\ & & & w_n \end{bmatrix}$$
> ，即称模型存在异方差。

系数 B 的加权最小二乘估计量为：
$$B = (X'W^{-1}X)^{-1}X'W^{-1}Y$$
当 $W=I$ 为单位阵时，模型不存在异方差，此时使用上述估计量获得的是普通最小二乘(OLS)估计结果。

(2)序列相关检验。按照假设，回归中的各个样本应当相互独立。如果样本的独立性被破坏，残差项之间存在着一定的相关性，则称为序列相关，也称自相关。

序列相关一般出现在时间序列数据中，因为只有时间序列数据才具有顺序，能够产生出样本间的相关性。横向数据大多数不存在顺序关系，因此也无法建立起样本间的关联。

序列相关反映出同一变量在不同时间的前后关联，例如，前一年度的投资额度可能会影响到后一年度的投资额度，如果前一年度投资过多，消耗了投资者的财力，则在后一年度的投资额将会下降，从而表现出两个年度间投资额的负相关。

序列相关的存在，会使最小二乘估计的参数估计量丧失有效性、显著性检验异常、模型预测失效等。序列相关的检验可以采用冯诺曼比(Von Neumann's ratio)检验法、Durbin-Watson 检验法、回归检验法等。

在存在序列相关时，可以使用广义最小二乘估计(GLS)进行模型估计。

知识点

广义最小二乘估计

对于模型 $Y = XB + N$，若有 $\mathrm{cov}(NN') = \sigma^2\Omega$，$\Omega =$
$$\begin{bmatrix} w_{11} & w_{12} & \cdots & w_{1n} \\ w_{21} & w_{22} & \cdots & w_{2n} \\ \vdots & \vdots & \ddots & \vdots \\ w_{n1} & w_{n2} & \cdots & w_{nn} \end{bmatrix}$$，则称模型存在自相关，或序列相关。

系数 B 的广义最小二乘估计量为
$$\hat{B} = (X'\Omega^{-1}X)^{-1}X'\Omega^{-1}Y$$

(3)多重共线性检验。多重共线性是指不同的自变量之间出现了线性相关。如果一个自变量可以完全由其他几个自变量的线性组合来表示，称为出现了完全共线性。在变量出现完全共线性的情况下，参数估计将无法进行。在大多数情况下，共线性是以相关的方式存在的，即一个自变量与其他几个自变量的线性组合存在着相关关系。

多重共线性是经济研究中很常见的现象，因为经济变量往往都是相互关联的，一个国家的国内生产总值会影响到财政、教育、科技等方面的投入，一个家庭的收入会影响到日常消费支出、旅游行为、奢侈品购买等。研究中使用的自变量越多，出现多重共线性的可能性就越大。

多重共线性会使普通最小二乘的参数估计量丧失有效性，显著性检验异常，模型的预测功能失效，在多重共线性较为明显的情况下，参数估计量的经济含义可能会不合理。

多重共线性的检验包括判定系数检验法、逐步回归法、修正 Frisch 法等。

当出现多重共线性时，最重要的处理方法是剔除部分产生共线性的自变量，或者用变量的差分值来代替原始变量。如果无法通过减少自变量的方法来消除共线性的影响，可以采用岭回归（Ridge Regression）的方法，通过牺牲无偏性来减小参数估计量的方差。

扫描二维码，获取本节微课视频。

微课视频	学习笔记

思考与练习

1. 10 名学生的每日学习时间与考试成绩之间有如表 8.8 所示，请计算学习时间与考试成绩之间的 Pearson 相关系数。

表 8.8　每日学习时间与考试成绩的关系

学生编号	1	2	3	4	5	6	7	8	9	10
学习时间	8.5	7.8	5.5	6.6	12.5	11.4	10.8	7.6	3.9	8.7
考试成绩	77	76	76	78	92	87	84	81	75	80

2. 有甲、乙两名评委对 10 位歌手进行打分，其排名次序如表 8.9 所示。试计算甲、乙两名评委打分结果的 Spearman 等级相关系数，并分析二人打分是否具有相关性。

表 8.9　评委打分情况

歌手	1	2	3	4	5	6	7	8	9	10
甲评委	5	7	8	9	1	3	2	6	10	4
乙评委	8	7	9	6	2	1	3	5	10	4

3. 某农场使用 4 种不同的技术种植西瓜，从每种技术种植的西瓜中各抽出 7 个，称量质量如表 8.10 所示。试用方差分析方法分析各种不同的技术种植出来的西瓜质量有无差异。

表 8.10　西瓜重量　　　　　　　　　　单位：千克

西瓜编号	技术 1	技术 2	技术 3	技术 4
1	5.67	4.79	5.40	4.84
2	4.95	4.78	5.02	5.31
3	3.10	3.59	4.35	4.40
4	3.37	3.42	3.85	5.15
5	7.09	7.40	7.63	7.55
6	6.05	5.95	7.29	6.93
7	6.20	5.66	6.99	6.05

思政训练模块

1. 分横向（即按省、自治区、直辖市统计）和纵向（即按年度统计）搜集主要经济数据，如国内生产总值、人均可支配收入、财政收入、外贸进出口总额、货币供应量等，分别计算相关系数，观察哪些变量间有较强的相关性，哪些变量之间相关性不明显，体会国民经济运行的规律。

2. 党的二十大报告指出，要"推动西部大开发形成新格局，推动东北全面振兴取得新突破，促进中部地区加快崛起，鼓励东部地区加快推进现代化"。将全国各省、自治区、直辖市按东部、东北、中部、西部分为四组，采用方差分析方法，对比各组的主要经济指标是否存在显著差异，并理解中国区域发展不平衡的现状。

3. 选择上一步所确定的具有较强相关性的变量，区分自变量与因变量，进行多元回归分析，观察各变量系数的显著性及取值。

附录：统计表

附表 1　标准正态分布表

$$P(z \leqslant z_0) = \Phi(z_0) = \frac{1}{\sqrt{2\pi}} \int_{0-\infty}^{z} e^{-\frac{x^2}{2}} dx$$

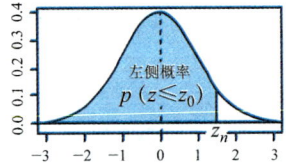

左侧概率 $p(z \leqslant z_0)$

Z_0	0.00	0.01	0.02	0.03	0.04	0.05	0.06	0.07	0.08	0.09
0.0	0.500000	0.503989	0.507978	0.511966	0.515953	0.519939	0.523922	0.527903	0.531881	0.535856
0.1	0.539828	0.543795	0.547758	0.551717	0.555670	0.559618	0.563559	0.567495	0.571424	0.575345
0.2	0.579260	0.583166	0.587064	0.590954	0.594835	0.598706	0.602568	0.606420	0.610261	0.614092
0.3	0.617911	0.621720	0.625516	0.629300	0.633072	0.636831	0.640576	0.644309	0.648027	0.651732
0.4	0.655422	0.659097	0.662757	0.666402	0.670031	0.673645	0.677242	0.680822	0.684386	0.687933
0.5	0.691462	0.694974	0.698468	0.701944	0.705401	0.708840	0.712260	0.715661	0.719043	0.722405
0.6	0.725747	0.729069	0.732371	0.735653	0.738914	0.742154	0.745373	0.748571	0.751748	0.754903
0.7	0.758036	0.761148	0.764238	0.767305	0.770350	0.773373	0.776373	0.779350	0.782305	0.785236
0.8	0.788145	0.791030	0.793892	0.796731	0.799546	0.802337	0.805105	0.807850	0.810570	0.813267
0.9	0.815940	0.818589	0.821214	0.823814	0.826391	0.828944	0.831472	0.833977	0.836457	0.838913
1.0	0.841345	0.843752	0.846136	0.848495	0.850830	0.853141	0.855428	0.857690	0.859929	0.862143
1.1	0.864334	0.866500	0.868643	0.870762	0.872857	0.874928	0.876976	0.879000	0.881000	0.882977
1.2	0.884930	0.886861	0.888768	0.890651	0.892512	0.894350	0.896165	0.897958	0.899727	0.901475
1.3	0.903200	0.904902	0.906582	0.908241	0.909877	0.911492	0.913085	0.914657	0.916207	0.917736
1.4	0.919243	0.920730	0.922196	0.923641	0.925066	0.926471	0.927855	0.929219	0.930563	0.931888
1.5	0.933193	0.934478	0.935745	0.936992	0.938220	0.939429	0.940620	0.941792	0.942947	0.944083
1.6	0.945201	0.946301	0.947384	0.948449	0.949497	0.950529	0.951543	0.952540	0.953521	0.954486
1.7	0.955435	0.956367	0.957284	0.958185	0.959070	0.959941	0.960796	0.961636	0.962462	0.963273

续表

Z_0	0.00	0.01	0.02	0.03	0.04	0.05	0.06	0.07	0.08	0.09
1.8	0.964070	0.964852	0.965620	0.966375	0.967116	0.967843	0.968557	0.969258	0.969946	0.970621
1.9	0.971283	0.971933	0.972571	0.973197	0.973810	0.974412	0.975002	0.975581	0.976148	0.976705
2.0	0.977250	0.977784	0.978308	0.978822	0.979325	0.979818	0.980301	0.980774	0.981237	0.981691
2.1	0.982136	0.982571	0.982997	0.983414	0.983823	0.984222	0.984614	0.984997	0.985371	0.985738
2.2	0.986097	0.986447	0.986791	0.987126	0.987455	0.987776	0.988089	0.988396	0.988696	0.988989
2.3	0.989276	0.989556	0.989830	0.990097	0.990358	0.990613	0.990863	0.991106	0.991344	0.991576
2.4	0.991802	0.992024	0.992240	0.992451	0.992656	0.992857	0.993053	0.993244	0.993431	0.993613
2.5	0.993790	0.993963	0.994132	0.994297	0.994457	0.994614	0.994766	0.994915	0.995060	0.995201
2.6	0.995339	0.995473	0.995604	0.995731	0.995855	0.995975	0.996093	0.996207	0.996319	0.996427
2.7	0.996533	0.996636	0.996736	0.996833	0.996928	0.997020	0.997110	0.997197	0.997282	0.997365
2.8	0.997445	0.997523	0.997599	0.997673	0.997744	0.997814	0.997882	0.997948	0.998012	0.998074
2.9	0.998134	0.998193	0.998250	0.998305	0.998359	0.998411	0.998462	0.998511	0.998559	0.998605
3.0	0.998650	0.998694	0.998736	0.998777	0.998817	0.998856	0.998893	0.998930	0.998965	0.998999
3.1	0.999032	0.999065	0.999096	0.999126	0.999155	0.999184	0.999211	0.999238	0.999264	0.999289
3.2	0.999313	0.999336	0.999359	0.999381	0.999402	0.999423	0.999443	0.999462	0.999481	0.999499
3.3	0.999517	0.999534	0.999550	0.999566	0.999581	0.999596	0.999610	0.999624	0.999638	0.999651
3.4	0.999663	0.999675	0.999687	0.999698	0.999709	0.999720	0.999730	0.999740	0.999749	0.999758
3.5	0.999767	0.999776	0.999784	0.999792	0.999800	0.999807	0.999815	0.999822	0.999828	0.999835
3.6	0.999841	0.999847	0.999853	0.999858	0.999864	0.999869	0.999874	0.999879	0.999883	0.999888
3.7	0.999892	0.999896	0.999900	0.999904	0.999908	0.999912	0.999915	0.999918	0.999922	0.999925
3.8	0.999928	0.999931	0.999933	0.999936	0.999938	0.999941	0.999943	0.999946	0.999948	0.999950
3.9	0.999952	0.999954	0.999956	0.999958	0.999959	0.999961	0.999963	0.999964	0.999966	0.999967

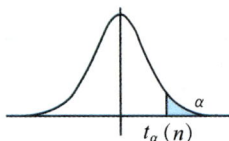

附表 2　t 分布表

$$\alpha = P(t > t_a(n))$$

自由度	α						
(n)	0.250	0.200	0.100	0.050	0.025	0.010	0.005
1	1.0000	1.3764	3.0777	6.3138	12.7062	31.8205	63.6567
2	0.8165	1.0607	1.8856	2.9200	4.3027	6.9646	9.9248
3	0.7649	0.9785	1.6377	2.3534	3.1824	4.5407	5.8409
4	0.7407	0.9410	1.5332	2.1318	2.7764	3.7469	4.6041
5	0.7267	0.9195	1.4759	2.0150	2.5706	3.3649	4.0321
6	0.7176	0.9057	1.4398	1.9432	2.4469	3.1427	3.7074
7	0.7111	0.8960	1.4149	1.8946	2.3646	2.9980	3.4995
8	0.7064	0.8889	1.3968	1.8595	2.3060	2.8965	3.3554
9	0.7027	0.8834	1.3830	1.8331	2.2622	2.8214	3.2498
10	0.6998	0.8791	1.3722	1.8125	2.2281	2.7638	3.1693
11	0.6974	0.8755	1.3634	1.7959	2.2010	2.7181	3.1058
12	0.6955	0.8726	1.3562	1.7823	2.1788	2.6810	3.0545
13	0.6938	0.8702	1.3502	1.7709	2.1604	2.6503	3.0123
14	0.6924	0.8681	1.3450	1.7613	2.1448	2.6245	2.9768
15	0.6912	0.8662	1.3406	1.7531	2.1314	2.6025	2.9467
16	0.6901	0.8647	1.3368	1.7459	2.1199	2.5835	2.9208
17	0.6892	0.8633	1.3334	1.7396	2.1098	2.5669	2.8982
18	0.6884	0.8620	1.3304	1.7341	2.1009	2.5524	2.8784
19	0.6876	0.8610	1.3277	1.7291	2.0930	2.5395	2.8609
20	0.6870	0.8600	1.3253	1.7247	2.0860	2.5280	2.8453
21	0.6864	0.8591	1.3232	1.7207	2.0796	2.5176	2.8314
22	0.6858	0.8583	1.3212	1.7171	2.0739	2.5083	2.8188
23	0.6853	0.8575	1.3195	1.7139	2.0687	2.4999	2.8073
24	0.6848	0.8569	1.3178	1.7109	2.0639	2.4922	2.7969
25	0.6844	0.8562	1.3163	1.7081	2.0595	2.4851	2.7874
26	0.6840	0.8557	1.3150	1.7056	2.0555	2.4786	2.7787
27	0.6837	0.8551	1.3137	1.7033	2.0518	2.4727	2.7707

续表

自由度 (n)	α						
	0.250	0.200	0.100	0.050	0.025	0.010	0.005
28	0.6834	0.8546	1.3125	1.7011	2.0484	2.4671	2.7633
29	0.6830	0.8542	1.3114	1.6991	2.0452	2.4620	2.7564
30	0.6828	0.8538	1.3104	1.6973	2.0423	2.4573	2.7500
35	0.6816	0.8520	1.3062	1.6896	2.0301	2.4377	2.7238
40	0.6807	0.8507	1.3031	1.6839	2.0211	2.4233	2.7045
45	0.6800	0.8497	1.3006	1.6794	2.0141	2.4121	2.6896
50	0.6794	0.8489	1.2987	1.6759	2.0086	2.4033	2.6778
55	0.6790	0.8482	1.2971	1.6730	2.0040	2.3961	2.6682
60	0.6786	0.8477	1.2958	1.6706	2.0003	2.3901	2.6603
65	0.6783	0.8472	1.2947	1.6686	1.9971	2.3851	2.6536
70	0.6780	0.8468	1.2938	1.6669	1.9944	2.3808	2.6479
75	0.6778	0.8464	1.2929	1.6654	1.9921	2.3771	2.6430
80	0.6776	0.8461	1.2922	1.6641	1.9901	2.3739	2.6387
85	0.6774	0.8459	1.2916	1.6630	1.9883	2.3710	2.6349
90	0.6772	0.8456	1.2910	1.6620	1.9867	2.3685	2.6316
95	0.6771	0.8454	1.2905	1.6611	1.9853	2.3662	2.6286
100	0.6770	0.8452	1.2901	1.6602	1.9840	2.3642	2.6259
150	0.6761	0.8440	1.2872	1.6551	1.9759	2.3515	2.6090
200	0.6757	0.8434	1.2858	1.6525	1.9719	2.3451	2.6006
250	0.6755	0.8431	1.2849	1.6510	1.9695	2.3414	2.5956
300	0.6753	0.8428	1.2844	1.6499	1.9679	2.3388	2.5923
350	0.6753	0.8426	1.2840	1.6492	1.9668	2.3370	2.5899
400	0.6751	0.8425	1.2837	1.6487	1.9659	2.3357	2.5882
500	0.6750	0.8423	1.2832	1.6479	1.9647	2.3338	2.5857
600	0.6749	0.8422	1.2830	1.6474	1.9639	2.3326	2.5840
700	0.6748	0.8421	1.2828	1.6470	1.9634	2.3317	2.5829
800	0.6748	0.8421	1.2826	1.6468	1.9629	2.3310	2.5820
1000	0.6747	0.8420	1.2824	1.6464	1.9623	2.3301	2.5808

附表 3 χ^2 分布表

$$\alpha = P(\chi^2 > \chi_a^2(n))$$

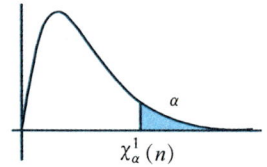

自由度	α										
(n)	0.995	0.990	0.950	0.900	0.750	0.250	0.100	0.050	0.025	0.010	0.005
1	0.0000	0.0002	0.0039	0.0158	0.1015	1.3233	2.7055	3.8415	5.0239	6.6349	7.8794
2	0.0100	0.0201	0.1026	0.2107	0.5754	2.7726	4.6052	5.9915	7.3778	9.2103	10.5966
3	0.0717	0.1148	0.3518	0.5844	1.2125	4.1083	6.2514	7.8147	9.3484	11.3449	12.8382
4	0.2070	0.2971	0.7107	1.0636	1.9226	5.3853	7.7794	9.4877	11.1433	13.2767	14.8603
5	0.4117	0.5543	1.1455	1.6103	2.6746	6.6257	9.2364	11.0705	12.8325	15.0863	16.7496
6	0.6757	0.8721	1.6354	2.2041	3.4546	7.8408	10.6446	12.5916	14.4494	16.8119	18.5476
7	0.9893	1.2390	2.1673	2.8331	4.2549	9.0371	12.0170	14.0671	16.0128	18.4753	20.2777
8	1.3444	1.6465	2.7326	3.4895	5.0706	10.2189	13.3616	15.5073	17.5345	20.0902	21.9550
9	1.7349	2.0879	3.3251	4.1682	5.8988	11.3888	14.6837	16.9190	19.0228	21.6660	23.5894
10	2.1559	2.5582	3.9403	4.8652	6.7372	12.5489	15.9872	18.3070	20.4832	23.2093	25.1882
11	2.6032	3.0535	4.5748	5.5778	7.5841	13.7007	17.2750	19.6751	21.9200	24.7250	26.7568
12	3.0738	3.5706	5.2260	6.3038	8.4384	14.8454	18.5493	21.0261	23.3367	26.2170	28.2995
13	3.5650	4.1069	5.8919	7.0415	9.2991	15.9839	19.8119	22.3620	24.7356	27.6882	29.8195
14	4.0747	4.6604	6.5706	7.7895	10.1653	17.1169	21.0641	23.6848	26.1189	29.1412	31.3193
15	4.6009	5.2293	7.2609	8.5468	11.0365	18.2451	22.3071	24.9958	27.4884	30.5779	32.8013
16	5.1422	5.8122	7.9616	9.3122	11.9122	19.3689	23.5418	26.2962	28.8454	31.9999	34.2672
17	5.6972	6.4078	8.6718	10.0852	12.7919	20.4887	24.7690	27.5871	30.1910	33.4087	35.7185
18	6.2648	7.0149	9.3905	10.8649	13.6753	21.6049	25.9894	28.8693	31.5264	34.8053	37.1565
19	6.8440	7.6327	10.1170	11.6509	14.5620	22.7178	27.2036	30.1435	32.8523	36.1909	38.5823
20	7.4338	8.2604	10.8508	12.4426	15.4518	23.8277	28.4120	31.4104	34.1696	37.5662	39.9968
21	8.0337	8.8972	11.5913	13.2396	16.3444	24.9348	29.6151	32.6706	35.4789	38.9322	41.4011
22	8.6427	9.5425	12.3380	14.0415	17.2396	26.0393	30.8133	33.9244	36.7807	40.2894	42.7957

自由度 (n)	α										
	0.995	0.990	0.950	0.900	0.750	0.250	0.100	0.050	0.025	0.010	0.005
23	9.2604	10.1957	13.0905	14.8480	18.1373	27.1413	32.0069	35.1725	38.0756	41.6384	44.1813
24	9.8862	10.8564	13.8484	15.6587	19.0373	28.2412	33.1962	36.4150	39.3641	42.9798	45.5585
25	10.5197	11.5240	14.6114	16.4734	19.9393	29.3389	34.3816	37.6525	40.6465	44.3141	46.9279
26	11.1602	12.1981	15.3792	17.2919	20.8434	30.4346	35.5632	38.8851	41.9232	45.6417	48.2899
27	11.8076	12.8785	16.1514	18.1139	21.7494	31.5284	36.7412	40.1133	43.1945	46.9629	49.6449
28	12.4613	13.5647	16.9279	18.9392	22.6572	32.6205	37.9159	41.3371	44.4608	48.2782	50.9934
29	13.1211	14.2565	17.7084	19.7677	23.5666	33.7109	39.0875	42.5570	45.7223	49.5879	52.3356
30	13.7867	14.9535	18.4927	20.5992	24.4776	34.7997	40.2560	43.7730	46.9792	50.8922	53.6720
31	14.4578	15.6555	19.2806	21.4336	25.3901	35.8871	41.4217	44.9853	48.2319	52.1914	55.0027
32	15.1340	16.3622	20.0719	22.2706	26.3041	36.9730	42.5847	46.1943	49.4804	53.4858	56.3281
33	15.8153	17.0735	20.8665	23.1102	27.2194	38.0575	43.7452	47.3999	50.7251	54.7755	57.6484
34	16.5013	17.7891	21.6643	23.9523	28.1361	39.1408	44.9032	48.6024	51.9660	56.0609	58.9639
35	17.1918	18.5089	22.4650	24.7967	29.0540	40.2228	46.0588	49.8018	53.2033	57.3421	60.2748
36	17.8867	19.2327	23.2686	25.6433	29.9730	41.3036	47.2122	50.9985	54.4373	58.6192	61.5812
37	18.5858	19.9602	24.0749	26.4921	30.8933	42.3833	48.3634	52.1923	55.6680	59.8925	62.8833
38	19.2889	20.6914	24.8839	27.3430	31.8146	43.4619	49.5126	53.3835	56.8955	61.1621	64.1814
39	19.9959	21.4262	25.6954	28.1958	32.7369	44.5395	50.6598	54.5722	58.1201	62.4281	65.4756
40	20.7065	22.1643	26.5093	29.0505	33.6603	45.6160	51.8051	55.7585	59.3417	63.6907	66.7660
41	21.4208	22.9056	27.3256	29.9071	34.5840	46.6916	52.9485	56.9424	60.5606	64.9501	68.0527
42	22.1385	23.6501	28.1440	30.7654	35.5099	47.7663	54.0902	58.1240	61.7768	66.2062	69.3360
43	22.8595	24.3976	28.9647	31.6255	36.4361	48.8400	55.2302	59.3035	62.9904	67.4593	70.6159
44	23.5837	25.1480	29.7875	32.4871	37.3631	49.9129	56.3685	60.4809	64.2015	68.7095	71.8926
45	24.3110	25.9013	30.6123	33.3504	38.2910	50.9849	57.5053	61.6562	65.4102	69.9568	73.1661

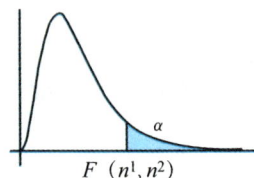

附表 4　**F 分布表**

$$\alpha = P(F > F_a(n_1, n_2))$$

$\alpha = 0.10$

n_1 \\ n_2	1	2	3	4	5	6	7	8	9	10	11	12	13	14	15
1	39.86	49.50	53.59	55.83	57.24	58.20	58.91	59.44	59.86	60.19	60.47	60.71	60.90	61.07	61.22
2	8.53	9.00	9.16	9.24	9.29	9.33	9.35	9.37	9.38	9.39	9.40	9.41	9.41	9.42	9.42
3	5.54	5.46	5.39	5.34	5.31	5.28	5.27	5.25	5.24	5.23	5.22	5.22	5.21	5.20	5.20
4	4.54	4.32	4.19	4.11	4.05	4.01	3.98	3.95	3.94	3.92	3.91	3.90	3.89	3.88	3.87
5	4.06	3.78	3.62	3.52	3.45	3.40	3.37	3.34	3.32	3.30	3.28	3.27	3.26	3.25	3.24
6	3.78	3.46	3.29	3.18	3.11	3.05	3.01	2.98	2.96	2.94	2.92	2.90	2.89	2.88	2.87
7	3.59	3.26	3.07	2.96	2.88	2.83	2.78	2.75	2.72	2.70	2.68	2.67	2.65	2.64	2.63
8	3.46	3.11	2.92	2.81	2.73	2.67	2.62	2.59	2.56	2.54	2.52	2.50	2.49	2.48	2.46
9	3.36	3.01	2.81	2.69	2.61	2.55	2.51	2.47	2.44	2.42	2.40	2.38	2.36	2.35	2.34
10	3.29	2.92	2.73	2.61	2.52	2.46	2.41	2.38	2.35	2.32	2.30	2.28	2.27	2.26	2.24
11	3.23	2.86	2.66	2.54	2.45	2.39	2.34	2.30	2.27	2.25	2.23	2.21	2.19	2.18	2.17
12	3.18	2.81	2.61	2.48	2.39	2.33	2.28	2.24	2.21	2.19	2.17	2.15	2.13	2.12	2.10
13	3.14	2.76	2.56	2.43	2.35	2.28	2.23	2.20	2.16	2.14	2.12	2.10	2.08	2.07	2.05
14	3.10	2.73	2.52	2.39	2.31	2.24	2.19	2.15	2.12	2.10	2.07	2.05	2.04	2.02	2.01
15	3.07	2.70	2.49	2.36	2.27	2.21	2.16	2.12	2.09	2.06	2.04	2.02	2.00	1.99	1.97
16	3.05	2.67	2.46	2.33	2.24	2.18	2.13	2.09	2.06	2.03	2.01	1.99	1.97	1.95	1.94
17	3.03	2.64	2.44	2.31	2.22	2.15	2.10	2.06	2.03	2.00	1.98	1.96	1.94	1.93	1.91
18	3.01	2.62	2.42	2.29	2.20	2.13	2.08	2.04	2.00	1.98	1.95	1.93	1.92	1.90	1.89
19	2.99	2.61	2.40	2.27	2.18	2.11	2.06	2.02	1.98	1.96	1.93	1.91	1.89	1.88	1.86
20	2.97	2.59	2.38	2.25	2.16	2.09	2.04	2.00	1.96	1.94	1.91	1.89	1.87	1.86	1.84
25	2.92	2.53	2.32	2.18	2.09	2.02	1.97	1.93	1.89	1.87	1.84	1.82	1.80	1.79	1.77
30	2.88	2.49	2.28	2.14	2.05	1.98	1.93	1.88	1.85	1.82	1.79	1.77	1.75	1.74	1.72

续表

n_1 \ n_2	1	2	3	4	5	6	7	8	9	10	11	12	13	14	15
35	2.85	2.46	2.25	2.11	2.02	1.95	1.90	1.85	1.82	1.79	1.76	1.74	1.72	1.70	1.69
40	2.84	2.44	2.23	2.09	2.00	1.93	1.87	1.83	1.79	1.76	1.74	1.71	1.70	1.68	1.66
50	2.81	2.41	2.20	2.06	1.97	1.90	1.84	1.80	1.76	1.73	1.70	1.68	1.66	1.64	1.63
60	2.79	2.39	2.18	2.04	1.95	1.87	1.82	1.77	1.74	1.71	1.68	1.66	1.64	1.62	1.60
80	2.77	2.37	2.15	2.02	1.92	1.85	1.79	1.75	1.71	1.68	1.65	1.63	1.61	1.59	1.57
120	2.75	2.35	2.13	1.99	1.90	1.82	1.77	1.72	1.68	1.65	1.63	1.60	1.58	1.56	1.55
240	2.73	2.32	2.11	1.97	1.87	1.80	1.74	1.70	1.66	1.63	1.60	1.57	1.55	1.53	1.52
∞	2.71	2.30	2.08	1.94	1.85	1.77	1.72	1.67	1.63	1.60	1.57	1.55	1.52	1.50	1.49

n_1 \ n_2	16	17	18	19	20	25	30	35	40	50	60	80	120	240	∞
1	61.35	61.46	61.57	61.66	61.74	62.05	62.26	62.42	62.53	62.69	62.79	62.93	63.06	63.19	63.33
2	9.43	9.43	9.44	9.44	9.44	9.45	9.46	9.46	9.47	9.47	9.47	9.48	9.48	9.49	9.49
3	5.20	5.19	5.19	5.19	5.18	5.17	5.17	5.16	5.16	5.15	5.15	5.15	5.14	5.14	5.13
4	3.86	3.86	3.85	3.85	3.84	3.83	3.82	3.81	3.80	3.80	3.79	3.78	3.78	3.77	3.76
5	3.23	3.22	3.22	3.21	3.21	3.19	3.17	3.16	3.16	3.15	3.14	3.13	3.12	3.11	3.11
6	2.86	2.85	2.85	2.84	2.84	2.81	2.80	2.79	2.78	2.77	2.76	2.75	2.74	2.73	2.72
7	2.62	2.61	2.61	2.60	2.59	2.57	2.56	2.54	2.54	2.52	2.51	2.50	2.49	2.48	2.47
8	2.45	2.45	2.44	2.43	2.42	2.40	2.38	2.37	2.36	2.35	2.34	2.33	2.32	2.30	2.29
9	2.33	2.32	2.31	2.30	2.30	2.27	2.25	2.24	2.23	2.22	2.21	2.20	2.18	2.17	2.16
10	2.23	2.22	2.22	2.21	2.20	2.17	2.16	2.14	2.13	2.12	2.11	2.09	2.08	2.07	2.06
11	2.16	2.15	2.14	2.13	2.12	2.10	2.08	2.06	2.05	2.04	2.03	2.01	2.00	1.99	1.97
12	2.09	2.08	2.08	2.07	2.06	2.03	2.01	2.00	1.99	1.97	1.96	1.95	1.93	1.92	1.90
13	2.04	2.03	2.02	2.01	2.01	1.98	1.96	1.94	1.93	1.92	1.90	1.89	1.88	1.86	1.85
14	2.00	1.99	1.98	1.97	1.96	1.93	1.91	1.90	1.89	1.87	1.86	1.84	1.83	1.81	1.80
15	1.96	1.95	1.94	1.93	1.92	1.89	1.87	1.86	1.85	1.83	1.82	1.80	1.79	1.77	1.76
16	1.93	1.92	1.91	1.90	1.89	1.86	1.84	1.82	1.81	1.79	1.78	1.77	1.75	1.73	1.72

续表

n_1 \ n_2	16	17	18	19	20	25	30	35	40	50	60	80	120	240	∞
17	1.90	1.89	1.88	1.87	1.86	1.83	1.81	1.79	1.78	1.76	1.75	1.74	1.72	1.70	1.69
18	1.87	1.86	1.85	1.84	1.84	1.80	1.78	1.77	1.75	1.74	1.72	1.71	1.69	1.67	1.66
19	1.85	1.84	1.83	1.82	1.81	1.78	1.76	1.74	1.73	1.71	1.70	1.68	1.67	1.65	1.63
20	1.83	1.82	1.81	1.80	1.79	1.76	1.74	1.72	1.71	1.69	1.68	1.66	1.64	1.63	1.61
25	1.76	1.75	1.74	1.73	1.72	1.68	1.66	1.64	1.63	1.61	1.59	1.58	1.56	1.54	1.52
30	1.71	1.70	1.69	1.68	1.67	1.63	1.61	1.59	1.57	1.55	1.54	1.52	1.50	1.48	1.46
35	1.67	1.66	1.65	1.64	1.63	1.60	1.57	1.55	1.53	1.51	1.50	1.48	1.46	1.43	1.41
40	1.65	1.64	1.62	1.61	1.61	1.57	1.54	1.52	1.51	1.48	1.47	1.45	1.42	1.40	1.38
50	1.61	1.60	1.59	1.58	1.57	1.53	1.50	1.48	1.46	1.44	1.42	1.40	1.38	1.35	1.33
60	1.59	1.58	1.56	1.55	1.54	1.50	1.48	1.45	1.44	1.41	1.40	1.37	1.35	1.32	1.29
80	1.56	1.55	1.53	1.52	1.51	1.47	1.44	1.42	1.40	1.38	1.36	1.33	1.31	1.28	1.24
120	1.53	1.52	1.50	1.49	1.48	1.44	1.41	1.39	1.37	1.34	1.32	1.29	1.26	1.23	1.19
240	1.50	1.49	1.47	1.46	1.45	1.41	1.38	1.35	1.33	1.30	1.28	1.25	1.22	1.18	1.13
∞	1.47	1.46	1.44	1.43	1.42	1.38	1.34	1.32	1.30	1.26	1.24	1.21	1.17	1.12	1.00

$\alpha = 0.05$

n_1 \ n_2	1	2	3	4	5	6	7	8	9	10	11	12	13	14	15
1	161.4	199.5	215.7	224.6	230.2	234.0	236.8	238.9	240.5	241.9	243.0	243.9	244.7	245.4	245.9
2	18.51	19.00	19.16	19.25	19.30	19.33	19.35	19.37	19.38	19.40	19.40	19.41	19.42	19.42	19.43
3	10.13	9.55	9.28	9.12	9.01	8.94	8.89	8.85	8.81	8.79	8.76	8.74	8.73	8.71	8.70
4	7.71	6.94	6.59	6.39	6.26	6.16	6.09	6.04	6.00	5.96	5.94	5.91	5.89	5.87	5.86
5	6.61	5.79	5.41	5.19	5.05	4.95	4.88	4.82	4.77	4.74	4.70	4.68	4.66	4.64	4.62
6	5.99	5.14	4.76	4.53	4.39	4.28	4.21	4.15	4.10	4.06	4.03	4.00	3.98	3.96	3.94
7	5.59	4.74	4.35	4.12	3.97	3.87	3.79	3.73	3.68	3.64	3.60	3.57	3.55	3.53	3.51
8	5.32	4.46	4.07	3.84	3.69	3.58	3.50	3.44	3.39	3.35	3.31	3.28	3.26	3.24	3.22

续表

n_1＼n_2	1	2	3	4	5	6	7	8	9	10	11	12	13	14	15
9	5.12	4.26	3.86	3.63	3.48	3.37	3.29	3.23	3.18	3.14	3.10	3.07	3.05	3.03	3.01
10	4.96	4.10	3.71	3.48	3.33	3.22	3.14	3.07	3.02	2.98	2.94	2.91	2.89	2.86	2.85
11	4.84	3.98	3.59	3.36	3.20	3.09	3.01	2.95	2.90	2.85	2.82	2.79	2.76	2.74	2.72
12	4.75	3.89	3.49	3.26	3.11	3.00	2.91	2.85	2.80	2.75	2.72	2.69	2.66	2.64	2.62
13	4.67	3.81	3.41	3.18	3.03	2.92	2.83	2.77	2.71	2.67	2.63	2.60	2.58	2.55	2.53
14	4.60	3.74	3.34	3.11	2.96	2.85	2.76	2.70	2.65	2.60	2.57	2.53	2.51	2.48	2.46
15	4.54	3.68	3.29	3.06	2.90	2.79	2.71	2.64	2.59	2.54	2.51	2.48	2.45	2.42	2.40
16	4.49	3.63	3.24	3.01	2.85	2.74	2.66	2.59	2.54	2.49	2.46	2.42	2.40	2.37	2.35
17	4.45	3.59	3.20	2.96	2.81	2.70	2.61	2.55	2.49	2.45	2.41	2.38	2.35	2.33	2.31
18	4.41	3.55	3.16	2.93	2.77	2.66	2.58	2.51	2.46	2.41	2.37	2.34	2.31	2.29	2.27
19	4.38	3.52	3.13	2.90	2.74	2.63	2.54	2.48	2.42	2.38	2.34	2.31	2.28	2.26	2.23
20	4.35	3.49	3.10	2.87	2.71	2.60	2.51	2.45	2.39	2.35	2.31	2.28	2.25	2.22	2.20
25	4.24	3.39	2.99	2.76	2.60	2.49	2.40	2.34	2.28	2.24	2.20	2.16	2.14	2.11	2.09
30	4.17	3.32	2.92	2.69	2.53	2.42	2.33	2.27	2.21	2.16	2.13	2.09	2.06	2.04	2.01
35	4.12	3.27	2.87	2.64	2.49	2.37	2.29	2.22	2.16	2.11	2.07	2.04	2.01	1.99	1.96
40	4.08	3.23	2.84	2.61	2.45	2.34	2.25	2.18	2.12	2.08	2.04	2.00	1.97	1.95	1.92
50	4.03	3.18	2.79	2.56	2.40	2.29	2.20	2.13	2.07	2.03	1.99	1.95	1.92	1.89	1.87
60	4.00	3.15	2.76	2.53	2.37	2.25	2.17	2.10	2.04	1.99	1.95	1.92	1.89	1.86	1.84
80	3.90	3.11	2.72	2.49	2.33	2.21	2.13	2.06	2.00	1.95	1.91	1.88	1.84	1.82	1.79
120	3.92	3.07	2.68	2.45	2.29	2.18	2.09	2.02	1.96	1.91	1.87	1.83	1.80	1.78	1.75
240	3.88	3.03	2.64	2.41	2.25	2.14	2.05	1.98	1.92	1.87	1.83	1.79	1.76	1.73	1.71
∞	3.84	3.00	2.60	2.37	2.21	2.10	2.01	1.94	1.88	1.83	1.79	1.75	1.72	1.69	1.67

n_1＼n_2	16	17	18	19	20	25	30	35	40	50	60	80	120	240	∞
1	246.5	246.9	247.3	247.7	248.0	249.3	250.1	250.7	251.1	251.8	252.2	252.7	253.3	253.8	254.3
2	19.43	19.44	19.44	19.44	19.45	19.46	19.46	19.47	19.47	19.48	19.48	19.48	19.49	19.49	19.50

续表

n_1 \ n_2	16	17	18	19	20	25	30	35	40	50	60	80	120	240	∞
3	8.69	8.68	8.67	8.67	8.66	8.63	8.62	8.60	8.59	8.58	8.57	8.56	8.55	8.54	8.53
4	5.84	5.83	5.82	5.81	5.80	5.77	5.75	5.73	5.72	5.70	5.69	5.67	5.66	5.64	5.63
5	4.60	4.59	4.58	4.57	4.56	4.52	4.50	4.48	4.46	4.44	4.43	4.41	4.40	4.38	4.37
6	3.92	3.91	3.90	3.88	3.87	3.83	3.81	3.79	3.77	3.75	3.74	3.72	3.70	3.69	3.67
7	3.49	3.48	3.47	3.46	3.44	3.40	3.38	3.36	3.34	3.32	3.30	3.29	3.27	3.25	3.23
8	3.20	3.19	3.17	3.16	3.15	3.11	3.08	3.06	3.04	3.02	3.01	2.99	2.97	2.95	2.93
9	2.99	2.97	2.96	2.95	2.94	2.89	2.86	2.84	2.83	2.80	2.79	2.77	2.75	2.73	2.71
10	2.83	2.81	2.80	2.79	2.77	2.73	2.70	2.68	2.66	2.64	2.62	2.60	2.58	2.56	2.54
11	2.70	2.69	2.67	2.66	2.65	2.60	2.57	2.55	2.53	2.51	2.49	2.47	2.45	2.43	2.40
12	2.60	2.58	2.57	2.56	2.54	2.50	2.47	2.44	2.43	2.40	2.38	2.36	2.34	2.32	2.30
13	2.51	2.50	2.48	2.47	2.46	2.41	2.38	2.36	2.34	2.31	2.30	2.27	2.25	2.23	2.21
14	2.44	2.43	2.41	2.40	2.39	2.34	2.31	2.28	2.27	2.24	2.22	2.20	2.18	2.15	2.13
15	2.38	2.37	2.35	2.34	2.33	2.28	2.25	2.22	2.20	2.18	2.16	2.14	2.11	2.09	2.07
16	2.33	2.32	2.30	2.29	2.28	2.23	2.19	2.17	2.15	2.12	2.11	2.08	2.06	2.03	2.01
17	2.29	2.27	2.26	2.24	2.23	2.18	2.15	2.12	2.10	2.08	2.06	2.03	2.01	1.99	1.96
18	2.25	2.23	2.22	2.20	2.19	2.14	2.11	2.08	2.06	2.04	2.02	1.99	1.97	1.94	1.92
19	2.21	2.20	2.18	2.17	2.16	2.11	2.07	2.05	2.03	2.00	1.98	1.96	1.93	1.90	1.88
20	2.18	2.17	2.15	2.14	2.12	2.07	2.04	2.01	1.99	1.97	1.95	1.92	1.90	1.87	1.84
25	2.07	2.05	2.04	2.02	2.01	1.96	1.92	1.89	1.87	1.84	1.82	1.80	1.77	1.74	1.71
30	1.99	1.98	1.96	1.95	1.93	1.88	1.84	1.81	1.79	1.76	1.74	1.71	1.68	1.65	1.62
35	1.94	1.92	1.91	1.89	1.88	1.82	1.79	1.76	1.74	1.70	1.68	1.65	1.62	1.59	1.56
40	1.90	1.89	1.87	1.85	1.84	1.78	1.74	1.72	1.69	1.66	1.64	1.61	1.58	1.54	1.51
50	1.85	1.83	1.81	1.80	1.78	1.73	1.69	1.66	1.63	1.60	1.58	1.54	1.51	1.48	1.44
60	1.82	1.80	1.78	1.76	1.75	1.69	1.65	1.62	1.59	1.56	1.53	1.50	1.47	1.43	1.39
80	1.77	1.75	1.73	1.72	1.70	1.64	1.60	1.57	1.54	1.51	1.48	1.45	1.41	1.37	1.32
120	1.73	1.71	1.69	1.67	1.66	1.60	1.55	1.52	1.50	1.46	1.43	1.39	1.35	1.31	1.25
240	1.69	1.67	1.65	1.63	1.61	1.55	1.51	1.47	1.44	1.40	1.37	1.33	1.29	1.24	1.17
∞	1.64	1.62	1.60	1.59	1.57	1.51	1.46	1.42	1.39	1.35	1.32	1.27	1.22	1.15	1.00

$\alpha = 0.025$

n_1 \ n_2	1	2	3	4	5	6	7	8	9	10	11	12	13	14	15
1	647.8	799.5	864.2	899.6	921.8	937.1	948.2	956.7	963.3	968.6	973.0	976.7	979.8	982.5	984.9
2	38.51	39.00	39.17	39.25	39.30	39.33	39.36	39.37	39.39	39.40	39.41	39.41	39.42	39.43	39.43
3	17.44	16.04	15.44	15.10	14.88	14.73	14.62	14.54	14.47	14.42	14.37	14.34	14.30	14.28	14.25
4	12.22	10.65	9.98	9.60	9.36	9.20	9.07	8.98	8.90	8.84	8.79	8.75	8.71	8.68	8.66
5	10.01	8.43	7.76	7.39	7.15	6.98	6.85	6.76	6.68	6.62	6.57	6.52	6.49	6.46	6.43
6	8.81	7.26	6.60	6.23	5.99	5.82	5.70	5.60	5.52	5.46	5.41	5.37	5.33	5.30	5.27
7	8.07	6.54	5.89	5.52	5.29	5.12	4.99	4.90	4.82	4.76	4.71	4.67	4.63	4.60	4.57
8	7.57	6.06	5.42	5.05	4.82	4.65	4.53	4.43	4.36	4.30	4.24	4.20	4.16	4.13	4.10
9	7.21	5.71	5.08	4.72	4.48	4.32	4.20	4.10	4.03	3.96	3.91	3.87	3.83	3.80	3.77
10	6.94	5.46	4.83	4.47	4.24	4.07	3.95	3.85	3.78	3.72	3.66	3.62	3.58	3.55	3.52
11	6.72	5.26	4.63	4.28	4.04	3.88	3.76	3.66	3.59	3.53	3.47	3.43	3.39	3.36	3.33
12	6.55	5.10	4.47	4.12	3.89	3.73	3.61	3.51	3.44	3.37	3.32	3.28	3.24	3.21	3.18
13	6.41	4.97	4.35	4.00	3.77	3.60	3.48	3.39	3.31	3.25	3.20	3.15	3.12	3.08	3.05
14	6.30	4.86	4.24	3.89	3.66	3.50	3.38	3.29	3.21	3.15	3.09	3.05	3.01	2.98	2.95
15	6.20	4.77	4.15	3.80	3.58	3.41	3.29	3.20	3.12	3.06	3.01	2.96	2.92	2.89	2.86
16	6.12	4.69	4.08	3.73	3.50	3.34	3.22	3.12	3.05	2.99	2.93	2.89	2.85	2.82	2.79
17	6.04	4.62	4.01	3.66	3.44	3.28	3.16	3.06	2.98	2.92	2.87	2.82	2.79	2.75	2.72
18	5.98	4.56	3.95	3.61	3.38	3.22	3.10	3.01	2.93	2.87	2.81	2.77	2.73	2.70	2.67
19	5.92	4.51	3.90	3.56	3.33	3.17	3.05	2.96	2.88	2.82	2.76	2.72	2.68	2.65	2.62
20	5.87	4.46	3.86	3.51	3.29	3.13	3.01	2.91	2.84	2.77	2.72	2.68	2.64	2.60	2.57
25	5.69	4.29	3.69	3.35	3.13	2.97	2.85	2.75	2.68	2.61	2.56	2.51	2.48	2.44	2.41
30	5.57	4.18	3.59	3.25	3.03	2.87	2.75	2.65	2.57	2.51	2.46	2.41	2.37	2.34	2.31
35	5.48	4.11	3.52	3.18	2.96	2.80	2.68	2.58	2.50	2.44	2.39	2.34	2.30	2.27	2.23
40	5.42	4.05	3.46	3.13	2.90	2.74	2.62	2.53	2.45	2.39	2.33	2.29	2.25	2.21	2.18
50	5.34	3.97	3.39	3.05	2.83	2.67	2.55	2.46	2.38	2.32	2.26	2.22	2.18	2.14	2.11
60	5.29	3.93	3.34	3.01	2.79	2.63	2.51	2.41	2.33	2.27	2.22	2.17	2.13	2.09	2.06

续表

n_1 \ n_2	1	2	3	4	5	6	7	8	9	10	11	12	13	14	15
80	5.22	3.86	3.28	2.95	2.73	2.57	2.45	2.35	2.28	2.21	2.16	2.11	2.07	2.03	2.00
120	5.15	3.80	3.23	2.89	2.67	2.52	2.39	2.30	2.22	2.16	2.10	2.05	2.01	1.98	1.94
240	5.09	3.75	3.17	2.84	2.62	2.46	2.34	2.25	2.17	2.10	2.05	2.00	1.96	1.92	1.89
∞	5.02	3.69	3.12	2.79	2.57	2.41	2.29	2.19	2.11	2.05	1.99	1.94	1.90	1.87	1.83

n_1 \ n_2	16	17	18	19	20	25	30	35	40	50	60	80	120	240	∞
1	986.9	988.7	990.3	991.8	993.1	998.1	1001	1004	1006	1008	1010	1012	1014	1016	1018
2	39.44	39.44	39.44	39.45	39.45	39.46	39.46	39.47	39.47	39.48	39.48	39.49	39.49	39.49	39.50
3	14.23	14.21	14.20	14.18	14.17	14.12	14.08	14.06	14.04	14.01	13.99	13.97	13.95	13.92	13.90
4	8.63	8.61	8.59	8.58	8.56	8.50	8.46	8.43	8.41	8.38	8.36	8.33	8.31	8.28	8.26
5	6.40	6.38	6.36	6.34	6.33	6.27	6.23	6.20	6.18	6.14	6.12	6.10	6.07	6.04	6.02
6	5.24	5.22	5.20	5.18	5.17	5.11	5.07	5.04	5.01	4.98	4.96	4.93	4.90	4.88	4.85
7	4.54	4.52	4.50	4.48	4.47	4.40	4.36	4.33	4.31	4.28	4.25	4.23	4.20	4.17	4.14
8	4.08	4.05	4.03	4.02	4.00	3.94	3.89	3.86	3.84	3.81	3.78	3.76	3.73	3.70	3.67
9	3.74	3.72	3.70	3.68	3.67	3.60	3.56	3.53	3.51	3.47	3.45	3.42	3.39	3.36	3.33
10	3.50	3.47	3.45	3.44	3.42	3.35	3.31	3.28	3.26	3.22	3.20	3.17	3.14	3.11	3.08
11	3.30	3.28	3.26	3.24	3.23	3.16	3.12	3.09	3.06	3.03	3.00	2.97	2.94	2.91	2.88
12	3.15	3.13	3.11	3.09	3.07	3.01	2.96	2.93	2.91	2.87	2.85	2.82	2.79	2.76	2.73
13	3.03	3.00	2.98	2.96	2.95	2.88	2.84	2.80	2.78	2.74	2.72	2.69	2.66	2.63	2.60
14	2.92	2.90	2.88	2.86	2.84	2.78	2.73	2.70	2.67	2.64	2.61	2.58	2.55	2.52	2.49
15	2.84	2.81	2.79	2.77	2.76	2.69	2.64	2.61	2.59	2.55	2.52	2.49	2.46	2.43	2.40
16	2.76	2.74	2.72	2.70	2.68	2.61	2.57	2.53	2.51	2.47	2.45	2.42	2.38	2.35	2.32
17	2.70	2.67	2.65	2.63	2.62	2.55	2.50	2.47	2.44	2.41	2.38	2.35	2.32	2.28	2.25
18	2.64	2.62	2.60	2.58	2.56	2.49	2.44	2.41	2.38	2.35	2.32	2.29	2.26	2.22	2.19
19	2.59	2.57	2.55	2.53	2.51	2.44	2.39	2.36	2.33	2.30	2.27	2.24	2.20	2.17	2.13
20	2.55	2.52	2.50	2.48	2.46	2.40	2.35	2.31	2.29	2.25	2.22	2.19	2.16	2.12	2.09

续表

n_1 \ n_2	16	17	18	19	20	25	30	35	40	50	60	80	120	240	∞
25	2.38	2.36	2.34	2.32	2.30	2.23	2.18	2.15	2.12	2.08	2.05	2.02	1.98	1.94	1.91
30	2.28	2.26	2.23	2.21	2.20	2.12	2.07	2.04	2.01	1.97	1.94	1.90	1.87	1.83	1.79
35	2.21	2.18	2.16	2.14	2.12	2.05	2.00	1.96	1.93	1.89	1.86	1.82	1.79	1.74	1.70
40	2.15	2.13	2.11	2.09	2.07	1.99	1.94	1.90	1.88	1.83	1.80	1.76	1.72	1.68	1.64
50	2.08	2.06	2.03	2.01	1.99	1.92	1.87	1.83	1.80	1.75	1.72	1.68	1.64	1.59	1.55
60	2.03	2.01	1.98	1.96	1.94	1.87	1.82	1.78	1.74	1.70	1.67	1.63	1.58	1.53	1.48
80	1.97	1.95	1.92	1.90	1.88	1.81	1.75	1.71	1.68	1.63	1.60	1.55	1.51	1.46	1.40
120	1.92	1.89	1.87	1.84	1.82	1.75	1.69	1.65	1.61	1.56	1.53	1.48	1.43	1.38	1.31
240	1.86	1.83	1.81	1.79	1.77	1.69	1.63	1.58	1.55	1.50	1.46	1.41	1.35	1.29	1.21
∞	1.80	1.78	1.75	1.73	1.71	1.63	1.57	1.52	1.48	1.43	1.39	1.33	1.27	1.19	1.00

$\alpha = 0.01$

n_1 \ n_2	1	2	3	4	5	6	7	8	9	10	11	12	13	14	15
1	4052	5000	5403	5625	5764	5859	5928	5981	6022	6056	6083	6106	6126	6143	6157
2	98.50	99.00	99.17	99.25	99.30	99.33	99.36	99.37	99.39	99.40	99.41	99.42	99.42	99.43	99.43
3	34.12	30.82	29.46	28.71	28.24	27.91	27.67	27.49	27.35	27.23	27.13	27.05	26.98	26.92	26.87
4	21.20	18.00	16.69	15.98	15.52	15.21	14.98	14.80	14.66	14.55	14.45	14.37	14.31	14.25	14.20
5	16.26	13.27	12.06	11.39	10.97	10.67	10.46	10.29	10.16	10.05	9.96	9.89	9.82	9.77	9.72
6	13.75	10.92	9.78	9.15	8.75	8.47	8.26	8.10	7.98	7.87	7.79	7.72	7.66	7.60	7.56
7	12.25	9.55	8.45	7.85	7.46	7.19	6.99	6.84	6.72	6.62	6.54	6.47	6.41	6.36	6.31
8	11.26	8.65	7.59	7.01	6.63	6.37	6.18	6.03	5.91	5.81	5.73	5.67	5.61	5.56	5.52
9	10.56	8.02	6.99	6.42	6.06	5.80	5.61	5.47	5.35	5.26	5.18	5.11	5.05	5.01	4.96
10	10.04	7.56	6.55	5.99	5.64	5.39	5.20	5.06	4.94	4.85	4.77	4.71	4.65	4.60	4.56
11	9.65	7.21	6.22	5.67	5.32	5.07	4.89	4.74	4.63	4.54	4.46	4.40	4.34	4.29	4.25
12	9.33	6.93	5.95	5.41	5.06	4.82	4.64	4.50	4.39	4.30	4.22	4.16	4.10	4.05	4.01

续表

n_2 \ n_1	1	2	3	4	5	6	7	8	9	10	11	12	13	14	15
13	9.07	6.70	5.74	5.21	4.86	4.62	4.44	4.30	4.19	4.10	4.02	3.96	3.91	3.86	3.82
14	8.86	6.51	5.56	5.04	4.69	4.46	4.28	4.14	4.03	3.94	3.86	3.80	3.75	3.70	3.66
15	8.68	6.36	5.42	4.89	4.56	4.32	4.14	4.00	3.89	3.80	3.73	3.67	3.61	3.56	3.52
16	8.53	6.23	5.29	4.77	4.44	4.20	4.03	3.89	3.78	3.69	3.62	3.55	3.50	3.45	3.41
17	8.40	6.11	5.18	4.67	4.34	4.10	3.93	3.79	3.68	3.59	3.52	3.46	3.40	3.35	3.31
18	8.29	6.01	5.09	4.58	4.25	4.01	3.84	3.71	3.60	3.51	3.43	3.37	3.32	3.27	3.23
19	8.18	5.93	5.01	4.50	4.17	3.94	3.77	3.63	3.52	3.43	3.36	3.30	3.24	3.19	3.15
20	8.10	5.85	4.94	4.43	4.10	3.87	3.70	3.56	3.46	3.37	3.29	3.23	3.18	3.13	3.09
25	7.77	5.57	4.68	4.18	3.85	3.63	3.46	3.32	3.22	3.13	3.06	2.99	2.94	2.89	2.85
30	7.56	5.39	4.51	4.02	3.70	3.47	3.30	3.17	3.07	2.98	2.91	2.84	2.79	2.74	2.70
35	7.42	5.27	4.40	3.91	3.59	3.37	3.20	3.07	2.96	2.88	2.80	2.74	2.69	2.64	2.60
40	7.31	5.18	4.31	3.83	3.51	3.29	3.12	2.99	2.89	2.80	2.73	2.66	2.61	2.56	2.52
50	7.17	5.06	4.20	3.72	3.41	3.19	3.02	2.89	2.78	2.70	2.63	2.56	2.51	2.46	2.42
60	7.08	4.98	4.13	3.65	3.34	3.12	2.95	2.82	2.72	2.63	2.56	2.50	2.44	2.39	2.35
80	6.96	4.88	4.04	3.56	3.26	3.04	2.87	2.74	2.64	2.55	2.48	2.42	2.36	2.31	2.27
120	6.85	4.79	3.95	3.48	3.17	2.96	2.79	2.66	2.56	2.47	2.40	2.34	2.28	2.23	2.19
240	6.74	4.69	3.86	3.40	3.09	2.88	2.71	2.59	2.48	2.40	2.32	2.26	2.20	2.16	2.11
∞	6.64	4.61	3.78	3.32	3.02	2.80	2.64	2.51	2.41	2.32	2.25	2.18	2.13	2.08	2.04

n_2 \ n_1	16	17	18	19	20	25	30	35	40	50	60	80	120	240	∞
1	6170	6181	6192	6201	6209	6240	6261	6276	6287	6303	6313	6326	6339	6353	6366
2	99.44	99.44	99.44	99.45	99.45	99.46	99.47	99.47	99.47	99.48	99.48	99.49	99.49	99.49	99.50
3	26.83	26.79	26.75	26.72	26.69	26.58	26.50	26.45	26.41	26.35	26.32	26.27	26.22	26.17	26.13
4	14.15	14.11	14.08	14.05	14.02	13.91	13.84	13.79	13.75	13.69	13.65	13.61	13.56	13.51	13.46
5	9.68	9.64	9.61	9.58	9.55	9.45	9.38	9.33	9.29	9.24	9.20	9.16	9.11	9.07	9.02
6	7.52	7.48	7.45	7.42	7.40	7.30	7.23	7.18	7.14	7.09	7.06	7.01	6.97	6.92	6.88

续表

n_1 \ n_2	16	17	18	19	20	25	30	35	40	50	60	80	120	240	∞
7	6.28	6.24	6.21	6.18	6.16	6.06	5.99	5.94	5.91	5.86	5.82	5.78	5.74	5.69	5.65
8	5.48	5.44	5.41	5.38	5.36	5.26	5.20	5.15	5.12	5.07	5.03	4.99	4.95	4.90	4.86
9	4.92	4.89	4.86	4.83	4.81	4.71	4.65	4.60	4.57	4.52	4.48	4.44	4.40	4.35	4.31
10	4.52	4.49	4.46	4.43	4.41	4.31	4.25	4.20	4.17	4.12	4.08	4.04	4.00	3.95	3.91
11	4.21	4.18	4.15	4.12	4.10	4.01	3.94	3.89	3.86	3.81	3.78	3.73	3.69	3.65	3.60
12	3.97	3.94	3.91	3.88	3.86	3.76	3.70	3.65	3.62	3.57	3.54	3.49	3.45	3.41	3.36
13	3.78	3.75	3.72	3.69	3.66	3.57	3.51	3.46	3.43	3.38	3.34	3.30	3.25	3.21	3.17
14	3.62	3.59	3.56	3.53	3.51	3.41	3.35	3.30	3.27	3.22	3.18	3.14	3.09	3.05	3.00
15	3.49	3.45	3.42	3.40	3.37	3.28	3.21	3.17	3.13	3.08	3.05	3.00	2.96	2.91	2.87
16	3.37	3.34	3.31	3.28	3.26	3.16	3.10	3.05	3.02	2.97	2.93	2.89	2.84	2.80	2.75
17	3.27	3.24	3.21	3.19	3.16	3.07	3.00	2.96	2.92	2.87	2.83	2.79	2.75	2.70	2.65
18	3.19	3.16	3.13	3.10	3.08	2.98	2.92	2.87	2.84	2.78	2.75	2.70	2.66	2.61	2.57
19	3.12	3.08	3.05	3.03	3.00	2.91	2.84	2.80	2.76	2.71	2.67	2.63	2.58	2.54	2.49
20	3.05	3.02	2.99	2.96	2.94	2.84	2.78	2.73	2.69	2.64	2.61	2.56	2.52	2.47	2.42
25	2.81	2.78	2.75	2.72	2.70	2.60	2.54	2.49	2.45	2.40	2.36	2.32	2.27	2.22	2.17
30	2.66	2.63	2.60	2.57	2.55	2.45	2.39	2.34	2.30	2.25	2.21	2.16	2.11	2.06	2.01
35	2.56	2.53	2.50	2.47	2.44	2.35	2.28	2.23	2.19	2.14	2.10	2.05	2.00	1.95	1.89
40	2.48	2.45	2.42	2.39	2.37	2.27	2.20	2.15	2.11	2.06	2.02	1.97	1.92	1.86	1.80
50	2.38	2.35	2.32	2.29	2.27	2.17	2.10	2.05	2.01	1.95	1.91	1.86	1.80	1.74	1.68
60	2.31	2.28	2.25	2.22	2.20	2.10	2.03	1.98	1.94	1.88	1.84	1.78	1.73	1.67	1.60
80	2.23	2.20	2.17	2.14	2.12	2.01	1.94	1.89	1.85	1.79	1.75	1.69	1.63	1.57	1.49
120	2.15	2.12	2.09	2.06	2.03	1.93	1.86	1.81	1.76	1.70	1.66	1.60	1.53	1.46	1.38
240	2.08	2.04	2.01	1.98	1.96	1.85	1.78	1.72	1.68	1.61	1.57	1.50	1.43	1.35	1.25
∞	2.00	1.97	1.93	1.90	1.88	1.77	1.70	1.64	1.59	1.52	1.47	1.40	1.32	1.22	1.00

$\alpha = 0.005$

n_1 \ n_2	1	2	3	4	5	6	7	8	9	10	11	12	13	14	15
1	16211	20000	21615	22500	23056	23437	23715	23925	24091	24224	24334	24426	24505	24572	24630
2	198.5	199.0	199.2	199.2	199.3	199.3	199.4	199.4	199.4	199.4	199.4	199.4	199.4	199.4	199.4
3	55.55	49.80	47.47	46.19	45.39	44.84	44.43	44.13	43.88	43.69	43.52	43.39	43.27	43.17	43.08
4	31.33	26.28	24.26	23.15	22.46	21.97	21.62	21.35	21.14	20.97	20.82	20.70	20.60	20.51	20.44
5	22.78	18.31	16.53	15.56	14.94	14.51	14.20	13.96	13.77	13.62	13.49	13.38	13.29	13.21	13.15
6	18.63	14.54	12.92	12.03	11.46	11.07	10.79	10.57	10.39	10.25	10.13	10.03	9.95	9.88	9.81
7	16.24	12.40	10.88	10.05	9.52	9.16	8.89	8.68	8.51	8.38	8.27	8.18	8.10	8.03	7.97
8	14.69	11.04	9.60	8.81	8.30	7.95	7.69	7.50	7.34	7.21	7.10	7.01	6.94	6.87	6.81
9	13.61	10.11	8.72	7.96	7.47	7.13	6.88	6.69	6.54	6.42	6.31	6.23	6.15	6.09	6.03
10	12.83	9.43	8.08	7.34	6.87	6.54	6.30	6.12	5.97	5.85	5.75	5.66	5.59	5.53	5.47
11	12.23	8.91	7.60	6.88	6.42	6.10	5.86	5.68	5.54	5.42	5.32	5.24	5.16	5.10	5.05
12	11.75	8.51	7.23	6.52	6.07	5.76	5.52	5.35	5.20	5.09	4.99	4.91	4.84	4.77	4.72
13	11.37	8.19	6.93	6.23	5.79	5.48	5.25	5.08	4.94	4.82	4.72	4.64	4.57	4.51	4.46
14	11.06	7.92	6.68	6.00	5.56	5.26	5.03	4.86	4.72	4.60	4.51	4.43	4.36	4.30	4.25
15	10.80	7.70	6.48	5.80	5.37	5.07	4.85	4.67	4.54	4.42	4.33	4.25	4.18	4.12	4.07
16	10.58	7.51	6.30	5.64	5.21	4.91	4.69	4.52	4.38	4.27	4.18	4.10	4.03	3.97	3.92
17	10.38	7.35	6.16	5.50	5.07	4.78	4.56	4.39	4.25	4.14	4.05	3.97	3.90	3.84	3.79
18	10.22	7.21	6.03	5.37	4.96	4.66	4.44	4.28	4.14	4.03	3.94	3.86	3.79	3.73	3.68
19	10.07	7.09	5.92	5.27	4.85	4.56	4.34	4.18	4.04	3.93	3.84	3.76	3.70	3.64	3.59
20	9.94	6.99	5.82	5.17	4.76	4.47	4.26	4.09	3.96	3.85	3.76	3.68	3.61	3.55	3.50
25	9.48	6.60	5.46	4.84	4.43	4.15	3.94	3.78	3.64	3.54	3.45	3.37	3.30	3.25	3.20
30	9.18	6.35	5.24	4.62	4.23	3.95	3.74	3.58	3.45	3.34	3.25	3.18	3.11	3.06	3.01
35	8.98	6.19	5.09	4.48	4.09	3.81	3.61	3.45	3.32	3.21	3.12	3.05	2.98	2.93	2.88
40	8.83	6.07	4.98	4.37	3.99	3.71	3.51	3.35	3.22	3.12	3.03	2.95	2.89	2.83	2.78
50	8.63	5.90	4.83	4.23	3.85	3.58	3.38	3.22	3.09	2.99	2.90	2.82	2.76	2.70	2.65
60	8.49	5.79	4.73	4.14	3.76	3.49	3.29	3.13	3.01	2.90	2.82	2.74	2.68	2.62	2.57

n_1 \ n_2	1	2	3	4	5	6	7	8	9	10	11	12	13	14	15
80	8.33	5.67	4.61	4.03	3.65	3.39	3.19	3.03	2.91	2.80	2.72	2.64	2.58	2.52	2.47
120	8.18	5.54	4.50	3.92	3.55	3.28	3.09	2.93	2.81	2.71	2.62	2.54	2.48	2.42	2.37
240	8.03	5.42	4.39	3.82	3.45	3.19	2.99	2.84	2.71	2.61	2.52	2.45	2.39	2.33	2.28
∞	7.88	5.30	4.28	3.72	3.35	3.09	2.90	2.74	2.62	2.52	2.43	2.36	2.29	2.24	2.19

n_1 \ n_2	16	17	18	19	20	25	30	35	40	50	60	80	120	240	∞
1	24681	24727	24767	24803	24836	24960	25044	25103	25148	25211	25253	25306	25359	25411	25464
2	199.4	199.4	199.4	199.4	199.4	199.5	199.5	199.5	199.5	199.5	199.5	199.5	199.5	199.5	199.5
3	43.01	42.94	42.88	42.83	42.78	42.59	42.47	42.38	42.31	42.21	42.15	42.07	41.99	41.91	41.83
4	20.37	20.31	20.26	20.21	20.17	20.00	19.89	19.81	19.75	19.67	19.61	19.54	19.47	19.40	19.32
5	13.09	13.03	12.98	12.94	12.90	12.76	12.66	12.58	12.53	12.45	12.40	12.34	12.27	12.21	12.14
6	9.76	9.71	9.66	9.62	9.59	9.45	9.36	9.29	9.24	9.17	9.12	9.06	9.00	8.94	8.88
7	7.91	7.87	7.83	7.79	7.75	7.62	7.53	7.47	7.42	7.35	7.31	7.25	7.19	7.13	7.08
8	6.76	6.72	6.68	6.64	6.61	6.48	6.40	6.33	6.29	6.22	6.18	6.12	6.06	6.01	5.95
9	5.98	5.94	5.90	5.86	5.83	5.71	5.62	5.56	5.52	5.45	5.41	5.36	5.30	5.24	5.19
10	5.42	5.38	5.34	5.31	5.27	5.15	5.07	5.01	4.97	4.90	4.86	4.80	4.75	4.69	4.64
11	5.00	4.96	4.92	4.89	4.86	4.74	4.65	4.60	4.55	4.49	4.45	4.39	4.34	4.28	4.23
12	4.67	4.63	4.59	4.56	4.53	4.41	4.33	4.27	4.23	4.17	4.12	4.07	4.01	3.96	3.90
13	4.41	4.37	4.33	4.30	4.27	4.15	4.07	4.01	3.97	3.91	3.87	3.81	3.76	3.70	3.65
14	4.20	4.16	4.12	4.09	4.06	3.94	3.86	3.80	3.76	3.70	3.66	3.60	3.55	3.49	3.44
15	4.02	3.98	3.95	3.91	3.88	3.77	3.69	3.63	3.58	3.52	3.48	3.43	3.37	3.32	3.26
16	3.87	3.83	3.80	3.76	3.73	3.62	3.54	3.48	3.44	3.37	3.33	3.28	3.22	3.17	3.11
17	3.75	3.71	3.67	3.64	3.61	3.49	3.41	3.35	3.31	3.25	3.21	3.15	3.10	3.04	2.98
18	3.64	3.60	3.56	3.53	3.50	3.38	3.30	3.25	3.20	3.14	3.10	3.04	2.99	2.93	2.87
19	3.54	3.50	3.46	3.43	3.40	3.29	3.21	3.15	3.11	3.04	3.00	2.95	2.89	2.83	2.78
20	3.46	3.42	3.38	3.35	3.32	3.20	3.12	3.07	3.02	2.96	2.92	2.86	2.81	2.75	2.69

续表

n_1 \ n_2	16	17	18	19	20	25	30	35	40	50	60	80	120	240	∞
25	3.15	3.11	3.08	3.04	3.01	2.90	2.82	2.76	2.72	2.65	2.61	2.55	2.50	2.44	2.38
30	2.96	2.92	2.89	2.85	2.82	2.71	2.63	2.57	2.52	2.46	2.42	2.36	2.30	2.24	2.18
35	2.83	2.79	2.76	2.72	2.69	2.58	2.50	2.44	2.39	2.33	2.28	2.22	2.16	2.10	2.04
40	2.74	2.70	2.66	2.63	2.60	2.48	2.40	2.34	2.30	2.23	2.18	2.12	2.06	2.00	1.93
50	2.61	2.57	2.53	2.50	2.47	2.35	2.27	2.21	2.16	2.10	2.05	1.99	1.93	1.86	1.79
60	2.53	2.49	2.45	2.42	2.39	2.27	2.19	2.13	2.08	2.01	1.96	1.90	1.83	1.76	1.69
80	2.43	2.39	2.35	2.32	2.29	2.17	2.08	2.02	1.97	1.90	1.85	1.79	1.72	1.65	1.56
120	2.33	2.29	2.25	2.22	2.19	2.07	1.98	1.92	1.87	1.80	1.75	1.68	1.61	1.52	1.43
240	2.23	2.19	2.16	2.12	2.09	1.97	1.89	1.82	1.77	1.69	1.64	1.57	1.49	1.40	1.28
∞	2.14	2.10	2.06	2.03	2.00	1.88	1.79	1.72	1.67	1.59	1.53	1.45	1.36	1.25	1.00

$\alpha = 0.001$

n_1 \ n_2	1	2	3	4	5	6	7	8	9	10	11	12	13	14	15
1	405284	500000	540379	562500	576405	585937	592873	598144	602284	605621	608368	610668	612622	614303	615764
2	998.5	999.0	999.2	999.2	999.3	999.3	999.4	999.4	999.4	999.4	999.4	999.4	999.4	999.4	999.4
3	167.0	148.5	141.1	137.1	134.6	132.8	131.6	130.6	129.9	129.2	128.7	128.3	128.0	127.6	127.4
4	74.14	61.25	56.18	53.44	51.71	50.53	49.66	49.00	48.47	48.05	47.70	47.41	47.16	46.95	46.76
5	47.18	37.12	33.20	31.09	29.75	28.83	28.16	27.65	27.24	26.92	26.65	26.42	26.22	26.06	25.91
6	35.51	27.00	23.70	21.92	20.80	20.03	19.46	19.03	18.69	18.41	18.18	17.99	17.82	17.68	17.56
7	29.25	21.69	18.77	17.20	16.21	15.52	15.02	14.63	14.33	14.08	13.88	13.71	13.56	13.43	13.32
8	25.41	18.49	15.83	14.39	13.48	12.86	12.40	12.05	11.77	11.54	11.35	11.19	11.06	10.94	10.84
9	22.86	16.39	13.90	12.56	11.71	11.13	10.70	10.37	10.11	9.89	9.72	9.57	9.44	9.33	9.24
10	21.04	14.91	12.55	11.28	10.48	9.93	9.52	9.20	8.96	8.75	8.59	8.45	8.32	8.22	8.13
11	19.69	13.81	11.56	10.35	9.58	9.05	8.66	8.35	8.12	7.92	7.76	7.63	7.51	7.41	7.32
12	18.64	12.97	10.80	9.63	8.89	8.38	8.00	7.71	7.48	7.29	7.14	7.00	6.89	6.79	6.71

续表

n_1 \ n_2	1	2	3	4	5	6	7	8	9	10	11	12	13	14	15
13	17.82	12.31	10.21	9.07	8.35	7.86	7.49	7.21	6.98	6.80	6.65	6.52	6.41	6.31	6.23
14	17.14	11.78	9.73	8.62	7.92	7.44	7.08	6.80	6.58	6.40	6.26	6.13	6.02	5.93	5.85
15	16.59	11.34	9.34	8.25	7.57	7.09	6.74	6.47	6.26	6.08	5.94	5.81	5.71	5.62	5.54
16	16.12	10.97	9.01	7.94	7.27	6.80	6.46	6.19	5.98	5.81	5.67	5.55	5.44	5.35	5.27
17	15.72	10.66	8.73	7.68	7.02	6.56	6.22	5.96	5.75	5.58	5.44	5.32	5.22	5.13	5.05
18	15.38	10.39	8.49	7.46	6.81	6.35	6.02	5.76	5.56	5.39	5.25	5.13	5.03	4.94	4.87
19	15.08	10.16	8.28	7.27	6.62	6.18	5.85	5.59	5.39	5.22	5.08	4.97	4.87	4.78	4.70
20	14.82	9.95	8.10	7.10	6.46	6.02	5.69	5.44	5.24	5.08	4.94	4.82	4.72	4.64	4.56
25	13.88	9.22	7.45	6.49	5.89	5.46	5.15	4.91	4.71	4.56	4.42	4.31	4.22	4.13	4.06
30	13.29	8.77	7.05	6.12	5.53	5.12	4.82	4.58	4.39	4.24	4.11	4.00	3.91	3.82	3.75
35	12.90	8.47	6.79	5.88	5.30	4.89	4.59	4.36	4.18	4.03	3.90	3.79	3.70	3.62	3.55
40	12.61	8.25	6.59	5.70	5.13	4.73	4.44	4.21	4.02	3.87	3.75	3.64	3.55	3.47	3.40
50	12.22	7.96	6.34	5.46	4.90	4.51	4.22	4.00	3.82	3.67	3.55	3.44	3.35	3.27	3.20
60	11.97	7.77	6.17	5.31	4.76	4.37	4.09	3.86	3.69	3.54	3.42	3.32	3.23	3.15	3.08
80	11.67	7.54	5.97	5.12	4.58	4.20	3.92	3.70	3.53	3.39	3.27	3.16	3.07	3.00	2.93
120	11.38	7.32	5.78	4.95	4.42	4.04	3.77	3.55	3.38	3.24	3.12	3.02	2.93	2.85	2.78
240	11.10	7.11	5.60	4.78	4.26	3.89	3.62	3.41	3.24	3.09	2.98	2.88	2.79	2.71	2.65
∞	10.83	6.91	5.42	4.62	4.10	3.74	3.47	3.27	3.10	2.96	2.84	2.74	2.66	2.58	2.51

n_1 \ n_2	16	17	18	19	20	25	30	35	40	50	60	80	120	240	∞
1	617045	618178	619100	620092	620908	621017	626000	627591	628712	630285	631337	632653	633972	635295	636616
2	999.4	999.4	999.4	999.4	999.4	999.5	999.5	999.5	999.5	999.5	999.5	999.5	999.5	999.5	999.5
3	127.1	126.9	126.7	126.6	126.4	125.8	125.4	125.2	125.0	124.7	124.5	124.2	124.0	123.7	123.5
4	46.60	46.45	46.32	46.21	46.10	45.70	45.43	45.23	45.09	44.88	44.75	44.57	44.40	44.23	44.05
5	25.78	25.67	25.57	25.48	25.39	25.08	24.87	24.72	24.60	24.44	24.33	24.20	24.06	23.92	23.79
6	17.45	17.35	17.27	17.19	17.12	16.85	16.67	16.54	16.44	16.31	16.21	16.10	15.98	15.86	15.75

续表

n_1 \ n_2	16	17	18	19	20	25	30	35	40	50	60	80	120	240	∞
7	13.23	13.14	13.06	12.99	12.93	12.69	12.53	12.41	12.33	12.20	12.12	12.01	11.91	11.80	11.70
8	10.75	10.67	10.60	10.54	10.48	10.26	10.11	10.00	9.92	9.80	9.73	9.63	9.53	9.43	9.33
9	9.15	9.08	9.01	8.95	8.90	8.69	8.55	8.45	8.37	8.26	8.19	8.09	8.00	7.91	7.81
10	8.05	7.98	7.91	7.86	7.80	7.60	7.47	7.37	7.30	7.19	7.12	7.03	6.94	6.85	6.76
11	7.24	7.17	7.11	7.06	7.01	6.81	6.68	6.59	6.52	6.42	6.35	6.26	6.18	6.09	6.00
12	6.63	6.57	6.51	6.45	6.40	6.22	6.09	6.00	5.93	5.83	5.76	5.68	5.59	5.51	5.42
13	6.16	6.09	6.03	5.98	5.93	5.75	5.63	5.54	5.47	5.37	5.30	5.22	5.14	5.05	4.97
14	5.78	5.71	5.66	5.60	5.56	5.38	5.25	5.17	5.10	5.00	4.94	4.86	4.77	4.69	4.60
15	5.46	5.40	5.35	5.29	5.25	5.07	4.95	4.86	4.80	4.70	4.64	4.56	4.47	4.39	4.31
16	5.20	5.14	5.09	5.04	4.99	4.82	4.70	4.61	4.54	4.45	4.39	4.31	4.23	4.14	4.06
17	4.99	4.92	4.87	4.82	4.78	4.60	4.48	4.40	4.33	4.24	4.18	4.10	4.02	3.93	3.85
18	4.80	4.74	4.68	4.63	4.59	4.42	4.30	4.22	4.15	4.06	4.00	3.92	3.84	3.75	3.67
19	4.64	4.58	4.52	4.47	4.43	4.26	4.14	4.06	3.99	3.90	3.84	3.76	3.68	3.60	3.51
20	4.49	4.44	4.38	4.33	4.29	4.12	4.00	3.92	3.86	3.77	3.70	3.62	3.54	3.46	3.38
25	3.99	3.94	3.88	3.84	3.79	3.63	3.52	3.43	3.37	3.28	3.22	3.14	3.06	2.98	2.89
30	3.69	3.63	3.58	3.53	3.49	3.33	3.22	3.13	3.07	2.98	2.92	2.84	2.76	2.68	2.59
35	3.48	3.43	3.38	3.33	3.29	3.13	3.02	2.93	2.87	2.78	2.72	2.64	2.56	2.47	2.38
40	3.34	3.28	3.23	3.19	3.14	2.98	2.87	2.79	2.73	2.64	2.57	2.49	2.41	2.32	2.23
50	3.14	3.09	3.04	2.99	2.95	2.79	2.68	2.60	2.53	2.44	2.38	2.30	2.21	2.12	2.03
60	3.02	2.96	2.91	2.87	2.83	2.67	2.55	2.47	2.41	2.32	2.25	2.17	2.08	1.99	1.89
80	2.87	2.81	2.76	2.72	2.68	2.52	2.41	2.32	2.26	2.16	2.10	2.01	1.92	1.83	1.72
120	2.72	2.67	2.62	2.58	2.53	2.37	2.26	2.18	2.11	2.02	1.95	1.86	1.77	1.66	1.54
240	2.59	2.53	2.48	2.44	2.40	2.24	2.12	2.04	1.97	1.87	1.80	1.71	1.61	1.49	1.35
∞	2.45	2.40	2.35	2.31	2.27	2.11	1.99	1.90	1.84	1.73	1.66	1.56	1.45	1.31	1.00

参考文献

[1]Daniel A. Powers，谢宇. 分类数据分析的统计方法[M]. 北京：社会科学文献出版社，2009.

[2]David de Vans. 社会研究中的研究设计[M]. 郝大海，等译. 北京：中国人民大学出版社，2008.

[3]David Freedman，Robert Pisani，Roger Purves，Ani Adhikari. 统计学[M]. 魏宗舒，施锡铨，等译. 北京：中国统计出版社，1997.

[4]DavidSalsburg. 女士品茶——统计学如何变革了科学和生活[M]. 刘清山，译. 南昌：江西人民出版社，2004.

[5]GaryGoertz，James Mahoney. 两种传承：社会科学中的定性与定量研究[M]. 刘军，译. 上海：格致出版社，2016.

[6]Gary King，Robert O. Keohane，Sidney Verba. 社会科学中的研究设计[M]. 陈硕，译. 上海：格致出版社，2014.

[7]Judith T. Lessler，William D. Kalsbeek. 调查中的非抽样误差[M]. 金勇进，译. 北京：中国统计出版社，1997.

[8]Kish. 抽样调查[M]. 倪加勋，译. 北京：中国统计出版社，1997.

[9]Naresh K. Malhotra. 市场营销研究：应用导向[M]. 涂平，译. 北京：电子工业出版社，2010.

[10]杜子芳. 市场调查实务[M]. 北京：中国财政经济出版社，2004.

[11]冯士雍，施锡铨. 抽样调查——理论、方法与实践[M]. 上海：上海科学技术出版社，1996.

[12]高铁梅. 计量经济分析方法与建模[M]. 北京：清华大学出版社，2006.

[13]龚鉴尧. 世界统计名人传记[M]. 北京：中国统计出版社，2000.

[14]龚曙明. 应用统计学[M]. 2版. 北京：清华大学出版社，2005.

[15]顾岚. 时间序列分析：在经济中的应用[M]. 北京：中国统计出版社，1994.

[16]国家统计局. 中国统计年鉴[M]. 北京：中国统计出版社，2008—2016.

[17]贾俊平，何晓群，金勇进. 统计学[M]. 3版. 北京：中国人民大学出版社，2006.

[18]金勇进. 非抽样误差分析[M]. 北京：中国统计出版社，1996.

[19]李时. 应用统计学[M]. 北京：清华大学出版社，2005.

[20]卢淑华. 社会统计学[M]. 北京：北京大学出版社，2009.

[21]茆诗松. 统计手册[M]. 北京：科学出版社，2013.

[22]米子川. 统计软件方法[M]. 北京：中国统计出版社，2002.

[23]社会经济统计学原理教科书编写组. 社会经济统计学原理教科书[M]. 北京：中国统计出版社，1992.

[24]史宁中. 统计检验的理论与方法[M]. 北京：科学出版社，2008.

[25]王琪延，张卫红. 统计学[M]. 北京：中国市场出版社，2010.

[26]王振龙. 时间序列分析[M]. 北京：中国统计出版社，2000.

[27]魏振军. 漫游数据王国[M]. 北京：中国统计出版社，2010.

[28]吴喜之. 非参数统计[M]. 北京：中国统计出版社，1999.

[29]吴喜之. 统计学：从概念到数据分析[M]. 北京：高等教育出版社，2008.

[30]《现代应用数学手册》编委会. 现代应用数学手册：概率统计与随机过程卷[M]. 北京：清华大学出版社，1999.

[31]徐国祥. 统计指数理论及应用[M]. 北京：中国统计出版社，2004.

[32]薛毅，陈立萍. R语言实用教程[M]. 北京：清华大学出版社，2014.

[33]易丹辉. 非参数统计——方法与应用[M]. 北京：中国统计出版社，1996.

[34]易丹辉，尹德光. 居民消费统计学[M]. 北京：中国人民大学出版社，1994.

[35]袁卫，贾俊平，金勇进，等. 统计学(修订版)[M]. 北京：中国统计出版社，1996.

[36]袁卫，吴喜之，贾俊平. 描述统计学[M]. 北京：中国统计出版社，1996.

[37]曾五一，朱平辉. 统计学：在经济管理领域里的应用[M]. 北京：机械工业出版社，2011.

[38]中共中央文献研究室编. 毛泽东文集(第一卷)[M]. 北京：人民出版社，1999.

[39]GB/T 26315—2010，市场、民意和社会调查 术语[S]. 北京：中国标准出版社，2011.